짧고 굵은 고전 읽기

'고전 읽어 주는 남자' 명로진의

짧고 굵은 고전읽기

명로진 지음

비즈니스북스

짧고 굵은 고전 읽기

1판 1쇄 인쇄   2015년 10월 23일
1판 1쇄 발행   2015년 10월 30일

지은이 | 명로진
발행인 | 홍영태
발행처 | (주)비즈니스북스
등 록 | 제2000-000225호(2000년 2월 28일)
주 소 | 04030 서울시 마포구 동교로 134(서교동 464-41) 미진빌딩 5층
전 화 | (02)338-9449
팩 스 | (02)338-6543
e-Mail | bb@businessbooks.co.kr
홈페이지 | http://www.businessbooks.co.kr
블로그 | http://blog.naver.com/biz_books
트위터 | @bizbookss
페이스북 | thebizbooks
ISBN 979-11-86805-05-3   03190

* 잘못된 책은 구입하신 서점에서 바꾸어 드립니다.
* 책값은 뒤표지에 있습니다.
* 비즈니스북스는 독자 여러분의 소중한 아이디어와 원고 투고를 기다리고 있습니다.
   원고가 있으신 분은 bb@businessbooks.co.kr로 간단한 개요와 취지, 연락처 등을 보내 주세요.
* 비즈니스북스에 대한 더 많은 정보가 필요하신 분은 홈페이지를 방문해 주시기 바랍니다.

일러두기

1. 고전의 인용문 뒤에 한국 역자 이름이 표기된 것은 해당 고전에 대한 역자의 해석을 그대로 인용한 경우입니다.
2. 고전의 인용문 뒤에 영문 출처가 표기된 것은 저자가 해당 고전에 대해 한국어 이외의 언어를 번역하여 인용한 경우입니다.
3. 고선의 인용문 뒤에 아무런 표시가 없는 것은 저자가 고전의 다양한 번역본을 참고하여 새롭게 고쳐 쓴 것입니다.
4. 인용문 중간의 (…) 표기는 중간의 문장을 생략한 것을 나타냅니다.
5. 종이 책과 전자 책의 쪽수가 다른 경우 종이 책의 쪽수를 따랐습니다. 쪽수 표시가 필요하지 않다고 저자가 판단한 경우 원문의 쪽수 표시가 되어 있지 않습니다.
6. 《논어》, 《맹자》, 《장자》는 참고 도서를 밝혔습니다만 이 고전들은 현재 출판 관행상 따로 출처 표시를 하지 않기에 번역의 비교 등 특별한 경우가 아닌 한 별도의 출처 표시 혹은 역자 표시를 하지 않았습니다. 또한 '호접몽', '조삼모사'처럼 고사성어화 된 이야기에 대해서도 따로 출처 표시를 하지 않았습니다.
7. 인용문 중 원서의 부연 설명은 괄호 안에 넣어 표기했고, 역자의 주는 문장 끝에 '역자 주'로 표기했으며 저자의 주는 인용문 끝에 *로 표기했습니다.
8. 《변신이야기》와 《일리아스》, 《오디세이아》의 한국어 번역문은 시처럼 써진 원문을 참고하여 시행을 나누었으나 산문 형식으로 번역한 역자의 번역문을 인용했을 경우에는 임의대로 행갈이를 했습니다. 영역본을 번역한 경우에는 대체로 영역본의 행갈이를 따랐습니다.

고전 읽기를 시작하는
사람들을 위한 안내서

한 사람을 알고 싶어 한다 칩시다. 일단 그(그녀)의 외모를 먼저 살펴
보게 됩니다. 외모가 마음에 들어야 더 알아보고 싶은 마음이 생깁니다.
물론 시대와 유행이 규정한 외모가 아니라 내 기준에 맞는, 내 멋대로
선택한 외모를 말합니다. 겉으로만 봐서는 그를 모릅니다. 그와 이야기
를 나누고, 식사를 함께 하고, 연극도 보러 가야 합니다. 돈이 떨어졌을
때 그의 반응도 봐야 하고 여행도 함께 가봐야죠. 밤도 같이 지새우고
밥도 지어 먹어 봐야 합니다.

다음엔 그의 주변 사람들을 만나야겠죠. 가족, 친구, 동료들이 어떤
사람인지도 알아보고 그들이 그를 어떻게 생각하는지 이야기를 들어 보
겠죠. 이뿐입니까? 내 절친한 친구에게 그에 대해 이야기하고 의견을

구해 보기도 해야 합니다. 가장 중요한 건, 오래 만나야 한다는 겁니다. 하루 이틀 봐서는 알 수 없습니다. 평소엔 점잖다가도 술만 마시면 폭력을 휘두르는 이상한 사람일지 모릅니다. 사람은 한 10년쯤 만나 봐야 진짜 모습을 알게 됩니다.

　책도 마찬가지입니다. 특히 고전의 진면목을 알려면 한두 달 갖고는 안 됩니다. 몇 년 동안 두고두고 읽어야지요. 또 인문 고전 한 권을 제대로 이해하려면 그 책 한 권만 봐서는 안 됩니다. 《논어》에 이런 부분이 있습니다.

　　염유冉有가 자공子貢에게 물었다.
　　"선생님께서 위나라 임금을 위해 일할까?"
　　자공이 "글쎄, 내가 한번 물어볼게." 하고 안으로 들어가 선생님께 물었다.
　　"백이와 숙제는 어떤 사람입니까?"
　　"옛날의 현자들이지."
　　"그들은 자신들의 삶을 후회했을까요?"
　　"인仁을 구하여 바로 그 인을 얻었으니 무엇을 후회했겠느냐?"
　　"아, 네……."
　　자공이 물러나와 염유에게 말했다.
　　"선생님께서는 위나라 임금을 위해 일하지 않으실 거야."

　　　　　　　　　　　　　　　　　　　　　　　　　《논어》〈술이〉(述而)편

《논어》 전편을 통틀어 제가 아주 좋아하는 구절 중 하나입니다. 그런데 이것만 봐도 고전이 얼마나 불친절한지 알겠지요? 도대체 뭔 말인지 모르겠다는 게 대부분 독자들의 반응일 겁니다.

염유와 자공은 공자의 제자입니다. 그리고 위나라 임금과 백이, 숙제라는 사람이 나옵니다. 일단 이 인물들과 상황을 알아야 위 글을 해석할 수 있습니다.

당시 위나라 임금은 위출공衛出公으로 자기 아버지를 쫓아내고 왕위에 올랐습니다. 고대의 많은 왕실이 지금의 우리가 보기엔 말 그대로 '콩가루 집안'이지요. 이 위나라 왕족의 가정사도 얘기를 하자면 너무 길고 지저분(!)하고 복잡합니다. 위출공의 아버지 괴외蒯聵는 자신의 어머니인 남자南子(남부인)를 죽이려다 쫓겨났습니다. 그리고 행실이 음탕했던 남자는 공자를 꾀려다 실패하고……. 그 외에도 비하인드 스토리가 많습니다. 아무튼 위출공은 정통성은 있지만 도덕성은 떨어지는 왕이었지요.

한편 염유라는 제자는 기회주의적인 인물로 노나라에서 권력자들을 위해 세금을 많이 거두었다가 공자에게 혼나기도 했었습니다. 앞 대화가 있었던 당시 공자는 위나라에 망명하고 있었습니다. 공자는 원래 노나라 사람인데 노나라 임금이 마음에 들지 않아 이 나라 저 나라를 돌아다니고 있었지요. 공자는 유명인이었기 때문에 위나라에 머무는 동안 사람들은 "공자가 위출공을 위해 고문이나 장관이라도 맡아 할까?" 하며 궁금해 했습니다. 이런 여론이 있다 보니 염유는 어떻게든 스승을 정계에 진출시키고 싶었지요. 그래야 자기도 한자리 차지할 테니까요.

하지만 스승에게 미운털 박힌 염유가 대놓고 공자에게 "스승님, 위출 공 밑으로 들어가 일하실 마음이 있으십니까?"라고 할 수는 없었겠죠. 그래서 공자의 수제자이자 보좌관 격인 자공을 찾아가 물어본 겁니다. 자공은 자기가 물어보겠다고 하고는 공자의 방으로 갔습니다. 공자는 책을 읽고 있었겠지요. 아마도 다음과 같은 상황이 아니었을까요?

자공: 스승님, 접니다.

공자: 응, 왔니?

자공, 괜히 방을 쓸고 책을 정리하며 눈치를 본다.

공자: (자공을 흘낏 보니) 왜, 무슨 일 있느냐?

자공: 아뇨, 저…….. 스승님, 지난번에 주나라 역사 강의를 하시 면서 백이 숙제 얘기를 하셨잖아요.

공자: 그랬지.

자공: 그게 기억이 잘 안 나서 그러는데, 백이와 숙제가 어떤 사 람들이었죠?

공자: (간단히 주나라 건국 이야기를 하면서) 그러니까, 백이와 숙제 는 높은 도덕성을 지닌 인물이었단다.

자공: 맞다! 이제야 생각납니다. 그렇게 말씀하셨어요. 그런데 백 이와 숙제는 자신들의 처지를 후회하고 세상을 원망했을까요?

공자: 뭘 후회해. 평생 '인'을 구하고자 했던 분들이고 그걸 실천

했는데.

자공: 그렇겠죠? 감사합니다. 스승님.

자공, 방에서 나와 염유에게 말한다.

자공: 스승님은 위출공을 위해 일하지 않으실 거야.

자, 이렇게 봐도 잘 모르시겠죠? 일단 백이와 숙제에 대해 좀 더 알아 봅시다. 사마천의 《사기열전》은 〈백이열전〉伯夷列傳으로 시작합니다. 그 내용을 정리하면 이렇습니다. 은나라 말기에 주왕이 폭정을 일삼자 서 쪽의 '주'라는 지방의 백작 창昌(후에 주문왕이 되었다. 이하 주문왕)이 새 나 라 건설의 기치를 내걸고 혁명을 시도합니다. 나중에 주나라가 들어섰 으니 혁명이지, 은나라 입장에서 보면 반역이었지요.

이때 백이와 숙제는 은나라에 속해 있던 고죽국孤竹國이라는 작은 도시 국가의 성주 아들들이었는데 둘 다 성주가 되는 걸 마다하고 도망쳐 나 왔습니다. 아버지가 죽으면서 "막내인 숙제가 제일 똑똑하니 성주가 되 어라."라고 했는데, 장례를 치르고 나자 숙제는 "형님이 계신데 제가 성 주가 될 수 없습니다."라고 사양했습니다. 하지만 백이도 "아버지의 뜻 이 있는데 내가 성주가 될 수는 없다."라고 했지요. 그래서 둘 다 아예 성 을 도망쳐 나왔습니다.

참, 이 사람들 일처리가 과격하네요. 이쯤 되면 고죽국이란 나라가 어 떻게 됐는지 궁금해집니다. 이 책 저 책 뒤져 보면 고죽국의 선왕에게는 또 다른 아들, 즉 백이와 숙제 사이에 또 다른 형제가 있어서 그 친구가 성주가 됐다고 합니다. 죽 쑤어 개 준 격이죠.

백이와 숙제는 이렇듯 답답할 정도로 청렴하고 강직한 사람들이었습니다. 형제는 "주문왕이 어질다고 하니 그에게 가서 우리 두 몸을 의탁하자." 하고는 길을 떠났는데 그사이 주문왕은 죽고 아들 주무왕이 대를 이었지요. 주무왕이 은나라 주왕을 치기 위해 군대를 모아 진군하는데, 이때 백이와 숙제가 딱 가로막고 외친 겁니다.

"아버지가 돌아가셨는데 장례도 치르지 않고 바로 전쟁을 일으키는 것을 효孝라 할 수 있습니까? 신하의 신분으로 군주를 죽이는 것을 인仁이라 할 수 있습니까?"

이렇게 쓴소리를 합니다. 백이와 숙제는 말하자면 은나라의 '정몽주'(고려 말의 충신. 정몽준 아님!)였던 거죠. 새 나라를 건국하지 말고 헌 나라에 충성하면서 살자, 못된 왕 잘 구슬려서 살자, 폭군도 왕이다……, 뭐 이런 소리를 주무왕 앞에서 한 겁니다. 상황 판단을 못 하고 고지식한 말을 늘어놓으니 주변 사람들이 죽이려 하죠. 이때 강태공(주무왕을 도와 은나라를 멸망시키는 데 공을 세움)이 겨우겨우 말려서 두 사람은 살아남았습니다.

주무왕은 은주왕과 전쟁을 벌여 결국 승리합니다. 은주왕은 스스로 목숨을 끊고 은나라는 멸망하지요. 세상의 여론은 주나라 건국을 인정하는 쪽으로 굳어집니다. 하지만 구시대의 충신이었던 백이와 숙제는 "주나라 백성이 되는 건 지조를 잃는 일"이라며 산에 들어가서 고사리만 먹다가 굶어 죽었다고 합니다. 아니, 토끼도 좀 잡고 사슴도 잡아 잡숴

가며 충성하시지, 왜 고사리만 먹다 죽었을까요?

하여간 이런 사건 이후에 사람들은 백이와 숙제를 의인이자 현인으로 떠받듭니다. 이상과 현실, 원칙과 변칙, 의리와 실리 중에 전자를 택하면서 살았기 때문입니다.

다시 《논어》로 돌아가서, 자공이 공자에게 백이와 숙제 이야기를 한 것은 이런 속뜻이 있었습니다. 만약 염유의 이야기를 듣고 자공이 바로 공자 방에 들어가서 "스승님, 지금 여기저기서 선생님 거취를 두고 난리인데요, 위출공을 위해서 일하시렵니까?"라고 물어본다고 칩시다. 얼마나 저렴합니까? 직설만큼 저속한 것도 없습니다. 원래 진실이란 게 이렇게 구질구질한 겁니다. 고상하고 존엄하고 멋진 것들은 대개 상징이자 암호입니다. 그래서 자공이 백이와 숙제라는 메타포로 물어본 게 참 기가 막힌 겁니다.

즉, '백이와 숙제는 이상과 원칙을 따르는 사람인데 그러다 결국 굶어 죽지 않았습니까? 자신들의 처지를 원망했을까요?'라는 의미죠. 이때 공자가 "아마 후회했을 거야. 주무왕에게 고개 좀 숙이고 들어가면 한자리했을 텐데."라고 답했다 칩시다. 그러면 자공은 '스승님이 이제는 현실적인 생각을 하시는구나. 위출공이란 사람을 위해서 일할 수도 있겠다.'라고 생각했겠지요. 그러곤 바로 염유에게 가서 "위출공이 도덕적으로 문제가 좀 있어도 스승님께서는 그를 위해 정치를 하실 것 같아."라고 말했을 겁니다. 그러나 공자가 "인을 실천하며 살다 갔는데 무슨 후회를 하겠느냐."라고 말하니 자공은 '역시 우리 스승님!' 하고 더 묻지도 않고 나와서 염유에게 "No!"라고 한 겁니다.

이런 배경 지식을 가지려면 춘추전국시대의 역사를 좀 알아야겠지요. 중국 고전을 읽기 전에 제일 먼저 읽어야 할 책이 명나라 말기의 문장가 풍몽룡馮夢龍이 쓴《열국지》列國志입니다.《열국지》는 춘추전국시대에 등장했던 인물들에 대한 역사 소설입니다.《열국지》를 읽은 뒤에는 사마천의《사기》를 읽어야 합니다.《중국 역대 인명 사전》과 중국사에 대한 책도 같이 보면 좋고요. 결론적으로《논어》한 권을 읽기 위해 다른 책 몇 권을 더 봐야 한다는 말이지요. 그래서 고전은 불친절하다는 겁니다. 물론《논어》에 대해 풍부한 해석을 달아 놓은 책들도 있습니다만, 제아무리 풍부한 해설과 주석을 달아 놓는다 해도 모자라기는 마찬가지입니다.

서양 고전은 뭐 안 그런가요?《일리아스》를 한번 펼쳐 봅시다. 다음은《일리아스》의 첫 대목입니다.

노래하소서, 여신이여! 펠레우스의 아들 아킬레우스의 분노를,
아카이오이족에게 헤아릴 수 없이 많은 고통을 가져다주었으며
숱한 영웅들의 굳센 혼백들을 하데스에게 보내고
그들 자신은 개들과 온갖 새들의 먹이가 되게 한
그 잔혹한 분노를! 인간들의 왕인 아트레우스의 아들과
고귀한 아킬레우스가 처음에 서로 다투고 갈라선 그날부터
이렇듯 제우스의 뜻은 이루어졌도다.
여러 신들 중에 누가 이 두 사람을 서로 다투고 싸우게 했던가?

레토와 제우스의 아들이었다. 그가 왕에게 노하여 진중에

무서운 역병을 보내니 백성들이 잇달아 쓰러졌던 것이다.

그 까닭은 아트레우스의 아들이 아폴론의 사제

크뤼세스를 모욕했기 때문인즉…….

《일리아스》, 천병희 옮김, 숲, 2007, 25~26p

밑줄 친 대목을 보십시오. 이거 대체 어떻게 해야 할까요? 수없이 많은 고대 그리스의 지명과 인명, 신들의 이름 때문에 바로 포기하게 되는 책이 《일리아스》입니다. 제가 《일리아스》를 처음 읽을 때도 그 복잡한 명칭들 때문에 몇 번이고 책을 집어 던졌습니다. 제 주변인들 중에는 《일리아스》를 읽다가 고전에 질려 버렸다는 사람도 있습니다.

이 책을 제대로 읽으려면 먼저 그리스 신들의 계통을 밝힌 헤시오도스Hesíodos(BC 740년경~670년경)의 《신통기》神統記(국내에 《신들의 계보》로도 번역됨)와 그리스 신화를 가장 잘 정리해 놓은 오비디우스Publius Ovidius Naso(BC 43~AD 17)의 《변신이야기》를 먼저 읽어야 합니다. 물론《일리아스》에 주석이 어마어마하게 있습니다만 그리스·로마 신화에 대한 기본 지식이 없으면 아무리 읽어도 모릅니다. 보르헤스가 간파했듯이 "세상에 결정판이란 없는 법"이니까요. 그 한 권만으로 우리를 만족시켜 주는 책은 없다는 말입니다.

고전을 읽기도 전에 주눅 들게 하려는 건가? 아마 여러분은 이렇게 생각하실지 모르겠습니다. 절대 아닙니다. 저는 고전 읽기의 즐거움에 대

해 이야기하려는 겁니다. 그런데 가령 '피아노 치기의 즐거움'에 대해 이야기한다고 생각해 봅시다. 누군가 피아노를 전혀 연습하지 않고도 피아노 치기의 즐거움을 알 수 있다고 주장한다면 그건 사기입니다. 피아노 치기의 즐거움을 알려면 최소한 1년 정도 피아노를 배워야 합니다. 체르니 40번 정도는 쳐야 '치는 즐거움'에 대해 논할 수 있는 거지요.

고전 읽기의 즐거움은 고전의 불친절함 속에 있습니다. 만약 고전이 친절한 책이어서 읽는 족족 이해되고, 너무너무 재미있고, 술술 읽힌다면 오히려 생명력이 짧았을 겁니다. 고전은 읽으면서 끊임없이 '이게 뭐지?' 하는 의문과 뒤통수를 때리는 충격, 앙금처럼 남는 감동이 휘몰아치는 책입니다. 그 어떤 육체적 쾌락보다도 더한 쾌감을 주지요. 고전을 읽으면 시시때때로 정신적 환희의 정수를 느낄 수 있습니다. 이걸 한번 느끼고 나면 부모도 형제도 남편도 아내도 다 필요 없어집니다. 돈도 명예도 사랑도 시시해집니다.

아마 이 때문에 스님들이 도를 얻으려 출가하는 건지도 모릅니다. 하여간 이 '정신적 절정'의 순간 때문에 우리는 고전을 읽으며 울다가 웃다가 박수 치다가 고꾸라지는 것이지요(물론 고전은 불면증에 시달리는 우리를 달콤한 잠으로 인도하는 책이기도 합니다).

우리가 누군가에 대해 잘 알지 못하고 만날 때는 재미없고 지루하고 심심할 수 있습니다. 그런데 만나면 만날수록 재치 있고 흥미 있고 기쁨을 주는 사람이 있지 않습니까? 고전이란 그런 사람과 같습니다. 조금만 알고 나면 이렇게 재미있는 책이 없습니다. 고전은 이미 수천 년 동안 검증을 거친 것으로, 고전으로 남은 데는 다 이유가 있습니다. 상투적인 말로 고전은 '인류 지혜의 핵심'입니다. 인류 지혜의 핵심이 지루하게 생각되는 이유는, 첫째로 그것을 전해 준 선생과 역자들의 잘못이고, 둘째는 그것을 받아들인 학생과 독자들의 잘못입니다. 공자는 이런 말을 했습니다.

분발하지 않는 학생은 이끌어 줄 수 없고
고민하지 않는 학생은 발전하게 만들 수 없다.
하나의 예를 들었을 때 셋을 알지 못하면
더 반복하지 않는다.

불 분 불 계
不憤不啓

불 비 불 발
不悱不發

거 일 우 불 이 삼 우 반
擧一隅不以三隅反

즉 불 부 야
則不復也

《논어》〈술이〉편

가르치는 사람이 25퍼센트, 배우는 사람이 75퍼센트의 역할을 해야 한다고 해석하면 너무 가벼운가요? 번역이 지루하면 독자라도 재미를 찾아야 합니다. 공자의 말에는 선생 못지않게 학생 역시 배우는 자의 입장에서 이것저것 뒤져 가며 공부하고 고민하고 애써야 한다는 뜻이 있습니다.

고전의 불친절함을 넘어서고자 하는 그 행위 속에 어쩌면 고전 읽기의 진짜 즐거움이 있을지도 모릅니다. 세상에 공짜가 어디 있습니까? 좀 깊고 무겁다고 해서 그냥 지나치기에 고전은 너무나도 귀하고 소중합니다.

이 책은 '내가 그나마 잘하는 게 뭘까?'라는 고민 속에서 탄생했습니다. 저는 인문 고전 전문가도 아니고 학자도 아닙니다. 제가 김원중 선생처럼 동양 고전을 완역하는 것은 불가능합니다. 천병희 선생처럼 그리스 로마의 고전을 연구하는 것도 어불성설입니다. 김용옥 선생처럼 통찰력 있는 저서를 써낸다는 것은 상상도 할 수 없습니다.

다만 저는 20여 년간 배우로 활동하면서 약 40편의 연극, 영화, 텔레비전 드라마 등에서 크고 작은 역을 맡아 했기에 연기 전문가라 할 수 있습니다. 또 40여 권의 책을 내면서 저자로 활동했기에 글쓰기 전문가이기도 합니다. 이 책은 '배우+저자'의 접점을 찾다가 내게 된 것이지요. 2007년부터 맡아 왔던 EBS FM의 '책 읽어 주는 라디오' 시리즈는 제게 고전의 매력을 충분히 느낄 수 있는 기회를 주었습니다. 《책으로 만나는 세상》, 《두 시의 판타지아》에 이어 2013년부터 진행한 《고전읽기》를 통해 깊고 풍부한 인문고전의 세계를 여행할 수 있었지요. 특히 개그우먼

권진영 씨와 진행한 프로그램의 인기는 놀라운 것이어서 같은 방송국 책 대상 프로그램 중 청취율 1위를 기록하기도 했습니다.

방송국 사정에 의해 이 프로그램이 폐지되었을 때, 저의 실망감은 이루 다 말로 할 수 없었습니다. 이때, 《고전읽기》의 열렬한 팬인 이인근 님의 권유와 담당 작가 김희영 님의 격려로 팟캐스트 《명로진 권진영의 고전읽기》를 어렵사리 다시 시작했습니다. 반응은 폭발적이었습니다. 얼마나 많은 분들이 고전에 대해 목말라 하고 있는지, 저는 이 프로그램을 진행하면서 뼈저리게 느꼈습니다. 직장인, 주부, 학생, 해외 교포들까지 이 프로의 제작을 위해 십시일반으로 후원금을 보내주셔서 방송을 할 때마다 저는 이 분들의 기대를 저버리지 않겠다고 마음을 다잡곤 합니다. 《명로진 권진영의 고전읽기》는 많은 분들의 응원과 사랑 속에 새롭게 고전의 바다를 항해하고 있습니다. 제가 이 책을 쓰는 이유 중의 하나는, 방송을 통해 고전을 음미하는 청취자뿐 아니라 더 많은 분들과 고전의 재미와 깊은 맛을 짧지만 굵게 나누고 싶어서입니다.

이 책에서 제가 하려는 이야기를 한마디로 정리하면 '고전을 드라마처럼 읽으면 재미있다'는 겁니다. 서두가 길었지요? 그럼 고전에 담긴 드라마 속으로 함께 출발해 봅시다.

Part 1

알고는 있지만
제대로
읽어 본 적 없는 고전

신이 되길 거부한 성인聖人의 어록

대표적인 유교 경전으로 공자와 그 제자들의 언행이 담긴 어록이다. 엄밀히 말
하면 공자가 '저자'라기보다 공자의 가르침을 제자들이 일정한 순서로 편집해
서 기록한 것이라 하겠다. 《논어》의 편찬자가 누구인지에 대해서는 여러 가지
설이 있다. 현존본은 〈학이〉(學而)에서 〈요왈〉(堯曰)까지 총 20편으로 이루어
졌는데 각 편명(篇名)에 특별한 의미는 없고 처음 두 글자를 따서 붙인 것이다.
예컨대 첫 편인 학이(學而)는 '학이시습지불역열호'(學而時習之不亦說乎)에서
따왔다.

공자 선생님은 사실 신의 아들이시다. 천지를 창조한 반고는 여
와*에게서 삼황오제**를 얻었는데 삼황오제의 마지막 황제인 순
임금은 공자 선생님의 조상이다.

왜 공자(BC 551~479)의 제자들은 《논어》의 첫 문장을 이렇게 쓰지 않
았을까요? 예수의 제자들은 자기들 스승이 하나님의 아들이며 온갖 기
적을 행했고 죽은 지 사흘 만에 부활했다고 썼는데 말입니다. 신약성경
첫 번째 책인 마태복음은 이렇게 시작합니다.

아브라함과 다윗의 자손 예수 그리스도의 계보라. 아브라함은 이삭
을 낳고, 이삭은 야곱을 낳고, 야곱은 유다와 그의 형제들을 낳고
(…) 다윗은 솔로몬을 낳고 (…) 바벨론으로 사로잡혀 갈 때에 요시야
는 여고냐와 그의 형제들을 낳으니라. (…) 엘르아살은 맛단을 낳고

＊ 반고와 여와는 중국 신화 속에 나오는 창조주. 반고는 천지를, 여와는 인간을 만들었다.
＊＊ 중국 고대 전설 속의 지도자들.

맛단은 야곱을 낳고 야곱은 마리아의 남편 요셉을 낳았으니 마리아

에게서 그리스도라 칭하는 예수가 나시니라. 모든 대ft 수가 아브라

함부터 다윗까지 열네 대요, 다윗부터 바벨론으로 사로잡혀 갈 때까

지 열네 대요, 바벨론으로 사로잡혀 간 후부터 그리스도까지 열네

대더라.

마태복음 1:1–17, 생명의말씀사(개역개정), 2013

어마어마하죠. 예수가 아브라함의 후손이란 겁니다. 아브라함은 기
독교에서 믿음의 조상이라 일컫습니다. 이 양반이 늘그막에 막둥이 이
삭을 얻는데 어느 날 신이 "이삭을 죽여 희생 제물로 바쳐라."라고 해
요. 아브라함은 이삭을 바치려고 산으로 데리고 갑니다. 아들을 죽이려
는 순간, 신이 "농담이야, 널 시험해 봤어. 내가 양을 준비했어." 하지요.
이해가 되십니까? 이해하는 것이 아닙니다. 믿는 겁니다.

이 아브라함의 선조는 누군가요? 아브라함의 선조는 노아의 아들 셈
입니다. 노아는 온 세상이 홍수로 잠길 때 혼자 세상을 구한 의인이지요.
이해하려 하지 마시고요, 그냥 외우세요. 노아의 선조는 셋Seth입니다.
셋은 바로 아담과 하와의 셋째 아들입니다. 첫째 아들 가인이 동생 아벨
을 죽이고 떠난 뒤에 얻은 아들이 셋입니다. 결국 예수의 선조는 아담인
데 아담은 창조주가 만들었지요. 그렇다면 예수는 아담의 직계 후손, 즉
신의 아들인 겁니다.

그런데 마태복음의 족보 다음에 이어지는 내용은 "마리아가 요셉

과 약혼하고 동거하기 전에 성령으로 잉태된 것이 나타났더니 그의 남편 요셉은 의로운 사람이라. 그를 드러내지 아니하고 가만히 끊고자 하여…….”입니다. 그럼 결국 예수는 요셉의 아들도 아닌 거지요. 도대체 앞에서 족보는 왜 강조한 겁니까? 음, 그냥 외워야겠죠?

이렇듯 성경에는 비과학적이고 모순투성이의 스토리가 차고 넘칩니다. 수습하기 어렵죠. 사람이란 참 이상한 동물입니다. 어지간한 비논리에는 이의를 제기하지만 어마어마한 허구에는 감히 질문조차 못 하지요. 의문을 제기하면 “보지 않고 믿는 것이 복되다.”고 합니다. 믿음이란 게 과학이나 이성으로 설명하기 어려운 것이니 그렇다고 칩시다.

이슬람 경전인 코란(꾸란)의 첫 구절은 이렇습니다.

참으로 자비롭고 자애로운 알라의 이름으로

찬양합니다. 온 세상의 주인이신 알라께.

참으로 자비롭고 자애로운 분,

심판 날의 주재자여.

우리가 섬기고 구원을 청할 분은 오직 당신뿐

저희를 바른 길로 인도하여 주시옵소서.

당신께서 은혜를 내린 자들에게 허락한 길로.

당신을 노엽게 한 자들이나

헤매는 자가 걷지 않는 그런 곳으로.

Saheeh International, *The Quran*, Abul-Qasim Publishing House, 1997, 1p

이 첫 구절만 봐도 유일신에 대한 믿음이 강하게 드러납니다. 신 앞에서 왠지 좀 비굴한 신자의 모습이 보이기도 해요. 알라는 곧 신이며 하나님이죠. '온 세상의 주인이고, 심판의 날을 주재'합니다. 믿고 구원을 청할 오직 하나의 존재, 즉 알라입니다.

이슬람에서 예배 시각을 알리기 위해 육성으로 외치는 일을 '아잔'^{Azan}이라 하는데 그 내용의 첫 부분이 "알라는 위대하다. 나는 알라 외에는 신이 없다고 증언한다. 나는 무함마드가 알라의 사도임을 증언한다."입니다. 유일신에 대한 확신과 무함마드에 대한 신뢰를 고백하는 내용이지요.

불교 의식에 빠지지 않고 등장하는 《반야바라밀다심경》은 어떻습니까? 조계종에서 공인한 한글 번역은 다음과 같습니다.

마하반야바라밀다심경.

관자재보살이 깊은 반야바라밀다를 행할 때, 오온이 공한 것을 비추어 보고 온갖 고통에서 건너느니라.

사리자여! 색이 공과 다르지 않고 공이 색과 다르지 않으며, 색이 곧 공이요, 공이 곧 색이니, 수 상 행 식도 그러하니라.

사리자여! 모든 법은 공하여 나지도 멸하지도 않으며, 더럽지도 깨끗하지도 않으며, 늘지도 줄지도 않느니라.

그러므로 공 가운데는 색이 없고 수 상 행 식도 없으며, 안 이 비 설 신 의도 없고, 색 성 향 미 촉 법도 없으며, 눈의 경계도 의식의 경계

까지도 없고, 무명도 무명이 다함까지도 없으며, 늙고 죽음도 늙고
죽음이 다함까지도 없고, 고 집 멸 도도 없으며, 지혜도 얻음도 없느
니라.

종단 표준의례 《한글 반야심경》, 대한불교조계종, 수정 2013. 7. 11. 공포.

'한글 번역'이라고 했는데 도대체 누가 이걸 한글 번역이라고 이해할
지 매우 난감합니다. 일단 평범한 신자들이 봤을 때 어렵게 느끼도록 만
드는 데는 성공한 것 같습니다. 단박에 절에 가거나 근처의 보살 승려
들에게 의탁해야겠다는 생각이 듭니다. 원효가 "나무아미타불만 외워도
충분하다."고 한 지가 벌써 1,300년이나 지났는데 아직도 저러고 있으
니 갈 길이 멉니다.

종교의 속성은 강요와 독단입니다. 이 시스템 속에는 인간의 이성이
파고들 여지가 없습니다. 의문을 제기해서도 안 됩니다. 도대체 창조주
가 왜 인간을 만들었고 전두엽을 창조했는지 알 수 없는 대목이지요. 더
이상 떠들면 과격파들의 암살 대상이 될지도 모르니 '할렐루야'와 '함두
릴라'(아랍어로 '신께 감사를'이란 뜻)로 인사를 대신합니다.

그러나 우리가 그토록 외치는 인문학, 그 속에 들어 있는 인문 정신의
핵심이 무엇입니까? 의문을 제기하는 것, 모든 사람이 "예스"라고 말해
도 "노"라고 말할 수 있는 것, 당연하다고 생각되는 걸 다시 한번 뒤집어
생각해 보는 것 아닐까요? 무조건 믿으라거나 닥치고 십일조를 지키라
거나, 이렇게 되면 정말로 곤란해지는 겁니다(이 책을 교회 권사님이신 우

리 어머니가 보시면 저는 정말 곤란해집니다. 저는 시금 제 호적을 걸고 이 글을 쓰고 있습니다).

인문 정신의 승리, 논어

그러면 이제 공자 이야기로 돌아가서, 《논어》의 시작은 어떤지 보겠습니다.

배우고 때때로 익히면 기쁘지 아니한가?

먼 데서 친구가 찾아오면 즐겁지 아니한가?

사람들이 알아주지 않아도 성내지 않으면 군자가 아닌가?

《논어》 〈학이〉편

아, 정말 심하게 초라하지 않나요? 다른 경전에 비해 초라하기 그지없습니다. 기독교는 하나님으로부터 시작된 계보를 읊고, 이슬람은 오직 하나뿐인 신을 찬양하고 있는데 여기에 배우고 익히면 기쁘다는 둥, 친구가 찾아오면 좋다는 둥, 이런 타령이나 하고 있으니 말입니다. 도대체 누가 공자를 예수, 무함마드, 부처와 더불어 인류 역사의 4대 성인이라고 했나요?

문제는 이것이 2,500년 전에 있었던 일을 기록했다는 겁니다. 이것 하나만으로 《논어》는 위대한 인문 정신의 승리입니다. 《논어》와 《논어》에 수록되지 않은 공자의 언행을 실었다는 《공자가어》孔子家語를 아무리 뒤져 봐도 공자가 신에 대해 언급한 것을 찾아볼 수 없습니다. 공자가 아팠을 때 제자인 자로子路가 "귀신한테라도 좀 빌지 그러셨어요?"라고 묻자 "안 해봤겠냐?"라고 말하는 구절이 있긴 합니다. 하지만 이건 농담 수준이지요. 또 번지樊遲가 지知에 대해 묻자 "귀신을 공경하되 멀리한다면 지혜롭다 할 수 있다."고 답합니다. 대략 그 정도입니다.

공자의 제자들은 이렇게 증언합니다.

선생님께서는 다음 네 가지에 대해 말씀하지 않으셨다.

괴상한 것, 폭력적인 것, 문란한 것, 신에 대한 것.

자 불 어   괴 력 난 신
子 不語 怪力亂神

《논어》〈술이〉편

서양철학의 효시라 할 만한 소크라테스에게도 신의 문제는 자연스러운 것이었습니다. 그가 살던 고대 그리스 시대는 신과 함께 사는 시대였습니다. 지금 우리가 생각하는 신이 아니라 아주 인간적인 신이었지요. 신에 대한 이야기를 하는 건 마치 우리가 지금 대통령이나 연예인에 대해 이야기하는 것처럼 아주 정상적인 일이었습니다. 문제가 생기거나 미래가 궁금하면 신전에 가서 무녀를 통해 신의 음성을 듣는 게 일상이었죠. 이것을 신탁神託이라 합니다.

당시 그리스 폴리스 시민들이 나누는 대화에는 신에 대한 이야기가 나오는 게 다반사였죠. 소크라테스가 아테네 시민들에게 고발당해 사형을 당하게 된 이유 중 하나가 "소크라테스는 신을 믿지 않는다."는 것이었습니다. 여기에 대해 소크라테스는 "뭔 소리야, 나는 제우스를 비롯해 신을 믿는 독실한 사람이야."라고 변호합니다.

그런데 공자는 신에 대해서 일언반구조차 하지 않습니다. 귀신, 주술, 기적이나 초자연적인 것에 대해서는 '노코멘트'입니다. 복을 내리든, 재앙을 내리든 상관없이 말입니다. 그만큼 공자는 인간적이었고 이성적이었고 현실적이었습니다. 더불어 감성적이고 감각적이기도 했습니다. 한마디로 공자는 살아 숨 쉬는 사람이었지, 신의 아들이나 사도가 아니었으며 종교의 교주는 더더욱 아니었습니다. 만약 공자가 종교적인 인물이었다면 제자들은 이렇게 기록했을 겁니다. 앞은 현재 전해지는 《논어》 등의 기록이고, 화살표 뒤는 공자가 만약 종교적인 인물이었다면 남았을 법한 이야기입니다.

> 공자께서 홍수가 난 강물을 용감하게 건너는 사람을 보고 그 비법을 물으니 그는 "마음을 하나로 모으면 됩니다."라고 말했다. 공자께서 이를 잘 적어 두라고 하셨다.
>
> 《공자가어》

→ 공자께서는 강물이 불어도 아랑곳하지 않고 그 위로 거침없이 걸어가셨다.

공자께서 채나라와 진나라 사이에서 난리를 만나 7일 동안 굶주렸다.

《순자》〈유좌〉(宥坐)편

→ 공자께서 채나라와 진나라 사이에서 7일 금식 기도를 하시고, 안회에게 명하셨다. "남은 음식이 얼마나 있느냐?" "떡 다섯 개와 물고기 두 마리뿐입니다." "나눠 주어라." 안회가 나누니 5,000명을 먹이고도 남았다.

공자께서 나병 걸린 제자 백우(伯牛)의 손을 잡고 우시며 애통해하셨다. "이렇게 착한 사람이 이런 병에 걸리다니 어찌 된 일인가!"

《논어》〈옹야〉(雍也)편

→ 공자께서 나병 걸린 사람의 손을 잡고 우셨다. 공자님의 눈물이 상처에 닿자 병자는 씻은 듯이 나았다.

이쯤 되면 막 나가자는 거지요? 하지만 생각해 봅시다. 지금도 북한에서 김일성과 김정일은 신과 같은 존재입니다. 장님이 눈을 떠도 김일성의 덕이고, 병이 나아도 김정일의 은혜라고 합니다. 우리도 마찬가지입니다. 《그것이 알고 싶다》 같은 시사 프로그램만 봐도 사이비 종교 교주들이 얼마나 많습니까? 신도들은 자기들이 믿는 교주가 인간이 아니고 신이며 구세주라고 믿고 있습니다. 흔히 잠실 운동장 같은 데를 통째로 빌려서 신도들로 채우고 교주란 사람은 황금 왕관에 88올림픽 때나 유행했을 것 같은 옷을 입고 등장해서 거대한 행사를 치르곤 하지 않습니까? 이게 21세기 첨단 자본주의 사회 한국에서 벌어지는 장면입니다.

인간은 이토록 약하고 미망한 존재입니다.

2,500년 전 공자의 제자들은 왜 공자를 신적인 존재로 기록해 놓지 않았을까요? 그건 바로 공자가 자신을 철저히 '인간'으로 인식했기 때문입니다. 그는 신학적인 인물이 아니라 인문학적 인물이었습니다. 설사 제자들이 선생님의 공적을 기적으로 바꾸어 기록하려 해도 공자가 나서서 말렸을 겁니다. 공자라고 물 위를 걷고 싶지 않고, 신의 아들이고 싶지 않았겠습니까? 500생을 윤회하고 온 여래라고, 천사의 음성을 들은 신의 사도라고 하고 싶지 않았겠습니까? 하려면 충분히 할 수 있었을 겁니다.

만약 공자가 인간의 약한 면을 간파하고, 인간의 모순과 어리석음을 이용하려고 마음먹었다면 누구보다 거대한 세력을 거느린 종교 집단의 창시자가 되었을 겁니다. 역사적으로 교주의 제자들이 스승에 대해 신적인 기록을 남긴 이유는 교주 자체가 신적인 인물이거나 혹은 신적인 인물이 되고 싶어 했기 때문입니다. 교주 스스로 기적을 믿는 인물 또는 비과학적인 관념을 가진 사람이었기 때문이지요. 한마디로 신비주의자였다고 할까요? 제가 공자의 제자였다면 선생님의 이름을 팔아 크게 한탕 했을 겁니다.

그러나 너무나 초라해 보이는, 때로는 허무 개그 같기도 한 공자의 언행은 《논어》 곳곳에 기록되어 있습니다. "나는 워낙 미천한 출신이라 이런저런 잡일을 많이 했다."라든가, "내가 잘하는 건 없다만 작은 마을에서 공부 좋아하는 사람이라고 해도 과언은 아닐 것이다.", "삶도 다 모르는데 죽음을 어찌 알겠느냐.", "공부 대신 마부가 될 걸 그랬어. 이제부터 수레 모는 거나 배울까?" 등.

자공이 물었다.
"평생 지켜 나갈 한마디 말씀을 해주십시오."
공자께서 말씀하셨다.
"자기가 원하지 않는 일을 남에게 행하지 마라."

《논어》〈위령공〉(衛靈公)편

이것 좀 보십시오. 정말 소박하지 않습니까? "온 우주의 소리를 듣고 자유로워라."라고 하든지, "쉬지 않고 도를 닦아 하늘의 이치를 깨닫도록 하라." 정도는 되어야죠. 하다못해 "내가 못다 이룬 꿈이 있으니 너는 꼭 재상이 되어라."라고 해도 모자랄 텐데, 겨우 내가 싫어하는 일을 남에게 하지 말라니요? 자공이 얼마나 실망했을까요? 차라리 공자께서 "멍멍멍을 멍멍멍하여라."라고 했으면 '뭐지?' 하면서 생각이라도 했을 텐데 말입니다. 어떻게 보면 이 공자 선생님, 참 답답합니다.

부처님은 "그대가 받고자 하는 대로 남이 그대에게 줄 것이다."라고 했고 예수님은 "무엇이든지 남에게 대접받고자 하는 대로 너희도 남을 대접하라."고 했습니다. 마치 비슷한 내용을 세 분이 수사만 달리 해서 나눠 가지신 것 같아요. 그러고 보면 성인의 말씀은 알아듣기 어렵고 힘든 게 아닌가 봅니다. 실천이 문제지요.

개인적으로 《논어》를 수십 번 읽었지만 읽을 때마다 감동의 순간이 달랐습니다. 어떨 때는 드라마틱한 장면에서, 어떨 때는 공자의 유머에서, 어떨 때는 제자들의 공방에서 재미와 감동을 느꼈습니다. 그런데 한 스무 번쯤 읽었을 때 '아, 공자가 제자들에게 제일 하고 싶은 말은 이게 아니었을까?' 하는 대목이 있었습니다. 책의 첫 편, 〈학이〉의 여섯 번째 장이었습니다.

> 선생님께서 말씀하셨다.
> "얘들아, 집에서는 부모님께 효도하고 밖에서는 어른을 공경해라. 행동을 삼가고 약속을 지켜라. 너희들이 만나는 사람을 사랑하고 어진 이를 가까이 해라. 그러고도 시간이 남으면 한눈팔지 말고 공부를 해라."
>
> 자 왈 제자, 입 즉 효 출 즉 제 근 이 신 범 애 중 이 친 인 행 유 여 력 즉 이 학 문
> 子曰 弟子, 入則孝 出則弟 謹而信 汎愛衆 而親仁 行有餘力 則以學文
> 《논어》〈학이〉편

공자는 시대의 지식인이자 철학자였고 교육자였습니다. 유명인이었고 존경받는 학자였지요. 또한 현실 참여를 원하는 대학 총장이기도 했습니다. 제자들 중에는 안연顔淵처럼 고상한 신념을 가진 사람도 있었지만, 자로나 염유처럼 공자 학당을 졸업하고 나면 관직에 진출해서 출세해야겠다는 사람도 많았을 겁니다. 공자가 가만히 살펴보니 제자들이

공부는 열심히 하는데 철학이 없었나 봐요. 인격 수양은 덜 된 애들이 토익, 토플만 공부하고 스펙을 쌓기 위해 '공자 학당 12기 수석 졸업' 같은 간판을 얻으려고 당신 밑에 붙어 있더라, 이겁니다.

번지 같은 제자는 머리는 별로이지만 힘이 좋아서 공자의 수레를 몰았는데 《논어》에 꽤 자주 등장해요. 무려 3,000명이나 되는 공자의 제자 중에서 언급이 되는 것만 해도 대단한 거지요. 이런 친구도 도덕을 우선시하는 공자에게 지쳐서 나중에는 "차라리 농사짓는 법이나 가르쳐 주십시오." 합니다. 이런 인간은 파문했어야 하는데 공자는 번지가 방을 나가고 나서 한마디 할 뿐입니다.

"번지는 소인이구나!"

이게 공자가 할 수 있는 최대의 욕입니다.

하여간 제자들은 공자에게 계속 묻습니다. 어떻게 하면 잘 사는 겁니까? 어떻게 하면 공부를 잘한 티가 날까요? 군주의 눈에 들도록 유세를 잘하려면 무슨 책을 봐야 합니까? 공자는 속으로 '이 한심한 제자들아!' 했겠지요. 그래서 답답한 마음에 이렇게 말한 게 아닐까요?

"먼저 부모에게 효도를 해! 나가서는 어른을 공경해! 행동을 신중하게 해! 한번 약속했으면 지켜! 서로 사랑해! 어진 사람을 가까이해! 다 했냐? 그러고도 힘이 남으면 딴짓하지 말고 공부해!"

앞에 나오는 여섯 가지 일을 다 잘하고 난 뒤에 하는 게 공부입니다. 한마디로 "먼저 인간이 되어라."라고 설파한 겁니다. 인간성이 더러운데 공부는 해서 뭐합니까? 성질이 못된 인간이 책 읽으면 뭐해요? 부모

알기를 우습게 아는 인간이 1등을 하면 뭐하고, 어른에게 예의 없는 인간이 하버드대학에 가면 뭐하냐고요. 공자는 딱 집어서 말한 겁니다. 사람이 살아가는 데 중요한 것이 무엇인지 말입니다.

앞에서 공부란 단어는 '사업', '일', '비즈니스'로 바꿔도 됩니다. 혹은 '신앙'이나 '전도'로 바꿔도 돼요. 사랑하는 마음 없이 함부로 전도하지 마! 나쁜 사람들과 어울려 잇속만 챙기면서 교회 집사라고 떠들고 다니지 마! 부모님께 효도하지 않으면서 도 닦는 척하지 마! 약속 어기기를 밥 먹듯이 하면서 불자인 척하지 마! 남을 배려하는 마음 없이 비즈니스한다고 설치지 마! 어떻습니까? 심장이 쿵 하고 내려앉지요?

예의 본질은 무지를 자각하는 것

앞서 《논어》는 인문 정신의 승리라고 했습니다. 공자의 인문학적 의식 세계를 엿볼 수 있는 또 하나의 단서는 인식 태도입니다.

선생님께서 말씀하셨다.

"자로야, 너에게 안다는 것이 무엇인지 가르쳐 주마. 아는 것을 안다고 하고, 모르는 것을 모른다고 하는 것, 이것이 진짜 아는 것이니라!"

지 지 위 지 지　부 지 위 부 지　시 지 야
知之爲知之 不知爲不知 是知也

《논어》〈위정〉(爲政)편

여기서 공자는 자로에게 '지'知란 무엇인가에 대해 설파하고 있습니다. 자로가 "안다는 게 뭡니까?"라고 물었는지 어쨌는지에 대해서는 나와 있지 않습니다. 만약 자로가 물어서 이렇게 대답했다면 《논어》의 기록자들이 분명 그렇게 썼을 텐데, 그런 말이 없는 걸로 봐서는 평소에 자로의 언행을 눈여겨봐 두었다가 공자가 먼저 말하지 않았을까 싶어요. 아마도 자로가 알지도 못하면서 안다고 했거나, 모르는 걸 모른다고 인정하지 않았을지도 모릅니다. 그런 제자에게 공자는 "네가 아는 것을 진짜 안다고 할 수 있느냐? 네가 아는 것이 정말 아는 것인지 아닌지 어떻게 아느냐? 너는 네가 정말 뭔가를 알 수 있다고 생각하느냐?"라고 묻습니다. 그러면서 '아는 것과 모르는 것을 구분하고 인정하는 소박한 태도가 바로 지의 핵심'이라고 말하지요.

아는 것을 안다고 떠벌리는 건 쉽지만 모르는 것을 모른다고 스스로 인정하는 건 어렵습니다. 그 순간 스스로 무지하다고 자백하는 꼴이니까요. 공자는 언제 어디서 누가 뭘 물어봐도 척척 대답할 정도로 아는 게 많은 사람이었습니다. 박학다식한 천재였지요. 그런 그가 제자에게 앎에 대해 말합니다. 자신이 얼마나 무지한지 자각하는 것! 바로 그게 아는 것이라고 말입니다.

《논어》 속 명장면은 너무 많아 다 소개할 수 없을 정도입니다만, 다음은 지나칠 수 없습니다.

선생님께서 태묘에 들어가셨을 때, 모든 일을 물으셨다. 어떤 사람이 말했다.

"누가 저 추 땅의 젊은이보고 예를 안다고 했는가? 태묘에 들어가 모
든 일을 묻고 있는데."

선생님께서 이 말을 들으시고 말씀하셨다.

"그것이 예다."

《논어》〈팔일〉(八佾)편

이 부분 역시 원문만 봐서는 무슨 말인지 도통 알 수가 없습니다. 공
자가 좀 젊었던 시절에 노나라 시조인 주공단周公旦을 모시는 사당(태묘)
에 들어가서 제사 지내는 일을 맡은 적이 있습니다. 원래 그 직책에 있
던 사람이 아팠는지, 휴가를 갔는지는 모르지만 아무튼 공자가 임시로
그 직분을 맡게 된 겁니다. 공 선생이 비정규직 제사 담당자가 되어 태
묘에 가보니 기존에 그 일을 맡아 하던 나이 든 실무 관리들이 죽 서 있
었습니다. '홍동백서에 삼배하고⋯⋯.' 하는 예절 절차에 대해 공자는 다
알고 있었습니다. 공자가 누굽니까? 어린아이 때부터 제사 그릇을 가지
고 놀았다는 예禮의 최고봉 아닙니까? 그런데 이 사람이 제사 지내러 가
서 사람들에게 일일이 묻더란 말입니다. "제기는 여기 놓는 게 맞습니
까? 뒤로 물러나 두 번 절하는 거죠? 분향하고 술을 따를까요?"

생각해 봅시다. 예의 대가라고 해서 태묘의 제사를 맡겼는데 와서는
작은 것 하나까지 일일이 물어보고 있더란 말입니다. 당연히 "쟤는 예를
아는 거야, 모르는 거야?"란 말이 나오지요. 하지만 반대로 생각해 봅

시다. 어느 날 갑자기 예의 대가라는 자가 와서 선배와 어르신에게 한마디 묻지도 않고 제멋대로 한다면? 아마도 사람들은 이렇게 말할 겁니다.

"저런! 싸가지 없는 자식 같으니!"

아무튼 공자의 태도에 태묘 관리들이 이러쿵저러쿵한다는 말을 제자가 전합니다.

"선생님! 사람들이 선생님보고 예를 모른다고 떠듭니다. 그렇게 물어보는 게 예입니까?"

"그래! 그게 바로 예다. 묻는 게 예야!"

공자는 예의 본질을 꿰뚫어 보고 있었던 겁니다. 예의 본질이 뭐냐고요? 그것은 나와 타자의 전이轉移라고 할 수 있습니다. 쉬운 말로 하면 '입장 바꿔 생각하기'입니다. 상대에 대한 배려, 아我와 타他의 합일, 나와 너의 화학적 결합. 내가 네가 되고 네가 내가 되는 메타모포시스 Metamorphosis. 여기에 '중용'식 개념을 더하면 아는 것도 물어 가는 공경의 극치가 등장합니다.

예의 절차를 아는 것. 이건 하수입니다. 태묘의 늙은 관리들은 일일이 물어본 공자를 흉봤을망정 자기들이 무시당했다고 느끼진 않았을 겁니다. '예를 안다고 해서 데려왔더니 알기는 개뿔……. 음, 그리고 보면 제사도 아무나 하는 게 아니야.' 아마 이렇게 생각했을 겁니다. 자위가 됐든 자족이 됐든 상관없습니다. 이런 사람들 앞에서 "당신들의 방법은 낡은 겁니다. 새로운 예법에 따르면 제사상 앞에서 힙합 춤을 춰도 됩니다."라고 말했다고 칩시다. 단박에 예의 없는 인간이 되겠지요.

"상대에게 묻는 것, 그것이 예다."라고 갈파한 공자, 참 매력적이지 않습니까? 이런 드라마틱한 장면 속에 《논어》의 위대함이 숨어 있는데 이걸 발견하지 못하고 그저 사자성어나 외우고 있으면 책을 읽어도 아무 소용이 없지요.

공자가 얼마나 인간적인 매력을 지닌 인물이었는지 또 다른 예를 들어 볼게요. 《논어》〈선진〉先進편에 나오는 에피소드입니다.

> 자로와 공서화公西華와 염유가 선생님을 모시고 앉아 있었다. 증점曾點은 옆에서 비파를 타고 있었다. 선생님께서 말씀하셨다.
>
> "내가 너희보다 나이가 약간 많지만 어려워하지 말고 얘기해 보렴. 만약 니희를 알아주는 사람이 있어 써준다면 너희들은 무슨 일을 하고 싶니?"
>
> 자로가 불쑥 나서며 말했다.
>
> "재상이 되어 나라를 다스리고 싶습니다. 제가 나라를 맡아 다스린다면 3년쯤 뒤에는 백성들을 용감하게 만들고 올바른 길을 알려주어 나라를 구할 수 있지 않겠습니까?"
>
> 선생님께서 빙그레 웃으셨다.
>
> "염유야! 너는 어떻게 하겠니?"
>
> "저는 아마도 사방 육칠십 리 또는 오륙십 리 정도 되는 지방을 맡아 다스릴 수 있으리라 봅니다. 그렇게 된다면 3년쯤 뒤에 백성들을 잘 살게 만들겠습니다."

"공서화야! 너는?"

"저는 뭘 하고 싶기보다는 더 배우고 싶습니다. 잘 배워서 종묘의 제
사나 제후들의 모임에 예복과 예관을 착용하고 의식을 돕는 사람이
되고 싶습니다."

"점아, 너는 어떠냐?"

이때까지 증점은 비파를 간간이 뜯고 있었다. 선생님의 질문을 받은
증점은 비파를 크게 한 번 튕기고 나서 대답했다.

"제 생각은 세 사람과 다릅니다."

"뭐 어때? 제각기 자기가 하고 싶은 것을 말하는 건데."

"지는 늦봄에 새 옷을 시어 입고 어른 대여섯 명, 어린이 예닐곱 명
과 함께 기수에서 목욕하고 무우*에서 바람을 쐬고, 시나 읊으면서
돌아오겠습니다."

선생님께서 감탄하시며 말했다.

"나는 증점과 뜻을 같이하련다."

참 재미있는 이야기입니다. 앞의 세 제자는 각각 정치인, 외교가 등이
되고 싶어 합니다. 한마디로 영혼 없는 관리가 되어 다른 사람을 다스리
는 일을 하겠다는 거지요. 그 당시 관리와 장수 말고는 달리 할 일도 없
었을 테지만 고리타분한 모범 답안이었습니다. 그런데 증점은 이렇게

---

* 기수는 강 이름, 무우는 기우제를 지내는 제단을 뜻함.

대답합니다. "강남에서 먹어주는 스타일로 옷을 빼입고, 친구들과 커플로 짝 맞춰 강가에 몰려가 수영하고, 파티를 할 겁니다."

이에 대한 공자의 반응을 보십시오. 감탄하면서 증점과 뜻을 같이하겠다고 합니다. 보통 우리 생각에는 공자가 "야, 이 녀석아! 너 왜 그렇게 타락했어! 공부 열심히 해서 판검사 되어야지!" 할 것 같은데 말이죠. 앞 글에서 밑줄 친 부분의 한자 원문은 다음과 같습니다.

부 자 위 연 탄 왈   오 여 점 야
夫子喟然歎曰 吾與點也

여기에 대한 해석을 또 보시죠. 증점의 자字는 증석曾晳입니다.

공 선생님이 깊게 '아!' 신음 소리를 낸 뒤 말했다. "나는 증석과 뜻을 같이하련다!" (신정근)

선생님께서 감탄하시며 "내 뜻도 점과 같다."고 하셨다. (김석환)

공자께서 '아' 하고 감탄하시며 말씀하셨다. "나는 점을 허여許與* 하겠다." (유교문화연구소)

───────────────────

※ 허락할 허, 줄 여. 어떤 권한, 자격, 칭호 따위를 허락하여 줌.

무슨 해석을 이따위로 해놨답니까? 정말 공자가 "나는 점을 허여하겠다."고 했을까요? 아니라고 봅니다. 아마도 이러지 않았을까요?

공자께서 "와!" 하고 감탄하시며 말했다.
"증점아! 너 갈 때 나도 꼭 불러라."

이렇게 말했을 것 같지 않나요? 공자든 소크라테스든 후대의 번역자들이 정말 딱딱하고 재미없게 해석을 해놨어요. 자신들의 필요에 따라 말이죠. 제가 아는 바에 의하면 공자 선생님은 그런 말씀을 하실 분이 아닙니다. 어떻게 아느냐고요? 타임머신 타고 가서 만났다고 하면 미쳤다는 소리를 듣겠죠? 실은 꿈에서 만났습니다. 이런 걸 또 누군가는 '계시'를 받았다고 헛소리를 하죠. 그러나 인문 정신, 고전 정신은 그런 게 아닙니다. 쉽게 믿지 말고 쉽게 속지 마세요. 저의 말도 다 헛소리입니다. 그냥 읽고 웃어넘기세요.

다만 드리고 싶은 말씀은 전문가의 말에 무조건 의존하지 말라는 겁니다. 가령 공자 전문가 하면 송나라 주희朱熹(1130~1200)만 한 전문가가 없습니다. 주희가 해석한 《논어》가 《논어집주》論語集註인데 이 책에도 결정적인 단점이 있습니다. 공자의 캐릭터를 다 죽여 놓은 거죠. 주희는 공부는 많이 했을지 몰라도 문학적 상상력이 부족했습니다. 그래서 자신이 신처럼 섬기는 공자를 최대한 '신에 가깝게' 만들려고 애쓰다 보니 인간적인 모습은 많이 탈색되고 말았지요. 상상력 부재의 학자가 쓴 책

만큼 따분한 게 어디 있겠습니까? 이걸 또 주자학이라는 이름으로 받든 조선의 선비들은 또 얼마나 지루한 사람들입니까?

인문 고전을 인문학으로 읽는 방법은 이런 것이라고 봅니다. 공자를 만나려면 《논어》를 직접 읽어야 합니다. 그 분야의 대가, 전문가, 권위자의 말을 다 믿지 말라는 겁니다. 다양한 완역본을 보면서 되도록 공자라는 인물 자체와 대화하자는 것이지요. 인문 고전 책을 한 권만 읽는 건 위험합니다. 주희가 해석한 공자는 주희의 공자일 뿐 우리의 공자는 아닙니다. 살아 있는 공자(누군가 기억하고 있으면 살아 있는 겁니다), 밥을 먹고 똥을 싸는 공자, 웃고 떠들고 술 마시는 공자, 재미있고 유머가 넘치는 공자를 만나려면 직접 《논어》라는 종이 책을 들고 오랜 시간 동안 씨름하는 수밖에 없습니다. 그러다 보면 언젠가는 공자가 꿈에 나타나 여러분에게 이렇게 말을 걸 겁니다.

"있잖아, 주희 걔 말은 다 구라야! 진짜 내 속뜻은 말이야……."

제 2 장

맹자 孟子_맹자

혁명의 불씨를 지피는
위험한 책

《논어》, 《대학》, 《중용》과 함께 사서 중의 하나로 공자의 인 사상과 더불어 의
(義)를 강조하면서 왕도정치를 주장했던 맹자의 철학이 담긴 정치사상서다. 양
혜왕(梁惠王), 공손추(公孫丑), 등문공(滕文公), 이루(離婁), 만장(萬章), 고자(告
子), 진심(盡心)의 7편으로 되어 있다. 맹자는 당시 제후들의 정치를 패도정치
로 규정하면서 왕의 덕을 바탕으로 한 어진 정치, 즉 왕도정치를 주장했다. 그
가 제시한 왕도정치의 조건은 왕의 도덕적인 마음, 민생의 보장을 통한 경제적
안정, 능력 있는 관리의 등용, 적절한 세금의 부과와 도덕적 교화 등이다.

하늘이 장차 어떤 사람에게 큰일을 맡기려 할 때는

반드시 먼저 그의 마음을 괴롭게 하고

그의 뼈마디가 꺾이는 고통을 주고

그의 배를 곯게 하고

그의 몸을 가난에 찌들게 하여

하는 일마다 뜻대로 되지 않게 만든다.

왜?

그의 마음을 분발하게 하고

참을성을 갖게 하려고.

그래서 지금까지 그가 할 수 없었던 일을

능히 해낼 수 있게 하려고.

《맹자》〈고자 하〉편

　제가 맹자에서 가장 좋아하는 대목입니다. 고리타분한 이야기가 쓰여 있을 줄 알았던 《맹자》에서 이 문장을 발견하고 탄식했습니다. "아, 맹자! 정녕 이러깁니까?"

《우리가 꿈꾸는 기적: 인빅터스》는 남아프리카공화국 최초의 흑인 대통령 넬슨 만델라에 대한 영화입니다. 흑인 인권 운동을 하다 27년간 감옥에서 복역했던 만델라는 1994년 남아공 최초의 민주 선거를 통해 대통령에 당선됩니다. 그러나 350년 동안 지속된 인종차별 정책의 벽은 쉽게 무너지지 않았지요. 백인의 부정적 시각은 물론이고 흑인의 피해 의식도 극복의 대상이었습니다. 만델라가 흑백 갈등 치유책으로 선택한 것은 스포츠였습니다. 럭비 월드컵을 유치하고, 선수들을 격려해 월드컵 우승을 이끌어 냅니다.

영화 중간에 국가대표 럭비팀 주장인 프랑소와(맷 데이먼)가 예전에 만델라가 복역했던 교도소를 방문하는 장면이 있습니다. 교도소의 방은 한 평도 채 되지 않았습니다. 수감자들은 남아프리카의 땡볕 아래서 광산의 돌을 쪼는 징역을 살아야 했습니다. 프랑소와의 상상 속에 중년의 만델라가 떠오릅니다. 만델라는 죄수복을 입고 땀이 뒤범벅이 된 채 망치질을 하고 있습니다. 정의를 위해 투쟁했던 만델라가 왜 27년 동안이나 감옥에서 고생해야 했을까요?

이것을 맹자가 설명해 줍니다. 만델라가 오랜 세월 고통을 겪어야 했던 이유는 하늘이 그에게 큰일을 맡기기 위해서였다고 말입니다. 그런데 하늘은 만델라가 큰일을 해내기 전에 시련을 내립니다. 먼저 그의 마음을 괴롭게 하고, 뼈마디가 꺾이는 고통을 주고, 배를 곯게 하고, 가난에 찌들게 해서 하는 일마다 뜻대로 되지 않게 만듭니다. 그냥 큰일을 맡겨도 되는데, 왜 그럴까요? 그의 마음을 분발하게 하고 참을성을 갖게 하려고 그런 것입니다. 그래서 지금까지 그가 할 수 없었던 일을 능히 해낼 수 있게 하려고 말입니다.

그런데 저는 또 삐딱하게 이런 생각이 듭니다. 만약 하늘이 그의 마음을 괴롭게 해서, 뼈마디가 꺾이는 고통을 주고, 배를 곯게 하고, 가난에 찌들게 해서 하는 일마다 뜻대로 되지 않게 만들었는데 나중에 큰일을 맡기지 않으면 어떻게 되는 걸까요? 분발하고 참을성을 갖게 되었는데 여전히 고통스럽고 가난하고 하는 일마다 뜻대로 되지 않으면요? 참 황당한 상황이 되는 거죠.

빈센트 반 고흐 같은 화가는 평생 배를 곯아 가며 가난하게 살았는데 그림 한 점 못 팔고 가난 속에 죽었습니다. 모차르트는 불멸의 작품 수백 점을 남겼지만 죽을 때 제대로 장례를 치를 돈도 없어서 하층민의 공동묘지에 아무렇게나 버려졌습니다. 에밀리 브론테나 제인 오스틴은 영국 문학사에 길이 남을 작품을 썼지만 생전에는 제대로 인정받지도 못했습니다. 이게 하늘의 뜻일까요?

하늘이 생각하는 완성은 우리가 생각하는 성공과 거리가 있는 것 같습니다. 우리가 생각하는 성공 따위는 하늘의 기준으로 봤을 때는 아무것도 아닌 거죠. 고흐가 인정을 받고 그림도 많이 팔아 잘 먹고 잘살다 갔다면, 그게 성공이고 행복일까요? 이는 인간적 수준에서 생각하는 성공과 행복이지요. 하늘의 기준에서 보면 하늘은 고흐에게 이미 줄 것을 준 겁니다. 그림 한 점 한 점을 완성해 갈 때, 붓질을 하는 순간순간 고흐는 이미 성공했고 행복했습니다.

모든 창작의 순간에는 신이 함께합니다. 예술가들은 흔히 '그분이 오셨다.'고 하는 정신적 쾌락의 순간을 느낍니다. 어떤 예술가도 이 순간을 세속적 성공과 바꾸려 하지 않을 겁니다. 오직 사이비 예술가만이 타인이 인정하는 성공이나 돈, 명예를 원합니다. 그분에게 받을 것을 충분히 받지 못하기 때문입니다.

인문 고전 공부도 마찬가지라고 봅니다. "독서를 하면 잘 먹고 잘살수 있다!" 이렇게 외치는 사람은 아직 수준이 낮은 겁니다. "인문 고전을 읽으면 성공하고 부자가 된다!" 물론 그럴 수도 있겠지요. 하지만 인문 고전은 그렇게 외치는 사람에게 진정한 지혜는 주지 않을 겁니다. 인문 고전을 읽는 행위 자체로 보상받는 것. 이것이 알파요, 오메가입니다. 읽는 행위에서 본질적 보상을 얻지 못하는 사람들이 꼭 소리 높여 성공하기를, 부자가 되기를 외치지요. 저요? 저는 부자가 되건 못 되건 상관하지 않아요. 이미 받을 것을 다 받았기 때문에 더 바라는 건 욕심임을 잘 알고 있습니다.

위에 예로 든 고흐, 모차르트, 브론테, 오스틴 같은 예술가들도 범인은 꿈도 꿀 수 없는 큰일을 이루었고 삶의 순간순간 하늘로부터 받을 것을 이미 받았기 때문에 결코 불행하게 살다 갔다고 생각할 수 없습니다.

백성을 최우선으로 본 인본주의자

맹자의 생몰 연도는 정확하지 않아요. 기원전 372년부터 289년까지 살았다는 설, 기원전 385년부터 304년까지라는 설 등이 있습니다. 이름은 가䓵이고 노나라의 부속국인 추나라 출신입니다. 사마천의 《사기열전》에는 맹자가 공자의 손자인 자사子思의 제자에게 배웠다는 기록이 있습니다. 맹자는 학자로 명성을 떨쳐서 "수레 수십 대와 수백 명을 이끌고" 이 나라 저 나라를 돌며 유세를 펼쳤습니다만 정식으로 등용되어 자신의 정치적 이상을 펼쳐 보진 못했습니다.

《맹자》는 맹자가 주로 썼고 그의 제자인 공손추와 만장이 약간의 내용을 덧붙였습니다. 원래는 〈양혜왕〉편부터 〈진심〉편까지 모두 7편이었는데 후한 때 조기趙岐라는 학자가 각 편을 상편과 하편으로 나누어 모두 14편의 책으로 다시 만들었습니다.

공자와 맹자는 우리가 생각하는 것만큼 가난하지 않았습니다. 공자학당의 제자는 3,000명이었고 맹자는 주로 왕들과 상대했으니까요. 지금으로 치면 공자는 서울대 총장님이고 맹자는 대통령 자문이었던 셈이죠. 《맹자》에 "송나라 왕에게 여비로 황금 70일을 받았다."는 말이 나오는데 황금 1일鎰은 2양兩, 즉 20돈의 가치로 계산해 보면 지금 돈으로 2억 원 정도 됩니다. 차비로 저만큼 받을 정도면 할 만하지요?

맹자는 공자의 후계자를 자처합니다. 비록 공자에게 직접 배우진 않았지만 공자를 사상적 스승으로 여겼지요. 여기서 잠깐 유학의 계통을 살펴볼까요? 주희는 《대학》大學의 서문인 〈대학장구서〉大學章句序에서 "뭇 백성을 가르쳐 그들의 본성을 회복하는 임무를 하늘로부터 부여받은 선생"으로 중국의 전설적 황제인 복희, 신농, 황제, 요, 순을 듭니다. 그 뒤로는 공자, 증자, 맹자를, 그다음에는 정호·정이 형제(두 사람을 '정자'程子

라고 함)와 자기 자신을 거론합니다. 이 유교 도통설道統說은 당나라 한유
韓愈(768~824), 북송의 정자 형제 등의 주장을 거쳐 주희에 이르러 완성
됩니다.

조선시대 당쟁 원인 중 하나였던 문묘종사는 공자, 안자(안회), 증자,
자사, 맹자, 송나라 유학자의 계통에 더하여 "조선 유학자들 중 누구를
함께 올려 제사 지내느냐"의 문제였습니다. 구약과 신약의 서두에서는
거대한 계보학系譜學을 자랑하고 선불교 역시 5대 홍인이니, 6대 혜능이
니 하는 말을 합니다. 이슬람은 무함마드의 혈통이 후계를 이어야 하는
가 아닌가가 중대사였기에 이를 두고 유혈 전쟁을 벌였고 현재까지도
시아파와 수니파가 분쟁을 벌이고 있습니다.

왜 이렇게 계보에 집착하는 걸까요? 계보에서 벗어난 것은 이단이기
때문입니다. 이단이 있어야 정통이 빛나는 것이지요. 외부의 적이 있어
야 내부 세력이 결집되는 법입니다. 정자가 유교의 도통설을 주장한 이
유도 북송시대 불교와 도교가 계통을 내세우면서 크게 유행한 데 대한
유교식 방어책이었습니다. 《도덕경》 2장에 이런 말이 있습니다.

세상 모두가 아름다움을 아는 이유는

추함이 있기 때문

착한 것을 착하다 함은

악함이 있기 때문

(…)

길고 짧음

높고 낮음

소리와 울림

앞과 뒤도

서로의 관계에서 생기는 것

천 하 개 지 미 지 위 미　사 악 이　개 지 선 지 위 선　사 부 선 이

天下皆知美之爲美, 斯惡已. 皆知善之爲善, 斯不善已.

장 단 상 교　고 하 상 경　음 성 상 화　전 후 상 수

長短相較, 高下相傾, 音聲相和, 前後相隨

위의 긴 서설과 연관하여 《맹자》로 돌아가겠습니다. 저는 《맹자》를 읽다가 다음 부분에서 "앗! 뜨거!" 하고 책을 내려놓고야 말았습니다.

맹자가 말했다.

"백성이 귀하고 사직은 그다음이고 군주는 하찮다. 그러므로 백성의 마음을 얻으면 천자가 되고, 천자의 마음을 얻으면 제후가 되고, 제후의 마음을 얻으면 대부가 된다. 만약 제후가 사직을 위태롭게 하면 제후를 바꾸면 된다. 이미 살진 희생을 마련하고 제물로 바친 곡식이 정결하며 때에 맞춰 제사를 지냈는데도, 가뭄이 들거나 물난리가 나면 사직의 신을 바꾼다."

〈진심 하〉편, 《맹자》, 박경환 옮김, 홍익출판사, 2005, 409p

용어 정리부터 하겠습니다. 천자와 제후는 어떻게 다를까요? 시기마다 개념이 다르기 때문에 맹자 시대의 천자와 제후만 거론하자면, 천자는 주나라의 왕을 뜻하고 제후는 각 지역에 흩어진 봉건국의 왕을 말합니다. 같은 왕이어도 주나라 왕은 왕 중의 왕입니다. 주나라가 건국되면서 공신과 왕족에게 각 지역을 떼어 주고 다스리게 했지요. 태공망太公望에게는 제나라 지역을, 주공단에게는 노나라 지역을 맡긴 것이 그 예입니다. 처음에 제후국들은 조공도 바치고 주나라를 떠받들었지만 시간이 지나면서 점점 힘이 세졌습니다. 춘추시대에는 공, 후, 백 등으로 불렸던 제후들이 전국시대에는 너도 나도 왕을 자처합니다. 한마디로 "주나라 왕, 너만 왕이냐? 나도 왕이다!"라는 것이지요. 결국 주나라 왕(천자)은 상징적인 존재로 전락합니다.

맹자는 왕이든 천자든 백성의 마음을 얻지 못하면 갈아 치워야 한다고 일갈합니다. 그리고 한발 더 나아가, "정성을 다해서 희생물을 마련하고, 정결한 곡식을 제물로 바치면서 때에 맞춰 제사를 지냈는데도 가뭄이나 홍수가 들면 어떻게 하는가?"란 질문에 맹자는 이렇게 대답했습니다.

"신을 갈아 치우면 된다!"

맹자의 태도가 놀랍습니다. 거두절미하고, 눈 하나 깜짝하지 않고 "인간을 괴롭히는 신? 그따위 신은 필요 없다. 다른 신으로 갈아 치우면 그만이다!"라고 말하고 있습니다. 맹자의 기본 사상은 인본주의라지요? 도올 김용옥 선생이 맹자에 대해 쓴 책 제목도 《맹자 사람의 길》입니다.

맞습니다. 맹자는 인본주의자입니다. 인간적이어도 너무나 인간적입니다. 그에게는 사람이 최우선입니다.

하지만 애석하게도 우리는 '자본주의' 사회에서 살고 있습니다. 자본, 즉 돈이 최우선인 사회죠. 대한민국은 자본주의가 맞습니다. 그것도 촌스럽고 경박한 자본주의입니다. 땅콩 회항이나 "목을 내밀어라! 쳐 주마." 운운하는 자본가를 보십시오. 재산을 놓고 소송을 하는 형제나 부자를 보십시오. 품위라곤 찾아볼 수 없지요. 이로 인해 발생하는 21세기 한국의 문제를 해결하려면 어떻게 해야 할까요? 맹 선생께 직접 묻고 싶습니다.

나: 대통령이 백성의 마음을 얻지 못하고 있습니다. 어떻게 해야 할까요?

맹 선생: 대통령을 바꾸면 된다.

나: 자본주의가 인간을 괴롭히고 있습니다. 어떻게 할까요?

맹 선생: 자본주의를 바꾸면 된다.

나: 열심히 기도해도 사고만 납니다. 어떻게 할까요?

맹 선생: 신을 바꾸면 된다.

나: 와, 정말 간단하네요. 그런데 왜 세상은 아직 이 모양일까요?

맹 선생: 그건 바뀌지 않기를 바라는 사람들이 세상을 지배하기 때문이다.

가르치면서 배우다, 효학반의 스승

《서경》書經〈열명〉說命 편에 보면 '효학반'斅學半이란 말이 나옵니다. 은나라 고종이 부열傅說을 재상으로 스카우트하며 "나를 도와 정사를 잘 펼치게 해주시오. 내가 앞으로 어찌하면 좋겠소?"라고 묻자 부열은 배움의 자세를 역설하면서 "가르침이 배움의 반(효학반)입니다."라고 답합니다. 배움이란 스스로 연구하고 공부하는 게 반이고, 나머지 반은 남을 가르치면서 완성된다는 뜻입니다.

맹자 역시 공부 반, 가르침 반으로 학문을 완성해 나간 것 같습니다. 그렇게 되려면 훌륭한 제자가 있어야겠지요. 맹자에게는 공손추와 만장이라는 제자가 있었습니다.《맹자》〈공손추 상〉편에는 다음과 같은 장면이 나옵니다.

공손추가 물었다.

"스승님은 어떤 점에서 뛰어나십니까?"

맹자가 대답했다.

"나는 남의 말을 잘 이해하며 호연지기를 잘 기른다."

"호연지기가 무엇인지요?"

"하늘과 땅 사이를 채울 만큼 지극히 크고 강한 뜻이다."

"남의 말을 잘 이해한다는 건 어떤 의미입니까?"

"편파적인 말, 도에 지나친 말, 악한 마음에서 나오는 말, 둘러대는 말 등 네 가지 잘못된 말이 어떤 마음에서 생기는지를 안다는 뜻이다. 잘못된 말은 정치에 해를 끼치며 국가를 망친다. 성인이 다시 살아나시더라도 내 말을 따르실 것이다."

"공자께서는 말을 잘하셨고 덕행을 실천하셨으면서도 '나는 말하는데 재능이 없다.'고 하셨습니다. 그런데 스승님께서는 둘 다 잘하시니 이미 성인이십니까?"

"아니, 그게 무슨 말이냐? 공자께서도 '성인의 경지는 내가 이를 수 없다.'고 하셨다. 공자도 성인을 자처하지 않으셨는데 지금 그게 무슨 말이냐?"

"공자의 제자인 자하, 자유, 자장은 성인의 한 요소씩만 갖고 있었고 염우, 민자, 안연은 성인의 전체적인 요소를 갖추고 있었으나 그 정도가 약했다 합니다. 스승님은 이들 중 어떤 경우에 해당된다고 보십니까?"

맹자가 대답했다.

"그런 이야기는 그만하자."

《맹자》〈공손추 상〉편

중간에 너무 길어진 말은 생략하면서 원문의 뜻을 살려 인용했습니다. 여기까지만 읽어 봐도 공손추가 얼마나 집요한 인터뷰어인지 알 수 있습니다. 인터뷰이인 맹자가 당황할 정도입니다. 공손추는 집요함을 넘어 돌직구인 데다 맹랑한 제자였던 것 같습니다. 맹자에게 대놓고 "그럼 선생님이 성인이란 말입니까?"라고 물으니 말입니다. 그러자 맹자가 깜짝 놀라서 손사래를 치면서 답합니다. "아니, 내가 언제 성인이라고 했냐?" 이렇게 빠져나가자 공손추는 "그럼 선생님은 공자의 제자들과 비교해서 어떻습니까?" 하고 묻습니다. 맹자는 쩔쩔매면서 "그런 이야기는 이제 그만." 합니다. 웬만한 제자라면 선생이 그만하자고 말하면 자세를 고치고 질문을 거두었을 겁니다. 하지만 공손추는 포기할 줄 모릅니다. 다음은 앞 장면에서 이어지는 내용입니다. 편의상 대본처럼 구성했습니다.

공손추: 백이와 이윤은 어땠습니까?

맹자: 백이는 이상적인 정치를 꿈꾸었기에 이상적인 군주가 아니면 섬기지 않았다. 이윤은 누구를 섬기고 부린들 내 군주, 내 백성이 아니랴 하는 자세로 살았다. 두 분은 모두 옛날의 성인이었다. 나는 아직 실제로 그렇게 실천을 못 하고 있지만 공 선생님(공자)을 따라 배우고 싶다.

공손추: 백이와 이윤이 그 정도입니까? 공자와 맞먹는다고요?

맹자: 아니다. 사람이 생겨난 이래로 아직 공자와 같은 분은 없었다.

공손추: 그럼 세 성인에게 공통점이 있나요?

맹자: 있다. 이런 분들은 아무리 작은 땅을 다스린다 해도 곧 천하를 소유할 수 있을 것이다. 그러나 옳지 않은 방법으로는 천하를 준다 해도 바로 거절할 분들이다.

공손추: 그럼 세 성인의 차이점은 무엇입니까?

이쯤 되면 맹자도 짜증 낼 만한데, 그 제자에 그 선생입니다. 맹자는 차분히 대답합니다.

> **맹자:** 재아는 "내가 관찰한 바에 따르면 공 선생님은 요와 순 임금보다 현명하시다."고 했고, 자공은 "예법과 음악으로 군주의 정치와 덕을 평가할 수 있다. 이런 기준으로 평가한다면 역사 이래로 선생님만 한 분이 없다."고 했다. 유약은 "보통 사람과 성인 모두 같은 부류이지만 성인은 우뚝 솟은 존재라 할 수 있다. 사람이 생겨난 이래로 공자만큼 위대한 분은 없었다."고 했다.

공손추는 어떻게든 자기 스승을 성인으로 떠받들고 싶었나 봅니다. 그렇다고 맹자가 자기 입으로 "나는 성인이다."라고 말한다면 성인이 아니지요. 공손추는 맹자가 어떤 말을 해도 주눅 들지 않고 궁금한 점은 끝까지 철저하게 물고 늘어집니다. 질문의 방법을 알았던 거지요. 어쩌면 "선생님은 성인이십니다."라는 말은 아부에서 나온 것일 수도 있고 진심일 수도 있습니다. 그런데 공손추가 단순히 맹자에게 아부하려고 이런 말을 한 것 같지는 않습니다.

다른 제자들의 예를 들어 보겠습니다.

제자 팽경彭更이 물었다.

"선생님처럼 수십 대의 수레와 수백 명의 제자를 거느리고 왕들을 찾아다니며 밥을 얻어먹는 것은 너무한 일 아닙니까?"

맹자가 답했다.

"올바른 방법이 아니라면 한 그릇의 밥이라도 받아서는 안 된다. 그러나 올바른 방법이라면 순 임금이 천하를 물려받은 것도 지나친 것이 아니다. 너는 우리가 너무하다고 보느냐?"

"아닙니다. 일하지 않고 먹는 것이 옳지 못하다는 것입니다."

"만약 네가 농사짓는 사람과 베 짜는 사람을 연결시켜 서로 유통하게 하면 그들은 모두 네게서 밥을 얻는 셈이다. 그런데 어떤 사람이 효와 예와 도를 후대에 전해 주는 일을 하는데도 네가 그에게 밥을 주지 않는다고 하자. 어떻겠느냐? 너는 어째서 목수와 수레 만드는 사람은 존중하면서 인의仁義를 실천하는 선비는 경시하느냐?"

《맹자》 〈등문공 하〉편

제자 진진陳臻이 물었다.

"선생님이 예전에 제나라 왕이 보낸 황금 100일鎰은 받지 않으셨지만 최근 송나라 왕이 보낸 황금 70일과 설나라 왕이 보낸 황금 50일은 받으셨습니다. 예전에 받지 않은 것이 옳다면 최근 받으신 것은 잘못이고, 최근 받으신 것이 옳다면 예전에 받지 않으신 것은 잘못입니다. 선생님께서는 분명 이 두 가지 잘못 중 하나에 해당되십니다."

맹자가 답했다.

"둘 다 옳다. 송나라 왕은 내가 떠날 때 노자로 준 것이라 받았다. 송 왕이 그렇게 말했는데 받지 않을 수 없었다. 설나라에 있을 때는 내가 위험에 처해 있어 설나라 왕이 '경호하는 데 보태시오.' 하며 보냈기에 받았다. 그러나 제나라 왕은 아무 이유 없이 황금을 보냈다. 그건 뇌물로 나를 이용하려는 것이다. 그래서 받지 않았다."

《맹자》〈공손추 하〉편

만장이 물었다.

"감히 묻겠습니다. 선생님이 부정 축재한 제후들과 교제하는 것은 무슨 까닭입니까?"

맹자가 답했다.

"공경하는 마음 때문이다."

"제후들이 보낸 예물을 거절하면 불손한 것이란 말입니까?"

"높은 사람이 물건을 줄 때 '이것을 옳은 방법으로 얻었을까, 아닐까.'를 생각하고 나서 받는 것은 불손하다. 그래서 굳이 거절하지 않는 것이다."

"속으로는 '이건 그가 백성에게 빼앗은 것이니 의롭지 않다.'고 생각하시면서 다른 구실을 내세워 받지 않으면 안 됩니까?"

"법도를 지켜 사귀고 예의를 지켜 주면 공자도 그것을 받으셨을 것이다."

"만약 성 밖에서 남의 물건을 강제로 빼앗는 강도가 법도를 지켜 사
귀고 예의를 지켜 선물을 보내오면 받아도 된다는 겁니까?"

"받아서는 안 된다."

(이때부터 맹자는 땀을 삐질삐질 흘릴 것 같습니다.)

"오늘날 제후들이 백성들로부터 재물을 취하는 방법이 강도 짓과 마
찬가지입니다. 그런데도 그들이 예를 갖추어 교제하는 것을 잘하기
만 하면 공자와 같은 군자라도 그것을 받았을 것이라고 하시니 어찌
된 말씀이신지요?"

《맹자》〈만장 하〉편

만장! 정말 무서운 제자입니다. 만장의 이 질문에 맹자는 또 뭐라고
대답했을까요? 이 대화 이후에도 긴 공방이 이어집니다. 궁금하신 분은
직접 《맹자》를 펼쳐 보시기 바랍니다. 서로 칼만 들지 않았지, 피 튀기
는 결전입니다. 질문과 대답, 동의와 반박으로 이어지면서 공격하고 방
어합니다.

앞의 예에서도 그랬듯, 스승과 제자는 한 치의 양보도 없이 합을 이
어 갑니다. 냉정하고 신랄합니다. 대화하는 당사자들뿐 아니라 현장에
서 이걸 듣고 기억했다가 나중에 기록한 사람도 대단합니다. 맹자가 직
접 썼든, 제자가 썼든, 제삼자가 썼든 상황을 저토록 가감 없이 텍스트
로 남겨 두었다는 사실 자체에서 전율을 느낍니다.

스승을 능가하는 제자 이야기를 하자면 빠질 수 없는 사람이 바로 공

자의 수제자 자로입니다. 맹자 이야기를 하다가 왜 갑자기 공자 이야기냐고요? 어쩔 수 없어요. 스승을 가르치는 제자로 자로만 한 사람이 없으니까요. 노나라 계씨 정권에서 장관 노릇을 한 적이 있는 자로가 자고子羔를 비읍의 시장으로 임명했습니다. 이 소식을 듣고 공자가 말했습니다.

"자로가 애매한 사람 하나 죽이는구나."

이 말을 듣고 자로가 발끈하지요.

"무슨 그렇게 심한 말씀을 하십니까? 정치를 하면서 배울 수도 있는 것 아닙니까? 만날 책이나 본다고 정치를 잘할 수 있습니까?"

공 선생이 약간 흥분해서 대꾸합니다.

"내가 이래서 말만 잘하는 녀석들을 싫어한다니까."

자로가 꼬박꼬박 말대답(?)을 하니까 천하의 공 선생님도 툴툴거리는군요. 공자와 자로의 '썰전'은 《논어》를 비롯해 중국의 여러 고전에 등장합니다. 사실 앞의 에피소드는 귀엽게 아옹다옹하는 정도입니다. 훨씬 더 날이 서 있는 질문들이 많죠.

그중 《사기세가》에는 자로와 공자의 우습지만 웃을 수만은 없는 에피소드가 나옵니다. 공자가 초나라 왕의 초빙을 받아 가려고 했으나 진陳나라와 채나라 대부들은 이를 반대했습니다. 강대국 초나라가 공자를 등용하면 주변 약소국인 진과 채나라가 위험해진다는 논리였습니다. 이 때문에 공자와 제자들이 초나라 국경에서 오도 가도 못하고 거의 감금 상태로 있을 때의 일입니다.

공자는 초나라로 가지 못하고 식량마저 떨어졌다. 시중하는 자들은 병들어 잘 일어서지도 못했다. [그러나] 공자는 강독하고 시를 읽고 거문고를 타면서 노래 부르는 것이 쇠하지 않았다.

자로가 화난 표정으로 말했다.

"군자도 이처럼 곤궁할 때가 있습니까?"

공자가 말했다.

"군자는 곤궁해도 절개를 지키지만 소인은 곤궁해지면 분에 넘치게 된다"(…) 나의 도에 잘못이 있단 말인가? 내가 무엇 때문에 이 지경에 이르게 되었는가?"

자로가 말했다.

"아마도 우리가 어질지 못하기 때문이 아닙니까? 사람들은 우리를 신임하지 않습니다. 아마도 우리가 지혜롭지 못하기 때문이 아닙니까? 사람들은 우리를 가게 내버려 두지 않습니다.

《사기세가》, 김원중 옮김, 민음사, 2015, 681~682p

정말 대단한 제자들 아닙니까? 이래서 제자를 둔다는 것은 두려운 일입니다. 공자, 맹자의 제자들은 거침없이 질문했습니다. 스승을 존경하되 궁금한 것이 있으면 무엇이든 집요하게 물었지요. 거의 청문회 수준입니다. 질문이 아니라 추궁이었어요. 책을 읽다 보면 '저러다 한 대 맞지.' 하는 생각이 들 정도입니다. 그러나 공자와 맹자의 제자들은 비록 버릇없다는 말을 듣더라도, 오해하거나 묵인하기보다는 차라리 분사憤死

하는 한이 있어도 따질 건 따졌습니다. 어떤 면에서는 제자가 스승을 만들었던 거지요.

저는 《맹자》에 나오는 스승과 제자의 대화를 사랑합니다. 교육이란 주입이 아니라 대화입니다. 말랑말랑한 대화가 아닙니다. 비수를 숨기고 욕을 참고 죽기를 각오하고 주고받는 언어 투쟁입니다. 배우면서 단 한 번이라도 스승을 비판하거나 반박해 보지 않았다면 진짜 제자가 아닙니다. 반발하고 깨져 봐야 사무치게 배우고, 사무치게 배워야 잊지 않는 것 아니겠습니까? 맹자는 "정말 좋은 약은 현기증이 날 정도로 어질어질해야 한다."고 했습니다. 현기증이 날 정도로 어질어질한 공방을 통해 맹자와 제자들은 동양철학사상 가장 치열하고 아슬아슬한, 그래서 더욱 아름다운 장면을 만들어 내고 있습니다.

날카로운 독설에 숨은 인간에 대한 애정

《맹자》가 《대학》, 《중용》이나 《묵자》, 《순자》보다 훨씬 더 많이 읽힌 이유가 무엇일까요? 나머지 책들도 훌륭하지만 대체로 따분합니다. 묘사보다 설명에 치중하기 때문입니다. 이야기하기보다는 설교하려 들지요. 저자의 어깨에 힘이 너무 들어가 있어요. "지금부터 내가 아주 중요한 얘기를 할 테니 졸지 말고 들어!" 하는 식이지요. 그러다 보니 졸리지 않을 수 없습니다.

반면 맹자는 탁월한 이야기꾼이었습니다. 설득하려면 이야기를 제대로 할 줄 알아야 합니다. 맹자는 진리를 설파했지만 이를 재미있는 스토리로 감쌌습니다. 진리를 진리라고 말하면 사람들은 알아듣지 못하거나 들으려 하지 않기 때문입니다. 진리는 직시의 고통을 주는 그 무엇입니다. 갑자기 드러내면 눈이 따갑지요. 이때는 비유를 통해 쉽게 이해하게 만들어야 합니다. 다음 이야기를 보시죠.

송나라 대부인 대영지戴盈之가 말했다.

"농산물 수확량과 시장에서 얻는 이익에 대해 지금 세금 걷는 게 잘못되어 있습니다만, 당장 고칠 수는 없습니다. 일단 내년까지 기다린 뒤에 없앨까 하는데, 어떨까요?"

맹자는 이렇게 대답했다.

"날마다 이웃집의 닭을 훔치는 사람이 있었는데, 어떤 사람이 그에게 '그런 짓을 하는 건 옳지 않다.'고 말했습니다. 닭 훔치는 사람은 '오늘부터 한 달에 한 번만 닭을 훔치다가 내년까지 기다린 후에 그만두겠다.'고 했답니다. 옳지 못하다는 것을 알면 빨리 고쳐야지, 어째서 내년까지 기다린단 말입니까?"

《맹자》〈등문공 하〉편

맹자가 물었다.

"사람을 죽이는 데 몽둥이로 때려 죽이는 것과 칼로 죽이는 것이 다를 것이 있습니까?"

양혜왕*이 말했다.

"다르지 않습니다."

"칼로 죽이는 것과 정치로 죽이는 것이 다를 게 있습니까?"

"다르지 않습니다."

"지금 왕의 주방에는 고기가 넘치고 마구간에는 살찐 말이 넘치는데 백성들은 굶어 죽어 나가고 있습니다. 왕으로서 정치를 잘하고 있는 겁니까?"

"……선생께 배우겠습니다."

《맹자》〈양혜왕 상〉(梁惠王 上)편

맹자가 제나라의 평륙 지방에 가서 그곳을 다스리는 공거심孔距心에게 물었다.

"만약 당신의 병사가 하루 동안 세 번이나 탈영을 한다면 그냥 놔두겠소?"

공거심이 대답했다.

"세 번까지 기다리지 않고 처벌할 것입니다."

맹자가 말했다.

"당신도 탈영한 병사와 같소. 흉년이 들자 평륙 사람 1,000여 명이 굶어 죽거나 다른 곳으로 떠났소."

"그건 제 능력 밖의 일입니다."

---

* 위魏나라의 혜왕. 위나라는 수도가 대량大梁이어서 양梁나라로도 불렀다.

"남의 소와 양을 임시로 길러 주기로 힌 사람이 있다 칩시다. 그 사람은 소와 양을 위해 목장과 목초를 구해 잘 기르고 기일이 되면 돌려주어야 하오. 만약 그럴 능력이 없으면 원래 주인에게 돌려주어야 하겠소? 아니면 소와 양이 죽어 가는 걸 보고 있어야 하겠소?"

공거심이 바로 답했다.

"아, 선생님의 말씀을 들으니 깨닫는 바가 있습니다. 흉년의 일은 바로 저의 죄입니다."

《맹자》〈공손추 하〉편

양혜왕과 공거심은 그래도 맹자의 비유를 알아듣고 잘못을 뉘우칠 줄 아는 사람입니다. 반면에 맹자의 말이 듣기 싫어 엉뚱한 행동을 하는 사람도 있습니다.

맹자가 제선왕에게 물었다.

"왕의 신하 중에 자기 아내와 자식을 친구에게 맡기고 초나라로 여행 간 사람이 있다고 칩시다. 그가 돌아와 보니 아내와 자식이 추위에 떨며 굶고 있었습니다. 왕께서 그 신하라면 친구를 어떻게 대해야 할까요?"

"절교해야겠지요."

"만약 형벌을 담당하는 관리가 아랫사람을 잘 다스리지 못하면 어떻게 하겠습니까?"

"그만두게 해야겠지요."

"그럼, 나라를 잘 다스리지 못하는 왕은 어떻게 해야 합니까?"

그러자 왕은 좌우를 돌아보며 딴소리를 했다.

《맹자》〈양혜왕 하〉편

제선왕의 모습이 마치 소통 안 되는 지도자 같지 않습니까? 제선왕은 아버지 위왕에 이어 전국시대 학자들을 제나라 수도 임치에 모아 '직하학사'稷下學舍를 열었습니다. 학문을 장려하고 부국강병을 꾀했지만 맹자와는 뜻이 맞지 않았던 것 같습니다. 제선왕은 《맹자》에 여러 차례 등장하고, 맹자 역시 그를 이리저리 설득해 보지만 결정적인 순간에 늘 저렇게 딴청을 피웁니다. 물론 책 속에서 그는 훌륭한 조역입니다. 야망은 크지만 헛발질만 하는 왕 캐릭터로 말이지요.

맹자는 되도록 제선왕을 잘 이끌어 왕도정치를 펼치려 했지만 잘 되지 않았습니다. 제선왕은 덕으로 다스리는 왕도정치보다는 무력으로 다스리는 패도정치를 꿈꾸는 사람이었기 때문입니다.

맹자가 말했다.

"왕께서 군대를 일으켜 병사와 신하를 위태롭게 하고 다른 나라 사람들과 원한을 맺는 것은 무엇 때문입니까? 왕께서 원하는 것은 중국의 중심에 자리 잡고 사방의 이민족을 제압하려는 것이겠지요. 그러나 힘을 쓰는 방식으로 천하를 다스리려 하는 것은 나무에 올라가

불고기를 구하는 것이나 마찬가지입니다."

"그렇게 심하오?"

"그보다 더합니다."

"그럼 어떻게 해야 되겠소?"

"근본으로 돌아가야 합니다. 어진 마음으로 훌륭한 정치를 베풀면
천하의 벼슬하는 자들은 모두 왕 밑에서 일하려 할 것이고, 농사짓
는 사람들은 모두 왕 밑에서 농사지으려 할 것이며, 장사꾼들은 모
두 왕의 시장에서 장사하려 할 것입니다. 자기 군주를 원망하는 모
든 백성이 왕에게 달려와 하소연하게 할 수 있습니다."

《맹자》〈양혜왕 상〉편

나무에 올라가 물고기를 구하는 것을 '연목구어'緣木求魚 라 하지요. 제선
왕은 이렇다 할 업적을 남기지 못하고 역사 속으로 사라졌지만 연목구
어란 고사성어 덕분에 그나마 인구에 회자되고 있습니다. 춘추전국시
대에 수백 개의 나라가 있었고 수천 명의 왕들이 명멸했는데, 제선왕은
《맹자》라는 책에 실려 후대에 이름을 전하고 있으니 어떻게 보면 출세
했다고 볼 수 있지요.

양혜왕(재위 370~335)은 어떻고요? 역사적으로 주목할 만한 왕이 아
닌데 단지 《맹자》에 등장한다는 사실만으로도 중요한 인물이 되었습니
다. 《맹자》의 첫머리는 '孟子見 梁惠王', 즉 '맹자가 양혜왕을 만났다.'로
시작합니다. 뒤에 이어지는 문장을 볼까요.

왕이 말했다.

"선생께서 천리를 멀다 여기지 않고 오셨으니 우리나라에 어떤 이익
이 있겠습니까?"

맹자가 말했다.

"왕께서는 하필 이익을 말씀하십니까? 중요한 것은 다만 인의뿐입니
다."

《맹자》〈양혜왕 상〉편

맹자와 양혜왕의 대화에서 '오십보백보', '인자무적'仁者無敵 같은 고사
성어가 탄생합니다. 이쯤 되면 양혜왕도 제선왕만큼 출세한 거죠? 이런
사실들은 우리가 잘 아는 영어 문장이 진리라는 것을 입증합니다. 'The
pen is mightier than the sword.'(펜은 칼보다 강하다) 맹자는 《맹자》
전편을 통해 자신의 역성혁명 사상을 설파하는 동시에 정치가 무엇인지
에 대해 핵심적인 언질을 줍니다.

천하를 얻는 데는 방법이 있다. 그 백성을 얻으면 된다.

백성을 얻는 데는 방법이 있다. 그들의 마음을 얻으면 된다.

백성의 마음을 얻는 데는 방법이 있다.

그들이 바라는 것을 해주고 그들이 싫어하는 것을 하지 않으면 된다.

《맹자》〈이루 상〉편

확실하지 않습니까? 정치란 백성이 바라는 것을 해주고 싫어하는 것을 하지 않으면 되는 겁니다. 그러면 백성이 바라는 것은 무엇일까요? 무엇보다 안정적인 소득입니다. 등滕나라를 다스렸던 문공과 맹자의 대화를 봅시다.

> 등문공이 나라를 어떻게 다스려야 하는지 묻자 맹자가 답했다.
> "백성들의 일에 적극적인 관심을 보여야 합니다. 백성들이란 안정적인 생업이 있으면 안정된 마음을 가지게 되고 안정적인 생업이 없으면 안정된 마음이 없어집니다. (…) 백성들이 일 년 내내 허덕이며 고생하고도 그들의 부모조차 봉양하지 못하고, 빚을 내서 세금을 채워 내야 하기 때문에 아이들을 굶겨 죽인다면 어떻겠습니까? 이런 나라의 왕이 감히 백성의 부모라 할 수 있겠습니까? (…) 조세를 바르게 하고 당신이 힘써 어진 정치를 실천한다면 등나라를 새롭게 할 수 있을 것입니다."
>
> 《맹자》 〈등문공 상〉편

이런 말을 듣는 왕은 뜨끔하다 못해 혁명의 기운을 느꼈을 겁니다. 맹자는 민심의 대변자요, 혁명의 선동가였습니다. 왕을 만나서도 "당신이 잘못하면, 백성을 위하지 않으면 언제든 그 자리에서 쫓겨날 수 있다."는 경고를 서슴지 않았습니다. 위에서 맹자는 "안정적인 생업이 있으면 안정된 마음을 가지게 되고 안정적인 생업이 없으면 안정된 마음이 없어진다." '有恒産者 有恒心 無恒産者 無恒心'라고 강변합니다. 맞습니다.

　그럼 왜 백성들은 일 년 내내 허덕이며 고생하는데도 부모조차 봉양하지 못하고 아이들을 굶겨 죽일까요? 맹자는 그 원인을 왕의 잘못→정치의 부재→과도한 세금 때문이라고 말합니다. 〈공손추 상〉편에서 그는 천하의 왕이 되는 다섯 가지 방법에 대해 말합니다.

1. 현자를 존중하고 능력 있는 사람을 합당한 지위에 앉힌다.
2. 시장에서 점포세만 거두고 물건에 세금을 매기지 않는다. 법 시행만 잘하면 점포세를 거두지 않아도 된다.
3. 세관에서 감시만 하고 세금을 거두지 않는다.
4. 농사짓는 사람에게 10분의 1만 나라에 바치게 하고 따로 세금을 거두지 않는다.
5. 부역에 나오지 못하는 사람에게 따로 인두세를 거두지 않고, 놀리는 땅에 대해 세금을 부과하지 않는다.

　이 다섯 가지를 잘 시행하면 백성들이 기뻐하고, 만약 왕이 이같이 한다면 천하에 대적할 사람이 없을 것이다.

　잘 보십시오. 천하를 다스리는 방법 다섯 가지를 제시했는데 그중 네 가지가 세금에 대한 것입니다. 그것도 "세금 많이 걷지 말라."는 말입니다. 정치를 잘하는 방법은 아주 간단합니다. 국민에게 쓸데없는 세금을 걷지 않으면 됩니다. 역사적으로, 국민의 혈세를 쥐어짜는 나라치고 망하지 않은 나라가 없습니다. 오랜 세월이 흐른 후 역사는 이렇게 기록할지도 모릅니다. '대한민국은 부자들의 세금은 가능한 한 적게 거두고 서민들의 세금은 모든 수단을 동원해서 더 거두었다. 그래서 망했다.'

맹자 식으로 말하면, 우리나라가 대한민국이 되든 소한민국이 되든 상관없습니다. 중요한 건 국민입니다. 국민을 괴롭히고 국민을 착취하는데 어찌할까요? 맹 선생 왈, "바꿔! 대통령도 정권도 나라 이름도 다 바꿔! 백성을 귀히 여기고 왕처럼 떠받들 때까지!"

정치 얘기를 하다 보니 머리가 아프네요. 하지만 우리가 살아가면서 정치를 아예 외면하고 살 수는 없습니다. 《중용》 20장에 보면 노애공魯哀公이 정치에 대해 묻자 공자가 이렇게 답합니다.

문왕과 무왕의 정치가

책에 실려 있으니,

그런 사람들이 있으면

그런 정치가 펼쳐지고

그런 사람들이 없으면

그런 정치도 사라지는 것입니다.

사람의 도리는 정치에 민감하고

땅의 도리는 나무에 민감하니

정치라는 것은 [그 신속한 반응이]

[빨리 자라는] 갈대와 같습니다.

그러므로 정치를 하는 것이

사람에게 달려 있으니(…)

《대학 중용》, 이세동 옮김, 을유문화사, 2007, 218~219p

그렇습니다. 그런 사람이 있으면 그런 정치가 펼쳐지는 것입니다. 제발 그런 사람이 나왔으면 좋겠습니다. 한반도는 너무 좁아서 그저 그런 사람이 정권을 잡으면 백성도 모두 그저 그런 사람이 됩니다. 만약 좀스럽고 시시하고 불통인 사람이 지도자가 되면 어떻게 해야 할까요? 이미 여러 번 말씀드렸습니다. "바꿔!"

가슴속 혁명의 불씨를 지피는 위험한 고전

《맹자》는 위험한 책입니다. 혁명을 부추기는 책입니다. 그러나 인간적인 혁명을 종용합니다. 인간의 모습을 하고 있기에 때로는 다정하고 때로는 냉정하며, 때로는 부드럽고 때로는 견고합니다. 또, 때로는 굳세지만 때로는 흔들립니다.

사람은 누구나 흔들리기 마련이지만 그 흔들림의 기준은 오직 인의에 두어야 합니다. 《맹자》를 읽고 오랫동안 잠자고 있던 우리 가슴속 혁명의 불씨를 생각합니다. 힘을 내 불씨에 바람을 불어 봅니다. "모난 돌이 정 맞는다. 계란으로 바위 치기다. 그러니 뒤로 빠져라!"라는 말에 그렇지 않다고 반박해 봅니다. 늘 배신당하고 체념해야만 했던 소망을 다시 살려 봅니다. 맹자가 부르짖은 인의, 다른 말로 정의는 "반드시 강물처럼 흐르리라."는 낯설지만 낯익은, 아직은 꺼지지 않은 열망에 실어서 말입니다.

좁은 지면에 맹 선생의 이야기를 다 담으려는 건 욕심이겠지요? 고르고 골라서 세 편의 말씀만 남기고 아쉽지만 여기서 줄이도록 하겠습니다.

맹자께서 말씀하셨다.

"귀한 것을 바라는 것은 사람의 공통된 마음인데, 사람마다 자기에게 귀한 것이 있지만 생각하지 않을 뿐이다. 남들이 귀하게 해주는 것은 참으로 귀한 것이 아니다. 조맹趙孟*이 귀하게 해준 것은 조맹이 천하게 할 수도 있기 때문이다."

〈고자 상〉편, 《맹자강설》, 이기동 역해, 성균관대학교출판부, 2010(3판), 566p

만약 약손가락이 구부러져 펴지지 않는다면 사람들은 특별히 아프지도 않고 하는 일에 장애가 되지 않음에도, 그것을 펴줄 수 있는 사람이 있다면 진나라와 초나라 사이처럼 먼 길이라 해도 멀다 여기지 않고 찾아간다.

왜 그런가? 자기 손가락이 남과 다름을 알기 때문이다. 손가락이 남

---

* 춘추전국시대 진晉나라 권력자. 주요 관직에 자기 사람을 임명하기도 하고 내치기도 했다. 조맹에 의해 좋은 자리에 앉은 사람들은 바로 조맹에 의해 나쁜 자리로 갈 수도 있듯이 타인에 의해 귀하게 된 사람은 역시 타인에 의해 천하게 될 수도 있다는 의미.

과 다른 것은 싫어하면서도 마음이 남과 다른 것을 싫어할 줄 모른 다면, 이것을 일러 일의 경중을 알지 못한다고 하는 것이다.

여기 작은 오동나무나 가래나무가 있다고 치자. 누구나 그것을 기르는 방법을 안다. 그런데 자기 자신을 기르는 방법을 아는 사람은 없다. 어떻게 자신을 사랑하는 것이 오동나무나 가래나무만도 못한가? 너무 생각이 없구나.

《맹자》〈고자 상〉편

대인이란 어린아이의 마음을 잃지 않는 사람이다.

《맹자》〈이루 하〉편

제3장

고대사를 장식한 인물들의
파란만장한 드라마

중국 전한(前漢)의 역사가 사마천이 저술한 역사서 《사기》의 일부분으로 고대
인물들을 다룬 개인 전기. 《사기》는 상고시대의 오제 때부터 한나라 무제까지
약 3,000년에 이르는 중국과 그 주변 민족의 역사를 담고 있는 중국 최초의
통사이다. 52만 6,500자에 등장하는 인물만 4,000여 명에 이른다. 제왕들의
역사를 기록한 본기(本紀) 12편, 연대기에 해당하는 표(表) 10편, 제후들을 중
심으로 한 역사인 세가(世家) 30편, 역대 제도와 문물의 연혁을 기록한 서(書)
8편, 역사 속 인물들에 관한 기록인 열전(列傳) 70편, 총 130편으로 구성됐다.
이 가운데 열전은 그 시대를 상징하는 다양한 인물들의 이야기를 통해 인간과
삶의 문제를 집요하게 추구했으며 《사기》 중 정수로 평가된다.

태사공은 이릉의 화를 당하여 감옥에 갇혔다. 나는 "이것이 내 죄란 말인가? 이것이 내 죄란 말인가! 몸이 망가져 더 이상 쓸모가 없어졌구나!" 하며 깊이깊이 탄식하였다. 그러나 물러나와 다음과 같은 사실을 깊이 생각하여 보았다. (…) 문왕은 갇힌 상태에서 《주역》을 풀이하였고, 공사는 곤경에 빠져 《춘추》를 지었다. 굴원은 쫓겨나서 《이소》를 썼고, 좌구명은 눈을 잃은 뒤에 《국어》를 지었다. 손빈은 발이 잘리는 빈각을 당하고도 《병법》을 남겼으며, 여불위는 촉으로 쫓겨났지만 세상에 《여람》을 남겼다. 한비는 진나라에 갇혀서 〈세난〉과 〈고분〉편을 저술하였다.

《시경》에 수록된 300편의 시들도 대개 성현이 발분하여 지은 것이다. 이 사람들은 모두 마음속에 그 무엇이 맺혀 있었지만 그것을 밝힐 길이 없었기 때문에 지난 일을 서술하여 후세 사람들이 자신의 뜻을 알아볼 수 있게 하였던 것이다.

그리하여 드디어 요 임금에서 획린에 이르는 긴 역사를 서술하게 되었다.

《완역 사기 본기 2》, 김영수 옮김, 알마, 2015(2판), 123p

사마천(BC 145~86)은 한漢나라 전성기 무제 때의 역사가입니다. 그의 아버지 사마담은 태사령이었습니다. 태사령은 황제를 보좌하면서 언행을 기록하고 황제 도서관을 관리하는 직책입니다. 그러니 사마천도 늘 책을 관리하고 연구하는 환경에서 자랐겠지요. 사마천은 19세 때 한나라의 유명한 학자인 동중서에게 《춘추》를 배웁니다. 《춘추》는 공자가 편찬한 노나라 역사책입니다. 공자 시대까지 전해 내려오던 노나라 사관들의 기록을 공자가 더할 건 더하고 뺄 건 빼고 해서 정리한 것이죠. 바로 이 책에서 '춘추전국시대'의 '춘추'라는 말이 생겼습니다. '전국'이란 말은 한나라의 학자 유향劉向(BC 77~6)이 쓴 《전국책》戰國策에서 비롯되었다고 합니다.

사마천은 20세 무렵 2년 동안 중국 남부를 여행하는데 이때부터 틈만 나면 중국 전역을 돌아다닙니다. 사람들을 만나 이야기를 듣고, 취재를 하고, 자료를 모아 나갔던 겁니다. 이게 나중에 《사기》를 쓰는 데 밑거름이 되었지요. 38세 때는 부친의 뒤를 이어 태사령에 부임합니다. 이때부터 사마천은 중국의 시초부터 그가 살았던 시기까지의 역사를 집대성하겠다는 꿈을 품고 본격적으로 자료를 수집해 나갑니다. 그의 머릿속에는 죽기 전에 아버지가 남긴 말이 맴돌았지요.

"아들아, 내가 죽으면 너는 태사령이 될 것이다. 나는 살아생전에 역사를 다 쓰지 못했다. 태사가 되거든 내가 쓰려고 했던 것을 잊지 마라. 효도란 어버이를 섬김으로 시작되어 그 이름을 후세에 남김으로써 끝나는 것이다."

42세 때 사마천은 《사기》 집필을 시작합니다. 그리고 기원전 99년, 사마천이 47세 때 이릉이라는 장군이 흉노와 전쟁하다 투항하는 사건이 일어납니다. 흉노를 토벌하려 했던 한무제는 노발대발하지만 사마천은 그 앞에서 "이릉은 다 계획이 있어서 그랬을 것"이라며 변호합니다. 단지 황제의 기분을 풀어 주기 위해 한 말이었는데 한무제는 사마천을 옥에 가두어 버리죠. 그리고 1년 뒤 황제는 사마천에게 두 가지 선택권을 줍니다. 사형 아니면 궁형宮刑(50만 전의 벌금형도 택할 수 있었지만 사마천이 감당할 수 없는 큰돈이었다는 설이 있음)이었습니다.

대개 이 대목에 이르러 선비들은 사형을 택했습니다. 궁형이란 게 남성의 생식기를 자르는 형벌인데, 목숨을 부지하려고 궁형을 택하면 일생 동안 치욕 속에 살아야 했거든요. 한마디로 간통한 여인의 옷에 새겼던 주홍 글씨와 같은 것이었습니다. 지조 없는 놈, 치사하게 살아남은 인간, 뭣도 없는 자식 등 온갖 욕을 먹어 가며 살아야 했지요. 사마천은 동료였던 임안任安에게 보내는 편지에서 이렇게 고백합니다.

제가 말을 잘못하여 이런 화를 당하여 고향에서 비웃음거리가 되었고, 돌아가신 아버지를 욕되게 하였으니 무슨 면목으로 부모님 무덤에 오르겠습니까? 백대가 흐른다 하여도 씻기지 않을 치욕입니다. 그러니 하루에도 아홉 번이나 장이 뒤틀리고, 집에 있으면 망연자실 넋을 놓고 무엇을 잃은 듯하며, 집을 나가도 어디로 가야 할지 모릅니다. 이 치욕을 생각할 때마다 식은땀이 등줄기를 흘러 옷을 적시지 않은 적이 없습니다. 중서령*에 불과한 몸이지만 어떻게 자신을 깊은 동굴 속에 숨길 수 있겠습니까? 세속을 좇아 부침하고 때에 따라 처신하면서 그럭저럭 어리석게 살아가고 있을 뿐입니다.

김영수, 72~73p

왜 아니겠습니까. 멀쩡한 남자가 평생을 환관으로 살아야 하는데 말입니다. 그럼에도 사마천은 살아남았습니다. 왜? 써야 했기 때문입니다. 그는 《사기》를 써야 했습니다. 사마천은 50세 때 사면됩니다. 역사책을 보면 한무제는 자기 아들도 의심해서 죽게 만들 정도로 굉장히 변덕스러운 인간이었어요. 사마천은 1년 만에 죄를 용서받았습니다만 그러면 뭐합니까? 그것은 다시 돌아오지 않는데…….

55세, 집필 13년 만에 사마천은 필생의 역작 《사기》를 완성합니다. 동양 최고의 역사서인 《사기》는 본기, 열전, 세가 등 모두 130권 분량입니다. 그때는 죽간에 썼으므로 지금과는 책의 분량에 차이가 있지만 하여간 대단한 책인 건 분명합니다. 본기는 주나라, 진나라, 한나라 등의 황제를 중심으로 한 역사를 쓴 것이고 세가는 제후 또는 제후에 필적하는 인물들에 대한 것이며 열전은 황제, 제후를 제외한 인물들에 대한 이야기를 모은 것입니다. 그중 여기에서 살펴볼 《사기열전》은 〈백이열전〉부터 〈화식열전〉貨殖列傳까지 70권으로 주나라 때부터 한나라(전한시대) 때

---

* 환관 최고책임자. 황제 직속 조서 담당자.

까지 살았던 영웅, 자객, 명재상, 부자 등 다양한 인간 군상에 대한 기록입니다.

《사기》는 동양 인문 고전을 읽기 전에 반드시 먼저 정독해야 하는 책입니다. 중국 고대사를 꿰뚫고 있는 정사이기 때문입니다. 《사기》를 거치지 않고는 《논어》, 《맹자》, 《장자》, 《한비자》韓非子에 이를 수가 없습니다. 한 번만 읽어서도 안 됩니다. 한 번 읽어 봐야 이름들도 기억나지 않습니다. 여러 번 반복해서 봐야 하지요. 다만 분량이 만만치 않습니다. 현대의 책자로도 수천 쪽에 이를 만큼 방대합니다. 이런 고전을 몇 페이지로 소개한다는 것은 무리지요. 여기에서는 《사기열전》, 그중에서도 범상치 않은 몇몇 인물들에 관한 가장 극적이면서도 흥미진진한 몇 장면만 거론해 보겠습니다.

이름을 남긴 이들: 백이, 숙제, 맹상군

《사기열전》의 첫 인물은 백이와 숙제입니다. 이 사람들의 이야기는 앞서 다루었기 때문에 자세한 이야기는 생략합니다. 백이와 숙제는 충성과 의로움의 상징입니다. 이전 왕조에 대한 의리를 지키기 위해 '새로 건국된 주나라 땅에서 나는 곡식은 먹지 않겠다.'고 결심하고 수양산에 들어가 고사리를 뜯어 먹다 굶어 죽고 말았지요. 만약 사마천이 여기까지 쓰고 말았다면 지금까지 훌륭한 역사가로 이름을 남기기 어려웠을 겁니다. 사마천은 역사적 사실을 서술한 뒤에 꼭 자기 의견을 썼어요. 그는 백이와 숙제에 대해서도 이런 말을 덧붙였습니다.

칠십 명 제자들 중에 공자는 안회만이 학문을 좋아한다고 평가하였다. 그러나 안회는 늘 가난하여 술지게미나 겨조차 마다하지 않았으며, 결국 젊은 나이에 일찍 죽었다. 하늘이 착한 사람에게 보답을 한다고 하는데 어찌 이런 일이 있을 수 있는가? 도척은 매일 무고한 사람을 죽이고 사람의 간을 먹었으며 흉포하고 방자하였지만, 수천 명의 무리를 모아 천하를 제멋대로 활보하다가 종내 천수를 다하고 죽었다. 이는 그가 무슨 덕행을 닦았기 때문인가? 이 두 경우는 무엇보다도 분명히 드러나는 뚜렷한 차이를 보여 주는 예이다. 최근에 와서도 법도에 어긋나는 일을 하고 하지 말아야 할 일만 하면서도 평생 편안하고 즐겁게 살며 부를 대대로 끊이지 않고 물려주는 사람들이 있다. 반면에 땅을 가려서 밟고 때기 되어야만 말을 하며 (…) 공평하고 올바른 일을 위해서가 아니면 떨쳐 일어나지 아니하는데도 재앙을 만나는 사람들은 그 수가 헤아릴 수 없이 많다. 나는 이런 일들이 몹시 당혹스러운데, 만약 이러한 것이 천도라고 한다면 그러한 천도는 옳은 것인가, 그른 것인가?

《사기열전》, 최익순 옮김, 백산서당, 2014, 19p

'天道是耶非耶'(천도시야비야). 하늘의 도란 도대체 옳은 것인가, 그른 것인가? 사마천이 부르짖습니다. 가슴에 와 닿지 않습니까? 왜 세상엔 나쁜 놈이 잘되고 착한 사람이 안 되는 일이 이렇게 많단 말입니까? 정말 이해가 안 됩니다. 하늘의 도란 무엇이며 신의 뜻은 어디에 있는 건

가요? 이런 대목을 보면 사마천이 참 탁월한 역사가이자 저술가였다는 사실을 느낄 수 있습니다. 보통 사람 같았으면 "우리는 그래도 착하게 살아야 한다."고 결론을 맺었을 텐데 사마천은 끝내 의심하고 질문하고 당혹해 합니다. 그 의심 속 질문과 질문 속 당혹이 아마도 인문학 정신이 아닐까 합니다.

역사가로서 철저한 고증에 대한 사마천의 집념은 《사기열전》 곳곳에 엿보입니다. 그는 결코 책상머리에 앉아 글을 쓰는 사람이 아니었습니다. 여행을 많이 한 사람답게 "태사공(사마천 자신을 가리킴)은 이렇게 들었다.", "태사공은 말한다. 나는 일찍이 어디어디에 가서 이러이러한 것을 봤다.", "나는 일찍이 누구를 만나 직접 이야기를 나눴다."라고 기록하고 있습니다.

> 태사공은 말한다. 나는 일찍이 설 땅에 들른 적이 있었는데, 그곳에는 난폭한 젊은이들이 많아 추나라와 노나라와는 달랐다. 그 까닭을 그곳 사람들에게 물었더니 "옛날 맹상군이 천하의 협객과 무뢰배들을 6만여 호나 불러들였기 때문입니다."라고 했다. 맹상군이 손님을 좋아하여 스스로 즐겼다는 말이 빈말은 아니구나.
>
> 《사기열전》, 연변대학 고전연구소 옮김, 서해문집, 2006, 169p

맹상군이 등장했으니 그에 대한 이야기를 좀 해볼까요? 기원전 3세기경 전국시대를 풍미한 네 사람의 유명인을 '전국사군'戰國四君이라고 합니다. 제나라의 맹상군, 조나라 평원군, 위나라 신릉군, 초나라 춘신군이 그들입니다. 이들은 재산이 많고 덕이 있어 천하의 인재들이 몰려들었습니다. 대개 3,000명 내외의 손님이 객사에 머물면서 정치적인 조언을 하거나 일을 도왔지요. 이들을 빈객이라 하는데 그중에는 도둑이나 성대모사를 잘하는 사람도 있어, 여기서 '계명구도'鷄鳴狗盜 같은 사자성어도 생겨났습니다.

맹상군의 이름은 전문田文이고 아버지는 제나라 재상 전영田嬰이었습니다. 전영에게는 처첩이 여러 명 있었고 아들이 40여 명이나 됐습니다. 전문은 하녀가 낳은 서자였는데 생일이 5월 5일이었어요. 당시 5월 5일에 태어난 아이는 아버지를 해롭게 한다는 속설이 있었다고 합니다. 전영은 첩에게 아이를 버리라고 했는데 첩은 고향으로 내려가 아이가 얼다섯 살이 될 때까지 몰래 키웁니다.

전영의 뜻이 확고했기 때문에 이 일이 알려지면 엄마와 아기, 주변 사람 모두 위험해질 수 있었습니다. 전문의 어머니는 어떻게 위기를 넘겼을까요? 그녀는 자신을 아는 사람 모두에게 겸손하게 행동했습니다. 그리고 남의 일을 내 일처럼 하고, 어려운 일이 있으면 발 벗고 나섰으며 지위고하를 막론하고 극진히 섬겼습니다. 한마디로 주변 사람을 모두 자기편으로 만들었지요. 그녀를 아는 사람은 어느 누구도 그녀가 잘못되길 바라지 않았습니다. 이 때문에 죽을 뻔했던 아기를 키우는 엄마의 비밀이 지켜졌지요.

전문이 열다섯이 되었을 때 어머니는 아이를 아버지와 만나게 합니다.

그러자 전영이 화를 내며 이렇게 이야기합니다(아래 내용은 《사기열전》 및 《열국지》 등을 참고로 재구성했습니다).

"이 아이를 버리라 했는데 감히 키운 까닭이 뭐요!"

어머니는 할 말이 없었다. 대신 전문이 나서서 머리를 조아리며 말했다.

"아버님께서 5월 5일에 태어난 아들을 키우지 못하게 한 까닭은 무엇입니까?"

전영이 대답했다.

"그 아이의 키가 지게문만큼 자라면 아비를 해칠 것이라고 했기 때문이다."

전문이 또 물었다.

"사람의 운명은 하늘에 달려 있습니까, 지게문에 달려 있습니까?"

"……."

"사람의 운명이 하늘에 달려 있다면 아버님께서는 무엇을 걱정하십니까? 그렇지 않고 사람의 운명이 지게문에 달려 있다면 지게문을 계속 높이면 되지 않겠습니까?"

"그만해라."

참 똑똑한 소년이지요? 전영은 기분이 썩 나쁘지 않았습니다. 아이의 말이 맞기 때문입니다. 문文은 이름 그대로 지혜로운 소년이었나 봅니다. 며칠 뒤에 소년은 아버지가 한가한 틈을 타서 또 묻습니다. 이게 아주 중요합니다. 〈맹상군열전〉孟嘗君列傳에는 '文承閒問其父'(문승한문기부), 즉 '전문은 한가한 틈에 그의 아비에게 물었다.'라고 나와 있습니다. 아버지가 바쁠 때 뭘 물어보면 짜증만 낼 테니까요.

"아들의 아들을 뭐라고 부릅니까?"

전영이 대답했다.

"손자라고 한다."

"손자의 손자는 뭐라고 부릅니까?"

"현손이라고 한다."

"현손의 현손은요?"

"모르겠다. 그건 알아서 뭐하려고 그러느냐?"

전문이 대답했다.

"아버님께서 제나라 재상이 되어 천만금이나 되는 부를 쌓았는데, 문하에는 쓸 만한 인재가 별로 없습니다. 장수의 집안에 장수가 나고 재상의 가문에서 재상이 나온다는 말을 들었습니다만 그나마 있는 사람들은 어떻습니까? 아버님의 부인들은 아름다운 비단옷을 입고 다니지만 선비들은 짧은 바지 하나 제대로 걸치지 못하고 있습니다. 아버님의 하인들은 쌀밥과 고기를 실컷 먹지만 선비들은 쌀겨나 술지게미조차 배불리 먹지 못하고 있습니다. 지금 아버님께서는 쌓아 둔 것이 남아돌지만 더 모으려고만 할 뿐 나누지는 않고 계십니

다. 이렇게 모은 재물을 뭐라고 부르는지도 모르는 후손에게 물려주
시려는 겁니까? 저는 그것이 이상하여 여쭈어 본 것입니다."

어떻습니까? 이런 아들 하나 있으면 정말 안심이겠지요? 아흔 살까지
집안 살림하겠다고 욕심 부리지 않고 물려줄 것 같아요. 전영은 아차 싶
었겠지요. 이때부터 재물을 풀어 인재를 모으고 전문에게 그들을 접대
하게 했습니다. 결국 전문은 아버지가 죽은 뒤 영지를 물려받아 전씨 가
문의 후계자가 됩니다. 정실부인과 귀족 출신 처첩의 아들 수십 명을 물
리치고 천한 신분 출신의 아이가 가문을 이은 셈이지요.

맹상군은 어머니를 닮아 누구든 신분의 귀천을 막론하고 똑같이 대우
했습니다. 손님과 앉아 이야기할 때는 병풍 뒤에 기록하는 사람을 앉혀
놓고 손님의 집안 사정에 대해 묻고 그 내용을 적게 했지요. 그리고 손
님이 나가면 맹상군은 재빨리 심부름꾼을 보내 그 집에 선물을 보냈습
니다. 손님이 집에 도착하면 선물이 이미 도착해 있었습니다. 아마도 이
런 상황이 아니었을까요?

맹상군: 그래, 요즘 어떻게 지내십니까?

손님: 네, 덕분에 잘 지냅니다. 아이도 대학에 합격했고요.

맹상군: 아이고, 축하드립니다. 대학은 원하는 데 들어갔습니까?

손님: 네, 잘 되었습니다. 다만 학교가 너무 멀어 통학하기 어렵
습니다.

맹상군: 아이고, 저런. 사사용이 없으십니까?

손님: 부끄럽게도 아직…….

맹상군: 그러시군요.

손님, 이야기를 나누다 돌아간다. 맹상군, 심부름꾼을 불러 뭔가를 지시한다. 손님이 집에 도착해 보니 그의 집 앞에 벤츠가 한 대 서 있다. 심부름꾼은 손님에게 자동차 열쇠를 건네며 말한다.

심부름꾼: 제 주인께서 이걸 드리라고 하셨습니다. 자제 분 통학하는 데 쓰시라고요.

손님: 세상에!

손님은 맹상군의 세심한 마음 씀씀이에 감동합니다. 이후에 맹상군에게 무슨 일이 생기면 손님은 발 벗고 나서서 도와주게 되겠지요. 이런 조력자들을 먹여 살리느라 기둥이 휘청거리기도 했지만, 맹상군은 막강한 인재 은행을 기반으로 제나라 재상이 되어 한 시대를 풍미할 수 있었습니다. 전국사군이라 불렸던 다른 사람들도 마찬가지였고요.

〈범수채택열전〉: 복수는 나의 것

맹상군 이야기가 어떠셨나요? 이처럼 《사기열전》에 나오는 수많은 재상과 호걸들은 모두 역사에 이름을 남긴 대단한 사람들입니다. 평범한 갑남을녀가 아니지요. 재상은 지금의 국무총리 격으로 한 나라의 최고 관직입니다. 재상이라는 위치에까지 올랐는데 역사를 보면 그 말로가 좋았던 사람은 별로 없습니다. 왕도 마찬가지예요. 《한비자》에 보면 이런 말이 있습니다.

"왕들 중에 병들어 죽는 자는 반도 되지 않는다. 나머지는 후궁과 신하와 자식들에게 죽임을 당한다."

높이 올라갈수록 낙폭은 커집니다. 절정에서 그만둘 줄 알아야 하지요. 역사상 이걸 실천한 사람은 아주 드물어요. 〈범수채택열전〉范雎蔡澤列傳에 나오는 범수라는 인물은 인생의 밑바닥에서 재상의 지위까지 올랐다가 정점에서 깨달음을 얻고 물러났습니다. 흔히 볼 수 없는 사례였지요.

범수는 위나라 사람으로 자는 숙叔이었다. 그는 제후들을 찾아다니며 유세하던 끝에 위나라 왕을 섬기려 했지만, 집이 가난해 활동 자금을 마련할 수 없었다.

그래서 그는 우선 중대부 수가를 섬겼다. 그 뒤 범수는 수가가 소왕의 명을 받아 제나라에 사신으로 가게 되었을 때, 따라갔다. 그러나 몇 달이 지나도 수가는 제나라로부터 이렇다 할 회답을 얻지 못했었다. 제나라 양왕은 범수가 변설에 뛰어나다는 말을 듣고, 사람을 보내어 금 열 근과 쇠고기, 술 등을 선사했다. 범수는 이를 거절하며 받지 않았다. 그러나 이 사실을 안 수가는 범수가 제나라에 기밀을 제공함으로써 그런 선물을 받게 되었으리라 생각하고 격노했다. (…) 수가는 귀국하자마자 범수의 일을 재상인 위제에게 보고했다. 위제 역시 대노하여 범수를 벌주게 했다. 범수는 심하게 매를 맞아 갈비

뼈와 이빨이 부러졌다. 범수는 죽은 척하고 움직이지 않았다. 사인들이 그를 삿자리에 싸서 변소에 버려 두었다. 그리고 술에 취한 여러 사람들로 하여금 번갈아 가며 그의 몸에 소변을 보게 했다. 다시 없는 모욕을 가함으로써 뒷날에 일어날 수 있는 일의 본보기로 삼은 것이다. 범수는 삿자리에 싸인 채 경비병에게 말했다.

"당신이 나를 벗어나게만 해준다면 반드시 후한 사례를 하겠소."

《사기열전》, 김영수·최인욱 옮김, 신원문화사, 2006, 346~348p

간수는 윗사람에게 "범수가 죽은 것 같으니 시체를 갖다 버리겠다."고 속이고 그를 몰래 집에 데려다주었습니다. 범수는 몸이 회복되자 산으로 들어가 이름을 장록이라 고치고 숨어 살았지요. 몇 년이 지나 그는 친구들의 도움으로 진나라로 가서 소양왕을 만났습니다. 진나라의 장점과 단점을 파악하고 있던 범수는 소양왕에게 정책을 제시했고 소양왕은 그를 재상으로 임명합니다. 범수, 즉 장록 선생은 잘나가던 진나라를 더 부강하게 했고 주변국을 차례로 복종하게 만들었습니다.

진나라와 이웃해 있던 위나라는 진나라가 점점 강성해지자 불안한 나머지 화친의 사신을 파견했습니다. 그 사신이 누구겠습니까? 바로 수가였습니다. 이때부터 《사기열전》의 가장 극적인 장면이 펼쳐집니다.

범수는 일부러 허름한 옷을 입고 수가가 머무는 객사로 찾아갔다.

수가는 깜짝 놀랐다.

"아니, 자네는 범수 아닌가?"

"예, 어르신. 이렇게 죽지 않고 살아 있습니다."

"진나라 왕에게 발탁되었소?"

"아닙니다. 위나라 재상에게 노여움을 샀는데 어찌 감히 유세를 하
 겠습니까?"

 수가가 말했다.

"지금 그대는 무슨 일을 하고 있소?"

"남의 집에서 심부름을 하고 있습니다."

 수가는 측은한 마음이 들어 식사를 대접하고 동정했다. 그리고 자기
 의 두꺼운 솜옷을 한 벌 내주고는 이렇게 물었다.

"진나라의 재상이 장록 선생이라는데 주변에 친한 사람을 아시오?"

"제가 모시고 있는 주인께서 재상을 잘 아십니다. 괜찮으시다면 어
 르신을 안내해 드릴까요?"

"그래 주면 더 바랄 게 없겠소."

 범수는 수가를 상석에 앉히고 직접 수레 고삐를 잡았다. 재상의 집
 앞에 이르러 범수는 잠깐 기다리면 먼저 들어가 재상께 알리겠다고
 말하고는 집 안으로 들어갔다. 아무리 기다려도 범수가 나오지 않자
 수가는 문지기에게 물었다.

"조금 전에 들어간 사람 좀 불러 주시오."

"뭐요? 나 같은 문지기가 그분을 어찌 부른단 말이오?"

"그 사람이 누구신데 그러시오?"

"그분이 바로 재상이신 징록 선생이오!"

정말 어마어마하지 않습니까? 소설이 아닙니다. 드라마도 아닙니다. 역사적 사실입니다. 그런데 사마천은 사실을 소설처럼, 드라마처럼 썼습니다. 저자가 누구냐에 따라 똑같은 상황을 얼마든지 지루하게 서술할 수도 있습니다. 세상의 저술가 중 99퍼센트는 재미있는 설정도 엄청 재미없게 씁니다. 걸작과 고전은 아무나 쓰는 게 아니지요. 대체로 인류 역사에 길이 남는 고전을 쓴 사람들은 훌륭한 필자였습니다. 심지어 《자본론》을 쓴 마르크스나 《종의 기원》을 쓴 다윈도 글솜씨가 남달랐습니다. 사마천 역시 탁월한 작가였지요. 사실 자체는 별로 흥미롭지 않습니다. 뛰어난 스토리텔링이 뒷받침되어 반전과 역전이 거듭되면서 한 편의 매력적인 서사가 탄생하는 것이지요.

〈범수채택열전〉의 이야기로 돌아가 봅시다. 수가는 아뿔싸! 하고 정신이 번쩍 들었습니다. 그는 윗도리를 벗고 무릎걸음으로 집 안으로 들어가 범수 앞에 가서 머리를 땅에 내리찧었습니다. 범수가 추상같이 외칩니다.

"네 죄를 내가 알렸다!"

"소인을 죽여 주시옵소서."

범수가 수가를 노려보며 말합니다.

"너의 죄는 죽어 마땅하나 내가 죽이지 않는 것은 오늘 네가 나에게 명주옷을 주며 옛정을 보였기 때문이다. 돌아가 위왕에게 고하라. 재상 위

제의 목을 바치라고. 그렇지 않으면 진군을 몰아 위나라로 쳐들어가 도
륙하겠노라고 말이다."

수가가 돌아가 이 말을 전하자 위제는 나라를 떠나 도망 다니다가 스
스로 목숨을 끊었습니다. 그러니 아무리 보잘것없어 보이는 사람이라
도 깔보거나 함부로 대해서는 안 됩니다. 위제가 사람들을 시켜 범수에
게 소변을 갈겼을 때, 갈비뼈와 이가 부러지도록 폭행을 가했을 때, 범
수가 이렇게 복수하리라고는 생각도 못 했을 겁니다. 잘나가던 위제는
오래전 자신이 했던 '갑질' 때문에 하루아침에 도망자 신세가 되어 자결
하고 말았습니다. 2,300년 전에도 그랬는데, 지금은 어떻겠습니까! 말
로라도 다른 사람을 함부로 욕보여서는 안 됩니다.

범수는 복수를 마치고 진나라 재상직을 훌륭히 수행합니다. 자신이
천거한 사람들이 잘못을 저지르는 바람에 위기에 빠지기도 했지만 진나
라 왕의 변함없는 신뢰 속에 땅을 넓히고 나라를 부강하게 했습니다. 범
수는 당시 최강국이었던 진나라의 재상이라는 지위를 누리며 인생의 절
정에 섰습니다. 그러나 그 순간, 그는 재상 자리에서 스스로 물러납니다.
바로 채택이라는 인물 때문입니다. 연나라 출신 채택이 범수를 찾아와
"이제 그만 은퇴하고 재상 자리를 내게 물려주시오."라고 말합니다. 한
창 잘나가고 있는데 왜 그랬을까요? 채택의 말을 들어 보시지요.

"봄·여름·가을·겨울도 각각 맡았던 일을 끝내면 다음 계절과 교대합
니다. 사람이 세상에 태어난 이상 몸의 온갖 곳이 건강하고, 손발이

말을 잘 듣고, 귀와 눈이 밝고, 마음이 광명하고 지혜로운 것이 선비 된 사람의 소원이 아니겠습니까? (…) 그 몸과 이름이 함께 온전한 사람이 가장 훌륭하고, 이름은 남의 본받을 바가 되나 몸을 보전하지 못한 것은 그다음이며, 이름은 욕되어도 그 몸만은 온전한 것이 가장 아래가 되는 것입니다. (…)

지금 왕이 충신을 신임하는 정도는 진나라 효공·초나라 도왕·월나라 구천만 못합니다. (…) 상공의 공적과 임금의 사랑과 신임을 받는 정도가 또한 상군·오기·대부 종에 미치지 못합니다. 그런데 상공의 봉록은 후하고 지위는 높으며 가진 재산도 세 사람보다 많습니다. 만일 상공이 물러나지 않고 그대로 자리를 차지하고 있다면, 아마 상공이 받을 화와 근심은 세 사람보다 클 것입니다. 그 점을 이 사람은 상공을 위해 적이 두려워하고 있습니다.

옛말에도 '해가 중천에 오르면 이윽고 서쪽으로 기울게 되며, 달도 차면 기운다.'라고 하였습니다. 만물이 성하면 곧 쇠하는 것은 천지의 공평한 이치이며, 나아가고 물러서는 것, 굽히고 펴는 것이 때에 따라 바뀌는 것은 성인의 영원한 도리입니다.

《사기열전》, 임동석 옮김, 동서문화사, 2009, 422~423p

채택이 예로 든 상군(상앙), 오기, 대부 종은 각각 진효공, 초도왕, 월왕 구천을 섬겼지만 말로가 좋지 못했습니다. 배신을 당하거나 후대 왕의 미움을 사서 죽임을 당했지요. 채택은 "이들은 모두 대업을 이룬 뒤에도 물러나지 않았기에 화를 입었다."고 주장합니다. 고금의 예를 들고 고전 속의 문자를 써가며 열변을 토합니다. 보통 사람 같으면 이런 말을 듣고 벌컥 화를 내거나 자신을 변호했을 겁니다. 아니면 채택을 구속한 후 적국의 간자間者(간첩)로 몰아 죽였을지도 모릅니다. 그러나 밑바닥에서부터 최고의 자리까지 올라온 자의 노회함 때문이었을까요? 범수는 채택의 말을 듣고 깨닫습니다. 채택이 진리를 설파하고 있다는 것을, 달도 차면 기울고 해도 질 때가 있다는 것을 말입니다.

범수는 채택에게 "선생의 가르침을 받았으니 그 말에 따르겠소."라고 말하고 감사를 표합니다. 다음 날 범수는 조정에 나가 채택을 천거합니다. 채택은 객경(고위 관직의 대우를 받는 자문역)으로 임명되고 얼마 뒤 범수는 채택에게 재상직을 물려줍니다. 그리고 자신은 평온한 말로를 보냈습니다. 채택 역시 자리에 연연하지 않고 적당한 시기에 사직합니다. 채택의 말대로, 물러날 때를 알아 물러난 범수는 정치적 스캔들에 얽매이지 않고 물러나 이름도 남기고 생명도 보존했습니다.

안다는 것과 실천한다는 것은 별개입니다. 이것은 고작 몇백 년 전의 이야기가 아닙니다. 무려 2,300년 전 이야기입니다. 이때 한반도에는 고조선이 있었습니다. 얼마나 오래전의 스토리인지 아시겠지요? 한번 재상에 오르면 죽을 때까지 재상이었던 시절입니다. 왕의 심기만 건드리지 않으면 말이지요. 선거로 인물을 뽑던 시절이 아니었습니다. 그런데 범수는 미련 없이 그 자리에서 물러났지요. 권력은 본질적으로 독재를 지향하게 되어 있기에 권력의 정점에 있는 사람은 늘 반대파가 생길 수밖에 없습니다. 힘으로 억압하는 자리에 오래 있으면 필연적으로 적이 나타나고 어떤 방식으로든 적에게 제거당하게 됩니다.

《사기열전》에 나오는 수많은 인물들 중 물러날 때 물러나지 않아 비참한 최후를 맞이한 사람이 꽤 됩니다. 오자서伍子胥, 상앙, 여불위, 이사李斯 등이 그랬습니다. 그중 이사는 초나라 하급 관리 출신으로 진시황을 도와 천하를 통일하고 진시황 아래에서 최고위직까지 올랐습니다. 유학자 순자의 제자였던 그는 공부 하나로 출세한 사람이었죠. 그런데 진시황이 천하를 통일하자 그의 비위를 맞추기 위해 분서갱유焚書坑儒를 주장합니다. 진시황이 죽었을 때는 환관 조고와 짜고 진시황의 유지遺志와는 반대로 어리석은 호해를 2세 황제로 추대했지요. 그러나 권력 싸움에서 조고에게 밀려 결국 누명을 쓰고 옥중에서 죽임을 당합니다.

이렇듯 중국 고대사를 장식했던 인물들의 파란만장한 드라마가 《사기열전》에 펼쳐집니다. 이 드라마는 재미도 있고 교훈도 있습니다. 예능과 교양을 아우르지요. 웃다가 울다가 시간 가는 줄 모르고 읽다 보면 역사 공부가 되는 책, 재미를 넘어 인간에 대한 통찰과 역사에 대한 관조를 깨우치게 되는 책, 태사공 사마천의 절절한 평이 미래의 거울처럼 다가오는 책입니다. 단순한 역사서가 아니라 작가의 상상력이 넘치는 탁월한 문학서입니다. 이런 책을 두고두고 읽지 않을 이유가 없지요.

마지막으로 많은 것을 생각하게 만드는 한 장면을 소개하며 《사기열전》을 마칩니다. 이 장면은 변방 초나라에서 방황하던 이사가 강대국 진나라로 떠나는 계기가 되는 순간을 그리고 있습니다. 시대를 풍미하고

자 했던 청년 이사의 고민이 엿보입니다. 사람은 타고난 성품과 노력해서 얻은 실력도 중요하지만 어디에 속하는가도 그에 못지않게 중요하지 않나 싶습니다.

이사는 초나라 상채 사람이다. 그는 젊을 때 군에서 지위가 낮은 관리로 있었는데, 관청 변소의 쥐들이 더러운 것을 먹다가 사람이나 개가 가까이 가면 자주 놀라서 무서워하는 꼴을 보았다. 그러나 이사가 창고 안으로 들어가니 거기에 있는 쥐들은 쌓아 놓은 곡식을 먹으며 큰 집에 살아서 사람이나 개를 안중에도 두지 않았다. 그래서 이사는 탄식하며 말했다.

"사람이 어질다거나 못났다고 하는 것은 비유하자면 이런 쥐와 같아서 자신이 처해 있는 환경에 달렸을 뿐이구나."

그러고는 순경에게로 가 천하를 다스리는 제왕의 기술을 배웠다.

《사기열전 1》, 김원중 옮김, 민음사, 2015, 661p

제 **4** 장

역사 Historiae _헤로도토스

신들의 세계에 나타난
실증적 역사관

'역사의 아버지'라 불리는 헤로도토스가 기원전 440년경에 쓴 것으로 추정되는 역사서. 서양 최초의 역사책으로 여겨진다. 좁게는 그리스 도시국가들과 페르시아 제국 사이의 전쟁을 다루었지만 헤로도토스가 여행한 여러 지역의 문화, 풍습, 역사도 폭넓게 다루고 있다. 여행지에서 만난 자들의 여러 증언을 토대로 기록했는데, 20세기 중반 이후 고고학과 문헌학의 발전으로 그 기록들이 학문적으로 증명되면서 헤로도토스는 역사뿐만 아니라 인류학의 아버지로도 평가된다. 특히 고대 이집트 문명에 관한 기록은 현존하는 가장 오래된 기록으로서 이집트학 연구에 많은 도움을 주고 있다.

예전에 역사가 헤카타이오스가 테베를 방문해 자신의 가계家系에 대해 이야기하면서 "우리 가문의 16대 선조는 신이었다."고 주장했다. 그러자 그곳의 제우스 신전 사제들은 내게 한 것과 똑같은 행동을 그에게도 했다.

그들은 나를 큰 홀 안으로 데려가 나무로 깎아 만든 인물상을 보여 주면서 그 목상에 새겨진 숫자를 하나하나 셌다. 대사제들은 생전에 이곳에 자신의 모습을 본떠 목상을 세운다. 사제들은 그 목상들을 하나하나 세면서 각각의 목상은 아버지로부터 아들로 이어진다고 말했다. 우리는 가장 최근에 죽은 사제의 목상부터 시작해서 모든 목상을 한 바퀴 돌았다.

헤카타이오스가 자신의 가계를 들먹이며 자신의 16대 선조가 신이라고 주장하자, 사제들은 자신들이 가계도를 어떻게 만들어서 물려주는지 말하면서 목상의 수를 일일이 셌다. 왜냐하면 그들은 인간이 신에게서 태어난다는 헤카타이오스의 주장을 받아들일 수 없었기 때문이다. 사제들은 345개나 되는 거대한 목상들 하나하나는 모두 '피로미스'에서 '피로미스'로 대물림되는 것이라고 힘주어 말했다. 그

중 어느 하나도 영웅이나 신과는 상관이 없다면서. 피로미스는 그리
스 말로 인간이라는 뜻이다.

Grene, David, *The History*, University of Chicago, 1987, 194p

고대 그리스의 역사가 헤로도토스Herodotos(BC 484~425)가 쓴《역사》의
한 대목입니다. 테베는 이집트의 도시로, 이 부분은 제가 꼽은《역사》의
명장면입니다. 이 역시 인문학 정신을 보여 주는 탁월한 대목이지요. 이
부분에 대한 자세한 설명은 잠시 후에 해야 하겠습니다. 이 대목의 의미
를 음미하기 위해서는 일단 헤로도토스가 누구인지부터 알아야 하기 때
문이죠.

로마의 시인 키케로는 "헤로도토스는 역사의 아버지"라고 말했습니
다. 동양에 사마천이 있다면 서양에는 헤로도토스가 있지요. 헤로도토
스가 역사의 아버지인 것은 맞습니다. 그것도 무척 유머 넘치는 아버지
지요.

헤로도토스는 당시 그리스인들에게 '세계'라고 알려진 유럽과 중앙아
시아, 사하라사막 이북의 아프리카 지역을 여행하면서 많은 사람들을
만나고 구석구석 꼼꼼히 관찰했습니다. 해박한 지식과 놀라운 기억력,
재담을 구사하는 능력을 지닌 그는 그리스와 페르시아 사이의 전쟁을
중심으로 방대한 세계사를 남겼지요. 그는 왜《역사》를 썼을까요? 책 첫
부분은 이렇게 시작합니다.

이 글은 할리카르낫소스 출신 헤로도토스가 제출하는 탐사 보고서다. 그 목적은 인간들의 행적들이 시간이 지나면서 망각되고, 헬라스인들과 비非 헬라스인들의 위대하고도 놀라운 업적들이 사라지는 것을 막고, 무엇보다도 헬라스인들과 비 헬라스인들이 서로 전쟁을 하게 된 원인을 밝히는 데 있다.

《역사》, 천병희 옮김, 숲, 2009, 24p

할리카르낫소스는 지금의 터키 보드룸 지방입니다. 검색해 보니 에게 해에 접한 아름다운 휴양 도시라고 나오네요. 당시에는 그리스에 속한 지역이었습니다. 헬라스는 그리스를 뜻합니다. 고대 그리스는 하나의 나라가 아니라 자율성과 독립성을 지닌 여러 도시국가들의 연합체였어요. 그래서 '나는 아테네 사람', '나는 스파르타 사람'이란 인식은 있어도 '나는 헬라스(그리스) 사람'이란 인식은 약했지요. 다만 같은 지역에 있는 데다 비슷한 문화를 가지고 있었기에 올림픽이나 제전을 함께 여는 등 일종의 공동체 의식은 있었습니다.

위에서 말하는 비 헬라스인은 페르시아인입니다. 비 헬라스인의 어원은 '바르바로스'barbaros로 이방인을 뜻합니다. 이 바르바로스는 야만인을 뜻하는 영어 '바버리언'barbarian의 어원이지요. 영국의 그리스 역사가 H. D. F. 키토는 바르바로스가 그저 "그리스어를 할 줄 모르는 이들"을 뜻했다고 말합니다. 처음부터 이방인을 깔보는 의미는 없었다고 해요.

기원전 492년에서 기원전 448년에 걸쳐 페르시아는 그리스를 침공합니다. 첫 번째 침공은 다리우스 왕 때였습니다. 기원진 491년, 동방의 강대국 페르시아는 그리스를 점령하기 전에 사신을 보내 다음과 같은 요구를 합니다.

"너희 땅의 흙과 물을 내게 바치면 전쟁 없이 다스려 주마. 단 내게 복종하고 조공을 바쳐라. 거부하면 오직 살육이 있을 뿐이다."

참 건방지지요? 대다수 그리스 도시국가들은 페르시아의 요구를 따를 수밖에 없었습니다. 하지만 아테네와 스파르타는 페르시아의 사절단을 처형하며 반발했지요. 이에 페르시아는 기원전 490년 아테네 지역을 침공, 마라톤 평원에서 격돌하게 되는데 이 싸움에서 아테네에게 패해 물러납니다.

기원전 480년 왕위를 물려받은 크세르크세스는 다시 그리스를 침략합니다. 이 시기에는 스파르타가 그리스의 강국이었어요. 스파르타 왕 레오니다스와 군인들은 테르모필레 협곡을 방어하고 나머지 연합군은 살라미스 해협으로 가서 대기했습니다. 영화 《300》의 소재가 바로 이 테르모필레 전투지요. 스파르타의 주력군은 혈투를 벌였지만 중과부적으로, 백만 명에 이르는 페르시아군에 끝내 패배합니다. 하지만 테미스토클레스가 이끄는 그리스 연합 해군은 살라미스 해전에서 페르시아군을 물리치고 힘겹게 자신들의 흙과 물을 지킵니다.

역사는 맹신과 관습을 버리는 데서 시작한다

헤로도토스는 그리스 비극 시인 소포클레스와 교제하며 서로 영향을 주고받았습니다. 당시 그리스 작가들은 신화와 역사를 뒤섞어 이야기를 만들고 이를 시 형태로 써 대중 앞에서 발표했습니다. 헤로도토스 역시 아테네에서 자신의 작품을 낭송하곤 했지요. 사람들은 그의 《역사》 낭송을 최고의 오락거리 중 하나로 꼽았고, 낭송이 끝나면 그의 앞에 동전이 수북이 쌓이곤 했습니다. 말하자면 헤로도토스는 베스트셀러 작가이자 원맨쇼 공연자이자 배우였던 셈이지요.

더불어 그는 지리학자이자 여행가, 탁월한 이야기꾼이었으며 후대를 위해 역사적 사실을 엄정한 기록으로 남긴 최초의 역사가였습니다. 그의 서술은 철저히 인문학적입니다. 《역사》는 신화적 세계관과 온갖 미신이 주도하던 고대 그리스 시대에 역사라는 실증적 학문의 바탕을 제시한 진귀한 유산으로 남아 있습니다. "나는 이렇게 들었다. 그러나 나는 그 말을 믿지 않는다."라는 문구를 반복하면서 말이지요.

도도네의 여사제들은 비둘기들이 말하는 것을 듣고 제우스의 신탁소를 만들었다고 한다. 그러나 나는 믿지 않는다. 비둘기들이 어찌 사람의 말을 하겠는가?(…)

가끔 신전에 제우스 신이 내려와 낮잠을 잔다고 한다. 그러나 나는 그 말을 믿지 않는다.(…)

헬라스인들은 아직 인간이던 헤라클레스가 아이깁토스에 갔을 때

아이깁토스인들이 그를 때려 죽여 세우스 신에게 희생 제물로 바쳤다고 한다. 하지만 이는 아이깁토스인들의 성격과 관습을 전혀 모르는 사람들이 하는 말이다. 아이깁토스인들은 흠 없는 양과 황소, 수송아지와 거위만 제물로 바친다. 그러니 어떻게 사람을 제물로 바칠 수 있었겠는가?(…)

아마도 헤로도토스가 역사의 아버지로 추앙받는 이유는 이런 실증적 태도 때문이 아닐까 합니다. 《역사》는 페르시아 전쟁에 상당 부분을 할애하고 있지만 전쟁 전후의 상황, 그리스, 소아시아, 이집트, 바빌론 지역의 다양한 문화와 역사에 대한 저자의 편력을 고스란히 펼쳐 보입니다. 헤로도토스는 많은 곳을 여행한 덕에 한 지역에 오래 사는 사람들이 가질 법한 편견으로부터 자유로웠습니다.

어느 나라 사람이든 모든 관습 중에서 가장 훌륭한 것을 고르라고 하면 심사숙고 후에 자기 나라 관습을 고를 것이다. 누구나 자기 나라 관습이 가장 훌륭하다고 여기기 때문이다. 미친 사람이 아니고서야 관습을 함부로 비웃지 않는다. 이처럼 누구나 자기들의 관습이 최고라고 여기며 이런 예는 얼마든지 있다. 다음의 경우를 보면 확실히 알게 되리라.
다레이오스가 페르시아 왕이 되었을 때, 자신을 시중들던 그리스 사람들을 불러 놓고 얼마를 주면 그들 부친의 시신을 먹을 수 있겠느냐고 물었다. 그러자 그리스인들은 "돈을 아무리 많이 받아도 그런 짓은 할 수 없다."고 답했다. 그 말을 듣고 다레이오스는 인도의 칼라티아이족을 그 자리로 불렀다. 칼라티아이족은 부모가 죽으면 그들의 시신을 먹는 장례 풍속이 있었는데, 그들의 말을 그리스어로 통역하도록 한 다음 돈을 얼마나 주면 부모의 시신을 화장하겠느냐고 물었다. 칼라티아이족은 비명을 지르며 "그런 끔찍한 말은 제발 하지 말아 달라!"고 말했다. 관습이란 그런 것이다. 그리스 시인 핀다로스가 말한 대로 "관습은 만물의 왕"이다.

Grene, 228p

《역사》에는 독특한 장례 풍속을 가진 두 민족이 등장합니다. 카스피해 연안의 마사게타이족과 인도의 칼라티아이족입니다. 마사게타이족 사람들은 늙으면 자식들에게 죽임을 당하는 것을 최선으로 여겼어요. 이들은 늙은 부모를 죽여 그 시신을 토막 내서 양이나 염소와 함께 삶아 먹었습니다. 병들어 죽은 사람은 그냥 땅에 묻는데, 마사게타이 사람들은 그냥 땅에 묻히는 것을 재앙으로 여기고, 죽임을 당해 일가친척에게 먹히는 것을 축복으로 생각했다고 합니다. 참으로 엽기적인 관습이지요?

인도의 칼라티아이족도 이런 관습을 갖고 있었습니다. 아마도 부모의 인육을 먹는 행위는 그들의 정신과 영혼을 자기 몸으로 흡수한다는 생각에서 비롯된 것 같습니다. 어찌 되었든, 사람이 죽으면 화장하는 것이 관습이었던 그리스 사람들이 보기에 마사게타이족이나 칼라티아이족의 장례 풍습은 기절초풍할 일이었지요. 하지만 칼라티아이족이 보기에 화장 풍속은 말도 안 되는 일이었습니다.

페르시아 왕 다레이오스가 이 두 민족을 불러 이상한 질문을 한 이유는 무엇일까요? 헤로도토스는 그 이유에 대해서는 써놓지 않았습니다. 아마도 다문화, 다민족을 다스려야 했던 다레이오스가 '너희들의 문화가 최고라는 생각은 착각이다.'라는 말을 하고 싶어서 이런 이벤트를 마련했던 것은 아닐까 싶습니다.

문화란, 관습이란 그런 게 아닐까요? 옳고 그름의 문제가 아닙니다. 미국 문화는 옳고 한국 문화는 틀리다거나, 일본 문화는 안 되고 중국 문화는 된다거나 하는 이런 논의는 성립되지 않습니다. 우리가 보기에는 엽기적인 것도 그 관습을 가진 사람들에게는 신성한 것입니다. 우리가 신주 떠받들듯 하는 관습도 다른 이들이 보기엔 우스꽝스러울 수 있습니다. 그러니까 그 무엇도 절대적으로 옳거나 맞을 수는 없다는 것, 이것이 헤로도토스가 《역사》에서 말하고자 한 인문 정신이 아닐까요? 그가 소개하는 또 다른 이야기를 봅시다.

바빌론 지방의 관습 중에 가장 그럴듯한 것은 다음과 같다. 매년 일정한 날에 혼기가 된 처녀들이 전부 소집되어 한곳에 모이고 남자들이 그녀들 주위에 빙 둘러선다. 그러면 주최자가 처녀를 하나하나 불러 세워 경매를 시작한다. 경매는 제일 예쁜 처녀부터 시작된다. 그 처녀가 높은 값에 팔리면 그다음으로 예쁜 처녀를 경매에 붙인다.

이렇듯 처녀들은 경매를 통해 신부로 팔리는데, 바빌론의 부자 남자들은 예쁜 처녀를 얻으려고 높은 값을 불러 가며 경매에 응했다. 반면 결혼하고 싶어 하는 가난한 남자들은 못생긴 여자들을 데려가고 덤으로 돈까지 받았다.

주최자는 예쁜 처녀 경매를 다 끝내고 나면 가장 못생긴 여자 혹은 불구인 처녀를 불러 세워 경매에 붙인다. 이때는 역경매가 시작된다. "누가 가장 적게 돈을 받고 이 여인을 데려가겠소?"라고 묻는다. 이때 남자에게 주는 돈은 예쁜 처녀들을 팔아서 얻은 것이므로 말하자면 미녀들이 추녀들을 구제해 주는 셈이었다. 자기 딸이라도 자기가 원하는 사람에게 시집보내는 것은 허용되지 않았다. 또한 처녀를 샀다고 해도 실제로 그녀와 같이 살겠다는 것을 보증하는 보증인이 있어야 데려갈 수 있었다. 신부와 남자 사이에 의견이 맞지 않으면 남자는 돈을 돌려주는 것이 관례였다.

Grene, 123p

정말 재미있지 않습니까? 결혼 상대를 경매로 정하다니 말입니다. 그것도 예쁜 순서대로! 지금으로 치면 미스코리아 진을 경매대에 올려 세우고 "1억!", "3억 5,000!", "5억!", 이런 식으로 이벤트를 벌였다는 이야기입니다. 갑자기 쓸데없는 게 궁금해집니다만, 이때 참가한 처녀들의 미모 순위는 누가 정하는 걸까요? 헤로도토스에 따르면 당시 이탈리아 지방의 에네토이족도 경매를 통해 신부를 정했다는데 도대체 왜 이런 풍습이 생겼을까요?

짐작하기로는 결혼을 해서 아이들을 낳아야 인구가 증가하는데, 가문이 좋네 아니네, 지참금이 많네 적네 하며 이것저것 따지다 보면 결혼 과정이 너무 복잡해지는 까닭에 단순 명쾌한 제도를 통해 결혼 절차를 쉽게 하려는 의도가 아니었나 싶습니다. 그런데 생각해 보세요. 예쁜 여자들은 좋을지 몰라도 못생긴 여자들은 얼마나 자존심 상할까요? 또 저의 발칙한 상상이 발동되네요.

"자, 여기 엄청나게 못생긴 여자가 있습니다. 이 여자를 데려가는
사람에게는 5,000만 원을 드립니다!"
이때 갑자기 한 남자가 손을 든다.
"나는 3,000만 원만 주면 데려가겠소!"
다른 남자가 또 손을 든다.
"나는 1,000만 원만 주면 데려가겠소!"
구석에 있던 한 남자가 소리친다.
"잠깐! 난 그냥 데려가겠소!"
좌중이 조용해진다. 구석의 남자가 혼잣말을 한다.
"어차피 난 장님이니까……."

쓸데없는 궁금증을 하나 더 보태자면, 만약 못생긴 여자와 결혼하면서 5,000만 원을 받은 남자가 그 5,000만 원으로 다음 해에 예쁜 여자

를 사는 건 가능했을까요? 불가능했을까요? 아무튼 바빌론 사람들은 이런 식으로 부자들의 돈을 가난한 사람에게 줌으로써 '플러스마이너스 제로'의 경제를 실현했다고 봅니다. 요즘 말로 '복지'인 셈이죠. 뭐, 다른 게 복지입니까? 결혼 못 하는 처녀 총각 맺어 주면 그게 복지지요. 21세기 한국은 연애, 결혼, 출산을 포기하는 3포 세대가 등장했고 이제는 연애, 결혼, 출산에 더해 인간관계, 내 집 마련을 포기한 5포 세대, 심지어 7포 세대도 등장하고 있습니다. 말하자면 복지 괴멸의 시대지요(이참에 우리도 경매식 결혼을?).

그런데 이 바빌론 사람들이 참 별났나 봐요. 이들에게는 또 다른 이상한 관습이 있었습니다. 바빌론 여자들은 누구든지 일생에 한 번은 뮐릿타(아프로디테)의 신전에 가서 몸을 팔아야 한다는 것입니다. 여자들이 신전에 들어가 앉아 있으면 낯선 남자들이 이리저리 오가며 여자를 고릅니다. 남자가 여자 앞에 은화를 던지면서 "미의 여신께서 그대를 축복해 주시기를!"이라고 말하면 그 남자가 누구든, 은화 액수가 얼마든 간에 여자는 신전 밖으로 나가 그와 잠자리를 같이해야 합니다. 일단 남자와 섹스를 해야만 여자는 여신에 대한 의무를 이행한 것이 되어 집으로 돌아갈 수 있었습니다. 키프로스 섬 몇몇 지역에도 이 같은 관습이 있었다고 해요.

결혼의 경매 풍습에 대해서는 "남녀가 뜻이 맞지 않으면 무효가 된다."는 말이 있는 것으로 보아 여성의 의견이 존중된 것 같습니다. 그러나 뮐릿타 신전의 매춘 풍습 대목에는 "여성은 자신에게 돈을 던진 첫 번째 남지를 따라가야 하며 설대 거절해서는 안 된다."는 내용이 있습니다. 바빌론 여자들이 반드시 지켜야 할 의무였다고 하면서요. 왜 그랬을까요? 참 궁금합니다. 그런데 이 풍습을 소개한 글의 마지막 부분에 이런 내용이 있습니다.

> 예쁘고 키가 큰 여자들은 바로 선택되어 금세 집으로 돌아갔지만 못생긴 여자들은 의무를 다할 수 없어 오랫동안 기다려야 한다. 실제로 3~4년을 기다리는 여자들도 더러 있다.
>
> Grene, 124p

역시 예쁘고 봐야 하네요. 못생긴 것도 서러운데 이건 또 뭔 짓거리인가요? 흠⋯⋯. 이쯤 되면 여러분도 궁금해질 겁니다. 도대체 명로진이란 사람은 왜 이따위 사소하고 너저분한 것들에만 관심을 갖는가 하고요. 그래서 이번엔 진지한 내용으로 준비했습니다.

> 아테네인은 보이오티아인과 싸워 대승을 거두었다. 보이오티아인은 수많은 전사자를 내고 700명이 포로로 잡혔다. 같은 날 에우보이아 섬으로 건너간 아테네인은 칼키스인과 싸워 이들도 이겼다. (⋯) 아크로폴리스 성문 왼쪽의 전차에는 이를 기념하는 글이 새겨져 있다.
>
> 용맹한 아테네의 아들들은

보이오티아인과 칼키스인을 정복하고

족쇄를 채워 감옥에 가두어

그 오만함의 불꽃을 껐노라.

여기에 전리품의 10분의 1로

전차를 만들어 아테네 여신에게 바치노라.

이렇게 해서 아테네는 강성해졌다. 그들은 언론의 자유와 평등이 단지 한 가지 측면뿐 아니라 모든 면에서 얼마나 소중한 것인지 보여주었다. 아테네인은 독재 아래에 있을 때는 전쟁에서 주변의 어느 국가도 이길 수 없었지만 독재자로부터 해방되자 다른 나라를 모두 제압해 버렸다.

이것만은 확실하다. 그들은 압제 아래서는 열심히 싸우지 않았다. 싸워 봤자 독재자만 이롭기 때문이다. 자유인이 된 다음에는 각자 최선을 다해 전쟁에 임했다. 자기를 위해 싸웠기 때문이다.

그리스의 도시국가 아테네는 주변 도시국가들과 갈등하고 전쟁하면서 발전해 나갔습니다. 위 대목은 기원전 6세기경 아테네에 대한 설명입니다. 아테네가 주변 소국들과 경쟁하면서 강력해졌는데 그 이유가 독재자(참주)들의 지배에서 벗어나 민주적 체제를 갖추었기 때문이라는 겁니다.

위의 인용문 뒤에 헤로도토스는 참주 지배 하의 도시국가가 얼마나 비참한 것인지 이야기합니다. 참주는 자신의 이익을 위해 지배하지, 결코 시민의 이익을 위해 지배하지 않는다며 자신을 지키기 위해서는 자유민이 되어야 한다고 말이지요. 참주들은 중요한 결정을 제멋대로 내리며 공공의 재화를 자신의 것으로 만들고, 때로 무고한 시민들을 학살하기도 합니다. 자유민이라면 이런 참주를 쫓아내고 민주 체제를 옹호해야 마땅합니다.

헤로도토스는 《역사》에서 강자 또는 강대국의 지배를 받으며 편히 사는 것보다는 힘이 들어도 저항하며 자유롭게 사는 것이 바람직하다는 이야기를 합니다. 이 부분을 낭독할 때 얼마나 많은 시민이 귀 기울였으며 얼마나 많은 관심을 보였을지는 의문입니다. 다만 21세기 대한민국에서 살고 있는 우리에게 헤로도토스의 외침이 절실한 깃을 보면 갈 길이 멀다는 생각과 역사가 반복된다는 허무감이 교차합니다.

피로미스에서 피로미스로, 인간의 역사에 신은 없다

자, 이제 앞서 말씀드린 대로 《역사》의 가장 인상적인 대목으로 돌아가 보겠습니다.

예전에 역사가 헤카타이오스가 테베를 방문해 자신의 가계에 대해 이야기하면서 "우리 가문의 16대 선조는 신이었다."고 주장했다. 그러자 그곳의 제우스 신전 사제들은 내게 한 것과 똑같은 행동을 그에게도 했다.

그들은 나를 큰 홀 안으로 데려가 나무로 깎아 만든 인물상을 보여
주면서 그 복상에 새겨진 숫자를 하나하나 셌다. 대사제들은 생전
에 이곳에 자신의 모습을 본떠 목상을 세운다. 사제들은 그 목상들
을 하나하나 세면서 각각의 목상은 아버지로부터 아들로 이어진다
고 말했다. 우리는 가장 최근에 죽은 사제의 목상부터 시작해서 모
든 목상을 한 바퀴 돌았다.

헤카타이오스가 자신의 가계를 들먹이며 자신의 16대 선조가 신이
라고 주장하자, 사제들은 자신들이 가계도를 어떻게 만들어서 물려
주는지 말하면서 목상의 수를 일일이 셌다. 왜냐하면 그들은 인간이
신에게서 태어난다는 헤카타이오스의 주장을 받아들일 수 없었기
때문이다. 사제들은 345개나 되는 거대한 목상들 하나하나는 모두
'피로미스'에서 '피로미스'로 대물림되는 것이라고 힘주어 말했다. 그
중 어느 하나도 영웅이나 신과는 상관이 없다면서. 피로미스는 그리
스 말로 인간이라는 뜻이다.

Grene, 194p

헤로도토스의 시대에 이집트 사람들은 매우 과학적이고 논리적으로
사고했습니다. 또한 숫자에도 강했지요. 그들은 범람하는 나일 강을 다
스리기 위해 땅 넓이를 측정하고 줄어들거나 늘어나는 면적을 계산했습
니다. 바로 여기서 기하학이 출발했지요. 헤로도토스는 《역사》 2권에서
아이깁토스(이집트) 사람들에 대해 말하면서 "내가 만난 민족들 가운데

가장 해박했다."라고 기록하고 있습니다.

당시 세계는 신과 인간이 공존하는 시대였습니다. 사람들은 신도 인간처럼 질투하고 사랑하고 시기한다고 믿었습니다. 그리고 가끔 신이 무녀의 입을 통해 자신의 뜻을 인간에게 전한다고 생각했지요. 특히 그리스인들은 신에 대한 맹신이 이집트보다 더했습니다.

그런데 기원전 5세기경 헤카타이오스라는 그리스인이 이집트를 방문해서 "우리 16대 선조는 신이다. 고로 나는 신의 후예다!"라고 뻥을 친 겁니다. 이 말을 듣고 이집트 사람들은 대꾸도 안 합니다. 대답할 필요도 없었기 때문이지요. 그저 선조 한 사람 한 사람의 모습을 목상으로 만들어놓은 방으로 그를 데려갑니다. 《역사》에는 "인간의 3세대가 100년이므로 340여 세대를 햇수로 따지면 1만 1,340년이 된다. 이집트 사제들에 따르면 그동안 신이 인간의 모습을 하고 나타난 적은 한 번도 없었다."고 쓰여 있습니다. 정말 통쾌하지 않습니까? 인간의 어리석음에 대한 질타이며, 신학적 세계관에 대한 반격이지요. 인문 정신이 빛나는 대목입니다.

대체 인문 정신이 무엇이기에 이렇게 게거품을 물고 떠드느냐고요? 신학적 세계관이 그렇게 나쁜 것만은 아니라고요? 음……, 생각 같은 건 그만합시다. 논쟁도 주장도 모두 멈추고, 그저 《역사》에 나오는 다음 대목을 음미하면서 포도주나 마시며 놉시다.

이집트의 부유층이 개최하는 연회에서는 식사가 끝나고 술자리가
벌어지려 할 때, 한 남자가 나무로 사람의 신체를 본떠 만든 것을 관

에 담고 이것을 가지고 손님들 사이를 돈다. 이 나무로 만든 신체는 정교하게 조각하고 색칠하여 실물과 거의 똑같이 만든 것인데, 길이는 1페키스* 내지 2페키스다. 이것을 손님 한 사람 한 사람에게 보이며 이렇게 말한다.

"이것을 보시면서 부디 마음껏 술을 즐겨 주십시오. 당신도 죽으면 이런 모습이 되실 테니까요."

《역사 상》, 박광순 옮김, 범우사, 2013, 201p

---

* 1페키스는 약 45센티미터.

Part 2

지성과 교양에
목마른 당신에게
꼭 필요한 고전

제 5 장

토론 뒤에 숨겨진
행간을 읽는 즐거움

플라톤의 사상이 가장 원숙기에 다다랐을 중년기에 집필된 것으로 추정되며 그의 작품 중에서도 문학적 구성과 내용에서 가장 뛰어난 것으로 손꼽힌다. 심포지엄, 즉 만찬장에 모여 사랑의 신 에로스(Eros)를 찬미한 내용을 나중에 다른 사람에게 들려주는 대화편으로, 같은 주제와 관련된 플라톤의 다른 대화편들(《뤼시스》, 《파이드로스》)과 더불어 고대에서 현대에 이르기까지 사랑에 관한 사고에 지대한 영향을 끼쳤다. 향연 문화에 대해 생생히 묘사하고 제자들에게 신뢰와 존경의 대상으로 추앙되는 소크라테스의 면모를 서술하면서 고대 그리스 사회의 정치와 사회문화의 양상을 자세히 전하고 있다.

에로스는 풍요의 신 포로스와 결핍의 여신 페니아의 아들이다.

　플라톤(BC 427~347)의 《향연》은 제가 제일 좋아하는 서양 고전입니다. 플라톤이 남긴 책은 등장인물들이 나누는 대화로 되어 있어서 이걸 통틀어 '대화편'이라고 하지요. 제가 보기에 플라톤은 철학자라기보다는 천재적인 드라마 작가입니다. 그의 드라마 속에는 시기와 질투가 있고 사랑과 증오가 있으며 막장과 엽기도 있지요. 《향연》은 그런 플라톤의 대화편 중에서도 으뜸이라 생각합니다.

　《향연》은 한마디로 '사랑이 무어냐고 물으신다면?'에 대한 그리스 신사들의 대답입니다. 이 책은 철학서라기보다는 그 자체로 탄탄한 희극이에요. 아가톤이라는 시인의 시인대회 우승 기념 파티에서 벌어지는 일을 담고 있는데, 이 파티에 참석했던 아리스토데모스가 한 이야기를 아폴로도로스가 또 다른 누군가에게 전하는 방식으로 서술되어 있어요. 등장인물은 다음과 같습니다.

　소크라테스(BC 470~399): 이 드라마의 주인공

알키비아데스(BC 450~404): 귀족 정치가, 장군, 소크라테스의 연인

아가톤(BC 445~400): 비극 시인, 파티를 연 주인공

파우사니아스(생몰 연도 미상): 아가톤의 연인

파이드로스(BC 444~393): 신경쇠약에 걸린 작가

에릭시마코스(BC 433~미상): 희극 시인

아리스토파네스(BC 445~385): 희극 시인

이 중에서 알키비아데스라는 인물에게 주목해야 합니다. 나중에 등장해 파티를 망치면서 드라마를 막장으로 끌고 가거든요. 사실 이 대목이 압권인데 거기까지 가려면 앞 사람들의 지루한 사랑 논쟁을 들어야 합니다.

그리고 아가톤을 주목해 주세요. 아가톤과 소크라테스, 알키비아데스 사이에 묘한 삼각관계가 성립하니까요. 고대 그리스 시대에는 장년의 귀족 남자가 10대 소년을 사랑하는 것이 자연스러운 일이었습니다. 일종의 스승과 제자 관계이면서 후원자와 후원받는 자의 사이였지요.

이 관계를 연인戀人과 연동戀童(남성 동성애자의 상대가 되는 남자아이)이라고 번역한 경우도 있습니다. 헉, 그럼 소크라테스가 동성애자? 맞습니다. 동성애자였습니다. 그것도 젊고 잘생긴 청년들을 후리는 굉장한 선수였습니다. 아니, 그럼 우리가 여태 동성애자를 인류의 스승으로 떠받들고 있었던 것인가? 이렇게 분개하는 사람도 있는데, 사랑 또는 성애는 취향이면서 동시에 사회적 억압의 한 종류일 뿐입니다. 이런 사랑

은 옳고 저런 사랑은 틀리고, 이성애는 맞고 동성애는 아니라는 것은 성립되지 않습니다.

불과 10여 년 전만 해도 우리 사회에서 동성애자는 뭔가 이상한 사람, 잘못된 사람 취급을 받았습니다. 커밍아웃을 하면 주변에서 손가락질을 받을 정도였지요. 지금은 어떻습니까? 대놓고 인정까지는 못 해도 묵인은 하는 분위기입니다. 요즘은 동성애자들이 문화 예술 분야에서 활발히 활동하면서 매스컴에도 자주 등장합니다. 왜 그럴까요? 성적 취향은 개인의 선택 또는 기호의 문제일 뿐이라는 인식이 많이 퍼져 있기 때문입니다.

어떤 사람은 빨간색을 좋아하고 어떤 사람은 파란색을 좋아할 수 있습니다. 빨간색을 좋아하는 게 문제입니까? 아무런 문제도 아닙니다. 그걸 두고 너는 왜 빨간색을 좋아하느냐, 넌 빨갱이냐, 네 사상이 잘못됐다, 사람은 자고로 파란색을 좋아하거나 적어도 빨간색을 좋아하지 말아야 한다고 주장하면 이제는 정신병자라는 소리를 듣습니다.

그래도 이성애가 자연스러운 것 같죠? 그것도 다 사회가 규정해 놓은 겁니다. 우리의 성적 취향도 정치사회적 영향을 받습니다. 본래부터 그런 게 아니고요. 세상에는 이성애자, 양성애자, 동성애자가 있고 또 무성애자도 있습니다. 시대의 정치적, 사회적 분위기에 따라 일부 취향이 자연스러운 것처럼 여겨졌을 뿐이지요. 고대 그리스 사회에서는 '장년 남자와 청소년 남자'의 사랑을 가장 고귀한 사랑의 형태로 여겼습니다. 그때는 그것이 자연스럽다고 생각했지요.

'사랑 토론'에 숨은 고대 그리스인의 연애 풍속도

《향연》에 등장하는 사람들은 전날 있었던 아가톤의 시인대회 우승 축하연에서 이미 술을 많이 마신 상태였습니다. 그 자리에 소크라테스는 없었는데, 그는 축하연이 끝난 다음에 조용히 아가톤을 보러 간 겁니다. 말하자면 《향연》의 무대는 '뒤풀이의 뒤풀이' 자리였던 거죠. 소크라테스가 가서 보니 사람들이 "오늘은 뭐할까?"라고 이야기를 시작합니다. 다들 전날 만취할 정도로 과음을 했기 때문에 오늘은 절대 술을 마시지 말고 한 사람씩 돌아가면서 연설을 하자고 해요(그래 놓고 결국 이 사람들 또 술을 마십니다. 하여간 2,400년 전 그리스나 지금 한국이나 남자들은 다 똑같은 모양입니다).

이때는 돌아가면서 연설하기가 귀족 남자들의 일종의 취미 생활이었나 봅니다. 다른 대화편에도 '누가 무슨 주제로 연설한 걸 들었다.'는 얘기가 종종 나오는 걸 보면 말이죠. 하긴 당시에 골프가 있었겠습니까, 노래방이 있었겠습니까, 룸살롱이 있었겠습니까? 그저 포도주와 음식을 두고 밤새 이야기나 하는 게 남자들의 취미였던 것이죠. 자, 여기서 중요한 단어 하나가 나옵니다. '포도주를 마시면서 이야기하는 것.' 이것이 심포지엄Symposium 입니다. '함께sym' '마신다posium'는 의미인 심포지엄을 우리말로 '향연'이라고 옮겼지요.

저녁 무렵 향연의 막이 오를 때 소크라테스가 아가톤의 집에 도착합니다. 아가톤은 젊은 귀족이자 시인으로 멋쟁이입니다. 나이 든 연인이 있지만 소크라테스를 흠모합니다. 소크라테스는 아가톤의 집으로 오는

126

길에 남의 집 문 앞에서 잠시 명상을 하다가 오는데, 다음은 아가톤이
이런 그를 맞이하는 장면입니다.

> 아가톤: (말석에 혼자 기대고 있다가) 선생님, 제 곁으로 와서 누우세
> 요. 선생님 몸에 제 몸이 닿아, 선생님 머리에 떠오른 지혜로운 생각
> 을 나눠 가졌으면 좋겠어요. 분명 뭔가 또 대단한 걸 깨달으셨겠지
> 요? 아니면 여기 오기 전에 잠시 멈추지 않으셨을 테죠.
> 소크라테스: (아가톤 옆에 앉으면서) 우리가 서로 만지기만 해도 지혜
> 란 게 충만한 사람에게서 모자란 사람에게 흘러간다면 얼마나 좋겠
> 나? 물이 가득한 잔에 털실을 걸쳐 두면 빈 잔 쪽으로 물이 흐르듯
> 이 말이야. 그렇다면야 기꺼이 자네 옆자리를 차지하겠네. 자네의
> 풍요로운 지혜로 내가 채워질 수 있게 말일세. 내 지혜라는 건 보잘
> 것없어. 하지만 자네의 지혜는 눈이 부실 정도라네. 엊그제만 해도
> 3만 명의 청중 앞에서 자네의 지혜가 빛을 발하지 않았나!

Gill, Christopher, The Symposium, Penguin Books, 1999, 7p

와, 이 두 사람의 오글거리는 대화 좀 보세요. 아가톤이 먼저 소크라
테스를 치켜세우며 옆에 눕기를 권하니 소크라테스도 능청스럽게 아가
톤을 치켜세워 줍니다. 이런 게 완역본을 읽는 즐거움이 아닐까요? 이런
대목을 만나면 너무너무 재미있지요. 사실《향연》에서 등장인물들이 사
랑에 대해 늘어놓는 사변들은 별로 중요하지 않습니다. 소크라테스와 아

기톤, 소크라테스와 알키비아데스, 아가톤과 알키비아데스 사이의 불꽃 튀는 대화가 실은 《향연》의 꽃이지요.

이토록 재미있고 흥미진진한 책을 고전 연구자들이나 학자들은 대개 이런 식으로 해설하곤 합니다. '소크라테스와 그리스 귀족들이 사랑이라는 주제를 두고 나눈 철학적 담론.'

분명 이런 지루하기 짝이 없는 해석을 내놓은 사람들은 평생 뜨거운 사랑을 한 번도 못 해본 게 분명합니다. 개인적으로 '담론'이란 단어는 들을 때마다 거부감이 듭니다. 이야기라고 하면 될 걸 꼭 담론이라고 하죠. 담론談論을 풀어 보면 '말할 담'(농담할 담), '말할 론'인데 말이죠. 그 말이 그 말인 것을 꼭 어렵게 말해야 직성이 풀리는 먹물들의 속성! 그러거나 말거나 우리는 2,400년 전 소크라테스 선생이 마음에 드는 상대를 어떻게 유혹하는지 살펴보도록 하자고요.

사랑받고자 하는 사람은 칭찬에 약하지요. '선수' 소크라테스는 젊고 아름다운 아가톤을 한껏 칭찬합니다. 소크라테스가 앉자 일단 아가톤은 식사를 권합니다. 사람들이 먹고 마시고 노래하고 나자 에릭시마코스가 "사랑의 신에 대해 돌아가며 찬미하자."고 제안합니다. 말하자면 사랑에 대해 한 명씩 돌아가며 연설하자는 겁니다.

파이드로스가 제일 먼저 말을 꺼내는데, 이 사람은 사랑지상주의자입니다. 인간의 행복 중에 "애정의 대상을 갖는 게 최고"라고 말하지요. 파이드로스의 연설을 요약하면 다음과 같습니다.

고상하게 살려는 사람은 가문이나 재산, 지위보다도 연인이 있어야 한다. 소년에겐 어릴 때부터 애인을 갖는 게 생의 가장 큰 보람이다. 우리가 가진 수치심과 자부심의 기준이 뭐겠는가? 사랑이다. 사랑하는 사람이 치욕을 당했을 때 가장 괴로운 사람은 아버지도 친구도 아니고 애인이다.

그러면서 기발한 주장을 합니다. 사랑하는 사람들끼리, 즉 동성애자들끼리 군대를 만들어 전쟁터에 내보내자는 겁니다. 그 군대는 일당백이 될 것이라면서요. "어느 누가 사랑하는 사람 앞에서 겁쟁이처럼 보이고 싶겠습니까? 사랑하는 사람 앞에선 용감한 모습을 보이고 싶어 하고 그를 지키려 하죠. 이런 사람들은 전쟁에 나가면 누구보다 용감하게 싸울 겁니다."라고 말하죠.

일리는 있어요. 실제로 기원전 338년, 동성 연인들로 구성된 테베의 부대가 마케도니아 필리포스 2세의 막강한 군대와 맞선 적이 있어요. 필리포스 2세는 알렉산더 대왕의 아버지로 영토 전쟁을 통해 아들의 시대에 이루어질 대제국의 기초를 닦은 사람입니다. 강군을 맞이한 동성애 부대는 수적으로 열세였는데도 물러서지 않고 싸워 전원 전사했다는 이야기가 전해집니다. 현대 사회에서도 애인들로 구성된 혼성 부대를 만들어 전쟁터에 보내면 막강한 힘을 발휘할지 모릅니다.

파이드로스 다음으로 파우사니아스가 세 가지 조언을 합니다.

1. 너무 빨리 사랑을 받아들이지 말 것.

2. 돈이나 권력 때문에 사랑을 허락하지 말 것.

3. 덕으로 사랑할 것.

그다음은 의사인 에릭시마코스가 "사랑은 전능한 힘을 갖고 있다. 의술과 음악도 에로스로부터 나온다. 사랑은 우리에게 온갖 행복을 준다."고 주장합니다. 그리고 아리스토파네스 차례가 됩니다. 이 사람은 "사랑은 부절을 찾는 행위"라고 말해요. 부절符節이란 반으로 자른 금속이나 뼛조각을 말합니다. 왕이 신하에게 신뢰의 표시로 주거나, 헤어지게 된 부부 또는 애인 사이에서 정절의 표시로 주고받았던 거죠. '여인이 낳은 아이가 장성해 부절을 들고 아버지를 찾아간다. 부절을 맞춰 보니 딱 맞아 아이는 직계 자손으로 인정받는다.'는 식의 부절 테마는 고대 그리스의 영웅전이나 중국의 역사 일화에 종종 등장합니다. 우리나라의 주몽 설화에도 나오고요.

여러분이 아셔야 할 게 있습니다. 원래 우리 인간의 모습과 본성은 지금과 달랐습니다. 지금은 남성과 여성뿐이지만 태초에는 여기에 하나의 성이 더 있었습니다. 즉, 남성과 여성을 다 갖고 있는 제3의 성이 있었습니다. (…) 그때 사람의 모양은 원에 가까웠습니다. 둥그런 등과 옆구리에 팔이 넷, 다리가 넷 달렸고 머리는 하나였지만 얼굴이 양쪽으로 둘 달려 있었지요. 생식기는 둘이었습니다. (…) 인간이 서로 사랑하려는 성질은 이렇게 오랜 옛날부터 우리가 지니고 있었습니다. 사랑이란 떨어졌던 둘이 하나가 되려는 것으로서, 우리의 본성을 찾으려는 근본적 욕구입니다.

신과 같은 힘을 지닌 원래의 인간들은 신의 권위에 도전하고 신들을 공격했습니다. 이 때문에 화가 난 제우스가 이들의 몸뚱이를 예리한 칼로 잘라 반으로 쪼개 버렸습니다. 하나였던 몸이 갈라져 버렸기 때문에 그 반쪽은 다른 반쪽을 그리워하고 다시 한 몸이 되려고 한다는 것입니다. 아리스토파네스는 "우리들 각자는 서로의 분신이다. 마치 넙치처럼 쪼개져서 둘이 된 것"이라며 "우리가 하나였을 때 온전했으므로 사랑은 온전한 것이 되고자 하는 욕망"이라면서 말을 마칩니다.

다음은 아가톤이 나와서 사랑의 신이자 사랑 그 자체인 에로스를 찬양합니다. 에로스는 신 중에 가장 젊고 노년을 싫어하며 청년과 벗하길 좋아한다고 말하지요. 그의 길고 긴 연설을 다 설명할 필요는 없고 가장 인상적인 부분을 한 줄만 들자면 이겁니다.

에로스는 사치와 우아함과 미식과 매력과 욕망과 갈구의 아버지입니다.

Gill, 32p

정말 맞는 말 아닙니까? 사랑하게 되면 사치하게 됩니다. 자기는 짝퉁 가방을 들고 다녀도 애인한테는 명품 핸드백을 선물해야 됩니다. 사랑하면 맛있는 걸 먹어야 합니다. 혼자서는 된장찌개를 먹어도 둘이 있으면 우아하게 칼질을 하면서 스테이크를 먹어야죠. 또 서로 매력적으로 변하고 서로를 연모하면서 갈망하게 됩니다. 이런 문장 정도는 하나 외워 두고 있으면 좋을 것 같아요.

아가톤의 연설이 끝나고 이제 소크라테스 차례가 되었습니다. 그런데 이 양반 좀 보세요. 연설을 하기 전에 또 아가톤 칭찬을 합니다. "아가톤 다음이 내 차례라니! 그렇게 아름답고 변화가 풍부한 연설을 들은 다음에 내가 무슨 할 말이 있겠는가. 특히 끝 부분은 너무 아름다워서 듣는 사람 모두가 압도될 지경이었어!" 이러면서 온갖 미사여구를 갖다 붙입니다. 대단히 훌륭한 '선수'입니다. 그러면서 자기가 얼마 전에 디오티마라는 현명한 여인을 만났는데 그녀가 깨우쳐 주었다면서 사랑에 대한 연설을 시작합니다.

> 에로스는 풍요의 신과 궁핍의 여신 사이에서 태어났기 때문에 이렇게 될 수밖에 없습니다. 무엇보다 그는 많은 사람이 알고 있듯이 민감하고 아름답기는커녕 늘 가난합니다. 피부는 거칠고 집도 절도 없지요. 노숙도 마다하지 않고 아무 데서나 잡니다. 어머니를 닮아 항상 고통 속을 헤매지요. 이때는 주어도 주어도 늘 더 바랍니다.
> 반면 아버지를 닮은 구석도 있기에 좋은 것과 올바른 것을 위해 머리를 쓰기도 합니다. 그는 용감하고 강하며 쾌활합니다. 지혜를 추구하는 철학자이며 술책이 풍부한 자, 마법사, 주술사, 궤변가입니

다. 이때는 아무것도 부족한 게 없습니다.

그는 살아 있어도 살아 있는 것이 아닙니다. 풍요로울 때는 한순간 활짝 피어난 듯 생기가 넘치다가도 다음 순간 죽을 것처럼 시들해집니다. 채워질 때가 있으면 비워질 때도 있는 법, 사랑이란 그러므로 언제나 풍족하고 동시에 언제나 부족한 것이랍니다.

Gill, 39~40p

사랑이 풍요와 가난의 아들이라니, 놀라운 통찰이 아닐 수 없습니다. 그래요, 우리는 사랑할 때 한없이 부자가 된 것 같습니다. 사랑하는 이와 함께 있을 때는 그렇습니다. 그러다 곧 한없이 가난한 노숙자가 된 것처럼 느껴지지요. 애인과 헤어지면 말입니다. 사랑을 하고 있는 순간에도 혹시나 상대가 자신을 버리지 않을까, 자신을 미워하지 않을까 노심초사하며 늘 굶주려 있습니다. 그러다 상대가 미소라도 한 번 지으면 세상을 다 얻은 듯한 마음이 됩니다. 그러니 사랑은 진정 포로스와 페니아 사이에서 태어난 아들인 것이지요. 소크라테스의 연설은 절정을 향해 갑니다. 사랑이란 영원불멸의 존재가 되려는 인간의 근원적 욕망에서 나온 것인데, 사랑의 신비는 우리에게 아름다움 그 자체를 보게 만든다는 겁니다. 아름다움 그 자체는 영원하고 절대적이며 독립적입니다.

당신이 이 아름다움을 보게 된다면, 황금이나 화려한 옷이나 아름다운 소년에 대한 열정 따위와는 비교조차 할 수 없다는 걸 알게 될 겁니다. 우리는 사랑하는 사람과 함께 있을 때 먹지도 마시지도 않으면서 그저 바라만 보는 것으로도 만족하며 그 순간이 영원하기를 바랍니다. 아름다움 그 자체를 본다면 (…) 어떻게 되겠습니까?

소크라테스는 아름다움을 볼 줄 아는 사람은 정말 좋은 그 무엇을 얻게 된다고 말합니다. '정말 좋은 그 무엇'이란 무엇일까요? 사랑 그 자체, 지혜 그 자체가 아닐까요? 사랑하는 사람과 함께 있으면 먹고 마시지 않아도 그저 바라만 봐도 배부르지요. 지혜 또는 깨달음도 그런 것 아니겠습니까?

불교의 선승들이 하는 가혹한 수련 중에 '무문관'無門關이란 게 있습니다. 이곳에 한번 들어가면 6년 동안 밖으로 나오지 못하고, 방 하나와 작은 마당 하나만 있는 감옥 같은 곳에서 하루에 한 끼만 먹으면서 참선을 하게 됩니다. 섣불리 무문관에 들어갔다가 미쳐 버리는 경우도 있다고 해요. 그런 곳에서도 이들을 견디게 하는 힘은 어쩌면 아름다움 그 자체, 깨달음 그 자체가 아닐까요? 보는 순간 황홀해지고, 먹고 마시지 않아도 그저 만족하게 되는 것. 정말 좋은 그 무엇을 얻었기 때문에 선승들은 6년을 하루같이 보낼 수 있는 것 아닐까요?

"아름다움 그 자체를 보게 되면 우리가 가질 수 있는 최상의 덕을 갖게 되어 영원불멸의 삶을 살게 된다."고 하면서 소크라테스가 연설을 마치자 박수가 터져 나옵니다.

바로 이때 밖이 소란스러워지면서 문제의 인불 알키비아데스가 등장합니다. 매우 취한 모습으로 말이지요. 등장하는 모습이 이렇게 묘사되어 있어요.

> 그는 담쟁이와 제비꽃으로 엮은 화환을 몸에 두르고, 머리에는 리본을 가득 달고서는 문 옆에 서서 말했다네.
> "여러분 안녕하십니까? 내가 좀 취했지만, 아니 아주 많이 취했지만 이 자리에 좀 껴도 되겠습니까? 아니면 아가톤에게 화환만 전하고 갈까요? 실은 그것 때문에 온 거라서 말이죠. 어제 축하 파티에 오지 못해 너무 미안했거든요. 나는 내 머리에 있는 이 리본을 직접 아가톤에게 씌워 주고 싶단 말이에요. 아가톤으로 말할 것 같으면, 세상에서 가장 똑똑하고 아름다운 사람이니까요. 내가 취했다고 웃는 겁니까? 맘대로 하시죠. 하지만 대답해 봐요. 나랑 같이 술을 마실 건지, 말 건지!"
> 좌중에서는 박수갈채가 터지고, 모두들 들어와서 자리에 앉으라고 권했지. 아가톤도 그를 초대했고.

Gill, 50~51p

이렇게 알키비아데스는 "아가톤 나와!" 하면서 요란하게 등장합니다. 알키비아데스는 아테네 최고의 꽃미남이었습니다. 어찌나 미남인지 그의 두상이 아직도 남아 있는데 한마디로 '파마한 원빈'이에요. 당시 아테네의 중년 남자들은 죄다 알키비아데스의 팬이었지요. 귀족들은 어떻게

든 알키비아데스를 꾀려고 혈안이었습니다. 하지만 정작 알키비아데스는 늙고 못생긴 철학자 소크라테스를 사랑했습니다.

플라톤의 대화편 《알키비아데스》에서는 소크라테스가 스무 살 무렵의 알키비아데스에게 "다른 사람들은 다 널 떠나도 난 영원히 떠나지 않으리." 하면서 낯 뜨거운 사랑 고백을 해요. 하여간 소크라테스도 연애 고수로 유명했지만 그 때문에 가끔 알키비아데스에게 맞기도 했습니다. 소크라테스가 젊은 남자들에게 인기가 좋다 보니 알키비아데스가 질투한 거지요. 아무튼 남녀 간의 사랑보다 더하면 더했지, 결코 덜하지 않은 남자들의 로맨스입니다.

심포지엄으로 돌아가 봅시다. 사람들이 새로 온 손님인 알키비아데스에게 사랑에 대한 연설을 하라고 합니다. 여기에서 알키비아데스의 놀라운 반전이 시작됩니다. 그는 "소크라테스에 대한 연설을 하겠다."고 말합니다. 와, 저는 이 장면 보고 깜짝 놀랐어요. 왜냐고요? 알키비아데스는 지금 소크라테스를 사랑하고 있어요. 알키비아데스에게 사랑이란 바로 '소크라테스 그 자체'입니다. 그렇지 않겠어요? 여러분도 누군가를 열렬히 사랑하고 있을 때 사랑이 뭐냐는 질문을 받으면 추상적 사랑의 관념보다는 현재 여러분이 사랑하고 있는 대상에 대해 말하고 싶을 겁니다. 실존이 본질에 앞서는 거죠.

자, 소크라테스를 향한 알키비아데스의 절절한 사랑 고백을 들어 봅시다.

소크라테스! 당신은 뻔뻔스럽고 방종한 실레노스처럼 못생겼습니다. 또 마르시아스를 닮기도 했어요. 아니라고는 못하겠죠. 게다가 당신은 장난이 심해요. 마르시아스가 피리로 사람들을 녹인다면 당신은 말솜씨로 그렇게 하죠. 아, 어느 누구도 당신의 웅변을 따르지 못할 겁니다. 당신이 하는 말을 들으면 남녀노소를 불문하고 죄다 넋을 잃고 빠져들지요.

여러분, 이 양반의 말을 들을 때 내 심장은 미친 듯 춤춥니다. 술에 취해 떠드는 사람보다 더 격렬하게 뛰며 눈물이 마구 쏟아져 나옵니다. 나는 그 누구 앞에서도 부끄럽지 않으나 그의 앞에서는 부끄럼을 탑니다.

가끔은 그가 죽어 버렸으면 좋겠다고 생각합니다. 하지만 만약 그런 일이 일어난다면 그땐 더욱 슬퍼지겠지요.

알키비아데스가 아테네의 정치가이자 장군이었다고요? 물론 그랬습니다만 사랑하는 사람 앞에서는 작고 연약한 응석받이였습니다. 그것도 질투에 눈이 먼 연인이었죠. 사랑 속에 갈등하는 모습은 멜로드라마의 여주인공 이상입니다. "그가 죽었으면 좋겠어! 너무 인기가 많으니까. 하지만 그가 죽으면 난 미치고 말거야!" 이런 식이죠.

알키비아데스는 소크라테스와 자기 사이에 일어났던 스캔들을 폭로합니다. 요약해서 말하면 '나는 소크라테스가 내 청춘의 꽃다운 아름다움에 반했다고 생각했다. 나 역시 내 미모에 자신이 있었다. 그런데 소크라테스는 단 둘이 있을 때도 날 건드리지 않았다. 한마디로 내 멋진 육체를 거부한 것이다. 이때의 내 심정을 당신들이 알기나 하는가? 그건 마치 독사에 물린 것처럼 고통스럽다!'라는 것이었습니다.

소크라테스도 알키비아데스를 좋아하고 사랑했지만 육체관계까지는 가지지 않으려 했나 봅니다. 알키비아데스가 몇 번이고 유혹했는데 넘어가질 않았습니다. 알키비아데스가 어느 날 일부러 소크라테스를 초대해서 식사 대접도 하고 술을 잔뜩 먹인 뒤 자기 집에서 자고 가라고 합니다. 시종들이 모두 물러나고 침실에는 늙고 못생긴 철학자와 꽃미남 정치가 둘만 남지요. 그런데 아무 일도 일어나지 않습니다. 손바닥도 마주쳐야 소리가 나는데 소크라테스는 마치 '너 따위는 안중에도 없다'는 듯 그냥 드러누워 자버립니다. 알키비아데스가 어떻게 했을까요? 소크라테스에게 감기 걸리지 말라고 자기 외투를 덮어 주는 척하면서 그 속으로 들어가 등 뒤에서 노인을 껴안고 밤을 지새웠습니다.

알키비아데스는 "소크라테스는 그 자신의 거만함으로 확실하게 내 아름다움을 멸시했다."고 주장합니다. 실은 소크라테스는 아주 겸손하게 "네 육체의 아름다움을 바치기에 나는 보잘것없는 사람이다."라고 말했지요. 소크라테스는 말 그대로 플라토닉 러브를 원했나 봅니다.

여러 사람 앞에서 19금 폭탄선언을 한 게 부담스러웠던지 알키비아데스는 다시 소크라테스를 칭찬하는 모드로 돌아갑니다. 두 사람이 함께 참전했던 포티다이아 전투에 대해 이야기하지요. 이 부분에서 소크라테스의 성격과 면모를 엿볼 수 있습니다.

이 전쟁에 우리는 같이 출정해 생활을 함께했습니다. 아, 진실로 어려움을 견디는 데 소크라테스만 한 사람은 없었습니다. 우리가 포위되어 식량 없이 며칠을 지낸 적이 있는데 그는 어느 누구보다 잘 참았습니다. 그러다 음식이 많고 재미있게 지낼 때가 오면 그는 또 어느 누구보다 그걸 즐길 줄 알았습니다. 소크라테스는 술을 좋아하진 않아도 권하면 아무도 당할 수 없을 만큼 잘 마십니다. 그리고 아무리 추워도 외투 하나만 걸치고 맨발로 지냅니다.

내가 곤경에 빠졌을 때 다들 날 버리고 갔지만 오직 소크라테스만이 나를 구해 주었습니다. 나는 이 사실을 지휘관들에게 말해 소크라테스에게 훈장을 주자고 했지요. 지휘관들은 나의 신분만 보고 오히려 내게 훈장을 내리려 했습니다. 이때도 소크라테스는 나를 미워하기는커녕 어느 누구보다 더 열심히, 내가 그 훈장을 받아야 마땅하다고 주장했습니다.

말을 마친 알키비아데스는 아가톤을 쳐다보면서 말합니다. "알고 보니 소크라테스는 내게만 잘해 준 게 아니야. 글라우콘의 아들 카르미데스에게도 그랬고 에우티데모스에게도 그랬고 또 누구누구에게도 똑같이 잘해 줬어. 그러니 아가톤, 그에게 속지 말라고! 너도 언젠가는 버림받는다고!"

누가 여자를 질투의 화신이라 했나요? 남자의 질투도 대단하지요? 이쯤 되면 웬만한 막장 드라마 저리 가라입니다. 아마도 이때 소크라테스의 연정은 알키비아데스를 떠나 아가톤에게 옮겨 가고 있는 중이었나 봅니다. 알키비아데스에게는 이미 싫증이 난 상태였지요. 말하자면 알키비아데스는 '지는 해'였고, 아가톤은 알키비아데스보다 다섯 살 어린 '뜨는 해'였습니다.

알키비아데스가 말을 마치자 소크라테스가 "나와 아가톤 사이를 이간질하지 말라."면서 아가톤에게 "내 옆으로 오라."고 합니다. 아가톤은 소크라테스 옆에 누우려 하고, 알키비아데스는 그걸 방해하려 하고……. 그러면서 알키비아데스는 마지막으로 이렇게 앙탈을 부리죠.

> 언제나 이런 식이지! 소크라테스가 있는 곳에선 다른 사람은 그 누구도 매력적인 사람을 차지하지 못한다니깐. 여러분, 보세요. 지금도 그가 얼마나 그럴듯한 이유를 대면서 아가톤을 자기 옆에 눕히려고 애쓰는지 말이에요. 내가 못살아, 정말!
>
> Gill, 63p

그러고는 나가 버립니다. 정말 재미있지 않나요? 사실 《향연》에서 사랑에 대해 가장 정확하고 진실한 연설을 한 사람은 알키비아데스입니다. 남들이 다 관념적인 사랑을 논할 때 오직 알키비아데스만이 현실적인 사랑을 이야기했습니다. 다른 이들이 궤변을 늘어놓을 때 알키비아데스는 '지금 여기에서의 사랑'을 토로했지요. 나머지 사람들에게 사랑이 저 구름 너머에 있는 추상일 때, 그의 사랑은 땅 위에 발을 딛고 선 실체였

습니다. 숨 쉬고 잠자고 배설하는 인간 소크라테스. 알키비아데스에게
사랑은 그 이상도 이하도 아니었습니다. 알키비아데스를 생각하니 갑자기 짠해지네요. 식어 버린 모든 사랑은 짠합니다.

  그 후 남은 사람들은 또 술을 마시면서 이런저런 이야기를 나눕니다.
새벽녘, 다들 취해 곯아떨어졌는데 소크라테스만이 끝까지 잠들지 않고
있었습니다. 밤새도록 포도주를 마시며 이야기한 거지요. 그가 마지막
으로 한 일은 향연의 끝 문단에 나와 있습니다. 이걸 보면 소크라테스도
참 대단한 노인네였다는 걸 알게 돼요. 아쉽게도, 사랑이 무엇인가에 대
한 연설을 빙자한 '알키비아데스 – 소크라테스 – 아가톤의 삼각관계 막
장 드라마'는 이렇게 막을 내립니다. 이런 재미를 알게 되면 TV에서 하
는 진짜 막장 드라마는 볼 수가 없습니다. 이런 행간을 읽는 재미가 없
어서 말이에요.

> 먼저 아리스토파네스가 잠들고 날이 완전히 밝았을 때 아가톤도 잠
> 들었다네. 소크라테스는 그들을 편히 눕히고는 일어나 밖으로 나갔
> 다네. 그리고 아테네 동쪽의 체육관으로 가서 목욕을 하고 평소와
> 다름없이 그날 하루를 보내고는 저녁에 집으로 가서 잠자리에 들었
> 다더군.
>
> Gill, 64p

권력에 대한 통찰을 담은
가장 현대적인 고전

법가의 대표적인 학자 한비와 그 일파의 저서. 55편 20권, 약 10만 구절로 이루어져 있고 그중 대부분은 한비가 쓴 것이다. 이 책을 통해 한비는 전국시대에 각 지역에서 독자적으로 발전한 법가 이론들을 집대성함으로써 법가 사상의 큰 체계를 수립했고, 《한비자》는 법치주의의 고전이자 제왕학(帝王學)의 선구적 위치에 서게 되었다. 군주는 반드시 법(法), 술(術), 세(勢)의 세 가지 통치 도구를 모두 갖추어야 한다고 주장하며 시공을 막론한 인간관계의 부조리, 권모술수의 허와 실을 꿰뚫는다. 진시황이 폭정에 이용한 통치서이기에 악서로 금지된 적도 있다.

주나라 문왕이 숭崇을 정벌할 때, 황봉黄鳳 언덕에 이르러 대님이 풀
리자 직접 매었다. 태공망이 말했다.

"어찌된 일입니까?"

문왕이 말했다.

"최상의 군주 곁에 있는 자는 모두 스승이며, 중등의 군주 곁에 있는
자는 모두 친구이고, 하등의 군주 곁에 있는 자는 전부 시종들이오.
지금 이곳에 있는 신하들은 모두 선왕의 신하들이기 때문에 이 일을
시킬 수 없는 것이오."

〈외저설 좌하〉(外儲說 左下)편. 《한비자》, 김원중 옮김, 글항아리, 2010, 474p

《한비자》에 나오는 주문왕의 고사입니다. 주문왕은 주나라 건국의 기
틀을 마련한 위인입니다. 그의 아들인 주무왕 대에 은과 주 두 나라 사
이에 결전이 벌어져 은나라는 멸망하고 주나라가 들어서지요. 그런데
주문왕이 전쟁터에 나가서 자기 바지의 대님을 직접 맵니다. 이와는 대
조적으로, 《마지막 황제》라는 영화에서는 청나라 마지막 황제인 푸이가
신발 끈을 맬 줄 모르는 장면이 나옵니다. 어려서부터 신하들이 다 해줬

기 때문에 왕이나 황제는 손수 뭔가를 할 필요가 없었고 할 줄도 몰랐던 거지요. 그러나 주문왕은 신하를 모두 스승처럼 섬겼습니다. 아마도 그토록 신하를 극진히 존중했기에 그의 곁에 훌륭한 인재들이 많이 모이지 않았나 싶습니다.

우리는 어떤 지도자를 모시고 있습니까? 아랫사람을 시종처럼 부리는 지도자라면 그는 하수입니다. 친구들을 중요한 자리에 앉히는 지도자라면 그는 중간밖에 못 갑니다. 주변 사람을 스승처럼 여기는 자가 최고의 지도자입니다. 물론 리더 옆에 죄다 선생 노릇을 하려는 사람만 있다면 안 되겠지요. 여기서는 지도자의 자세가 중요함을 강조하는 겁니다. 어떤 일을 추진력 있게 밀고 나갈 때는 카리스마가 있어야 하지만 합의를 도출하고 소통할 때는 섬김의 태도가 있어야 한다는 겁니다.

《한비자》는 춘추전국시대 한韓나라 귀족 한비韓非(BC 280~233)가 쓴 책입니다. 《한비자》는 한마디로 군주론입니다. 군주가 어떻게 처신해야 하는지, 어떤 신하를 등용하고 어떤 신하를 멀리해야 하는지, 어떻게 나라를 부강하게 만들 수 있는지 등을 담고 있습니다. 말하자면 한비는 '동양의 마키아벨리'라 할 수 있습니다(한비가 책을 먼저 썼으니 마키아벨리가 '서양의 한비'겠네요).

한비는 순자의 제자로 《사기열전》에 나왔던 이사와 동창이었습니다. 한비는 조국을 위해 부국강병책을 간언했지만 한나라 왕이 사람 보는 안목이 없었던지 거절당했지요. 그가 쓴 책 《한비자》를 보고 감동한 사람은 진시황이었습니다. 진시황은 그의 책 중 〈고분〉孤憤, 〈오두〉五蠹 두

편을 보고 말합니다.

"아, 내가 이 책을 쓴 사람을 만나 사귈 수만 있다면 죽어도 여한이 없겠다."

마침 진시황을 모시고 있던 이사가 "이것은 한나라의 한비가 쓴 책입니다."라고 고하자 진시황은 전쟁을 일으켜 한나라를 칩니다. 이유는 오직 한비를 진나라로 데려오기 위해서였습니다. 인재를 얻으려면 진시황처럼 전쟁도 불사해야 합니다. 진시황은 폭군이었지만 엘리트를 얻으려는 집착과 열망이 있었고 이로써 천하통일의 기반을 마련한 것만은 틀림없습니다.

한비는 진나라로 불려 왔으나 등용되지는 않았습니다. 그는 달필이었지만 말더듬이였다고 합니다. 아마도 유세를 잘하지 못해 진시황의 전폭적인 지지를 얻지 못한 게 아닌가 싶습니다. 이사는 동창생 한비가 자신보다 더 능력이 뛰어나다는 사실을 알고 있었습니다. 그래서 "한비를 쓰면 진나라가 아닌 한나라를 위해 일할 것"이라며 쥐도 새도 모르게 죽게 만듭니다. 사마천은 이를 두고 "처세의 어려움에 대한 책을 썼으나 정작 자신은 재앙을 벗어나지 못했다."며 안타까워했습니다.

권력을 유지하는 제왕의 기술

《한비자》에서 일관되게 주장하는 것은 '긴장하라'는 것입니다. 군주와 신하 사이는 믿음보다는 구조(시스템)로 유지되어야 하며 구조의 내용은 경계와 통찰이라는 논리입니다. 이런 일화가 있습니다.

위衛나라의 부부가 기도를 드리는데 부인이 말했다.

"저희가 무사하게 해주시고 베 백 필을 벌 수 있게 해주십시오."

남편이 말했다.

"어째서 그렇게 조금만 달라고 하는 거요?"

그녀가 대답했다.

"이보다 많으면 당신은 그 돈으로 첩을 살 테니까요."

《한비자》〈내저설 하〉편

위의 에피소드에 대해 김원중 교수는 이렇게 풀이합니다.

한 이불을 덮고 살지만 서로 다른 꿈을 꾸고 산다는 말이다. 인간의 성품은 선하지 않고 모든 것이 이해관계에 의해 결정된다는 것처럼 한비의 비유는 허를 찌르는 묘미가 있다. 그러니 한 이불 속의 부부도 아니고 피를 나눈 형제도 아닌 군주와 신하, 백성과 백성 사이는 서로가 서로를 믿지 못하는 것이 당연하다.

김원중, 6p

《한비자》는 난언難言(말하는 것의 어려움), 주도主道(군주의 도리), 팔간八姦(여덟 가지 간사함) 등 제목이 붙은 55편의 내용으로 이루어져 있습니다. 이 책은 정치권력과 인간 본성에 대한 통찰력이 돋보이는 인문 고전으로 리더라면 반드시 읽어야 할 역저입니다. 한비는 책의 서두에서 자신에 대해 이렇게 말합니다. 여기서 말하는 '대왕'大王은 한나라의 마지막 왕인 한안韓安입니다.

저에게는 말을 한다는 것, 그 자체가 어려운 것은 아닙니다. 제가 말하기를 꺼려 망설이는 까닭은 다음에 있습니다. 말투가 순순하고 매끄럽게 거침없이 줄줄 이어지는 것 같으면 겉만 화려하고 내실이 없는 것처럼 보일 것입니다. 말하는 태도가 고지식하고 신중하면서 빈틈없이 완벽하면 도리어 서투르고 조리가 없어 보일 것입니다. (…) 이익을 타산하여 상세하게 말하고 자상한 수치를 들면 고루하다고 여길 것입니다. 또 세속적인 말솜씨로 남을 거슬리지 않는 말만을 가려서 한다면 목숨을 부지하려고 아첨한다고 여길 것입니다. (…) 오자서는 계략을 잘 꾸미는데도 오왕吳王이 그를 죽였고 공자는 언변이 우수하였는데도 광인匡人*이 그를 에워쌌으며, 관이오管夷吾는 정말 현인이었음에도 노나라가 그를 죄인으로 취급했던 것입니다. 이 세 사람이 어찌 현명하지 못했겠습니까? 이는 세 군주가 사람을 보는 눈이 밝지 못하였기 때문입니다.

〈난언〉(難言)편, 《한비자》, 이운구 옮김, 한길사, 2002, 67~70p

한비는 《한비자》 곳곳에서 '군주가 다른 사람에게 절대 양보해선 안되는 것'에 대해 이야기합니다. 크게 다음 세 가지인데 이것들은 꽉 틀

---

* 광匡 땅의 사람들. 이들은 공자를 다른 사람으로 오해해 한동안 공자를 억류했다.

어쥐고 있어야 한다는 겁니다.

1. 재정: 돈 문제

2. 형벌: 벌, 견책, 경고에 대한 문제

3. 보상: 상, 보너스, 덕을 베푸는 것에 대한 문제

한비가 말한 '군주'라는 개념은 현대의 '리더'로 바꾸어 읽어도 무관할 것입니다. 회사나 단체 등 어떤 조직이든 리더는 돈 문제를 꿰뚫고 있어야 하고 형벌권을 쥐고 있어야 하며 덕을 베푸는 일도 직접 해야 합니다. 돈, 상, 벌, 이 세 가지는 절대 놓쳐선 안 된다는 겁니다.

한비는 〈이병〉二柄편에서 덕德과 형刑에 대해 역사적 사례를 들어 이야기합니다. 덕은 상이고 형은 벌이지요. 이병이란 두 개의 칼자루란 뜻인데, 군주는 이 두 칼을 잘 쥐고 있어야 한다는 말입니다.

먼저 군주가 덕을 오용한 예를 살펴봅시다. 제나라의 전상田常이란 사람은 엄청난 부자였는데 덕을 베풀기를 좋아했습니다. 자기가 다스리는 지역의 백성들에게 곡식을 꿔 주는데 말로 주고 되로 받아요. 되로 주고 말로 받는 게 정상이었던 시절인데 많이 빌려주고 적게 받는 겁니다. 왜 이러는 걸까요? 민심을 얻기 위해서입니다. 생각해 보십시오. 제가 누군가에게 1억 원을 꿨는데 1년 뒤에 갚으러 갔더니 1,000만 원만 갚으라는 겁니다. 당연히 그에게 고마워하지 않겠습니까? 이런 사람이 있으면 저는 투표합니다. 일단 한 10억쯤 꾸고 나서요.

전상의 주위에는 사람들이 몰려들었고, 누구나 그의 덕을 칭송하게 되었습니다. 그러나 전상이 이런 자선사업을 베푼 이면에는 야망이 도사리고 있었습니다. 제나라의 정권을 쥐려는 야망이었죠. 그는 백성들의 압도적인 지지를 등에 업고 왕보다 더한 권력을 쥐게 됩니다. 결국 전상은 당시의 왕인 제간공을 시해합니다. 제간공은 자기를 대신해서 백성들에게 직접 덕을 베푸는 전상을 제지했어야 합니다.

다음은 형刑을 잘못 다룬 예입니다. 송나라의 자한子罕이란 자는 송왕에게 "포상은 백성들이 좋아하니 왕께서 직접 내리십시오. 형벌을 받는 것은 백성들이 싫어하니 제가 맡겠습니다."라고 말하고 형벌권을 쥡니다. 왕은 그 말을 믿고 사법권을 완전히 자한에게 넘겨주었지요. 나중에 자한은 잘못을 처벌할 수 있는 권한으로 왕까지 위협하기에 이릅니다. 한비는 "호랑이가 개를 복종시키는 까닭은 발톱과 이빨을 지녔기 때문이다. 개에게 발톱과 이빨이 있다면 호랑이가 개에게 복종하게 된다."면서 군주가 형과 벌의 권한을 잃고 나라를 망치지 않은 경우는 지금까지 없었다고 경고합니다.

그러면서 한비는 "군주는 그가 하고자 하는 바를 드러내선 안 된다. 군주가 뭔가를 하겠다는 뜻을 내보이면 신하는 그 의도에 따라 잘 보이려고 일을 꾸밀 것이다."라고 충고합니다. 권력은 지키는 것은 어려우나 잃는 것은 쉽습니다. 한비는 다음과 같은 다섯 가지 상황에서는 권력을 잃는다고 말합니다. 괄호 안은 저의 현대식 해석입니다.

1. 군주의 눈과 귀가 가려졌을 때(언로가 막히는 것).

2. 신하가 나라의 재정을 장악했을 때(부정부패로 인해 돈이 엉뚱한 곳으로 흘러가는 것).

3. 신하가 군주의 허락 없이 마음대로 명령을 내릴 때(소통이 안 되고 기강이 문란해지는 것).

4. 신하가 마음대로 상벌을 행사할 때(리더가 상벌권을 장악하지 못 하는 것. 상벌이 공정하지 못한 것).

5. 신하들이 멋대로 패거리를 이룰 때(분열과 차별로 내부 붕괴가 일어나는 것).

그러면 어떻게 해야 권력을 잘 지킬 수 있을까요? 일단 리더가 심지가 굳어야 합니다. 그런데 힘 있는 자의 주변에는 늘 그에게 빌붙어 한 몫을 챙기려는 간신들이 있습니다. 한비는 군주를 현혹하는 여덟 가지 요인을 '팔간'이라 이름 붙입니다. 그 첫째는 동상同床, 즉 같은 침대를 쓰는 사람들입니다. 군주의 정실부인, 후궁, 미녀 등이지요. 이들에 대한 신하들의 로비가 대단했나 봅니다. 《열국지》나 《사기》를 보면 왕의 총애를 받는 후궁들 곁에는 그녀들의 브레인 역할을 하는 신하들이 반드시 있었습니다.

둘째는 재방在旁으로 배우, 난쟁이, 심부름꾼을 말합니다. 이들은 오직 군주의 마음을 풀어 주는 것에만 관심을 갖고 큰 그림을 보지 못합니다. 그렇기에 재방을 가까이하여 그들의 의견을 정치에 반영했다가는 위태로워진다고 경고합니다. 요즘으로 치면 엔터테인먼트인데, 군주가 너무 오락을 밝히면 안 된다는 겁니다.

셋째는 부형父兄으로 군주의 적자와 자식들이죠. 한마디로 친인척 관리를 잘해야 한다는 겁니다. 넷째는 양앙養殃, 즉 궁궐과 누각, 연못 가꾸기를 과하게 하면 안 된다고 합니다. 과도한 건설, 건축, 4대강 공사……, 이런 것들을 하면 안 된다는 거지요.

다섯째는 민맹民萌, 신하가 공적인 재물로 백성들의 환심을 사는 것을 말합니다. 지금의 국회의원들이 자기 지역구에 별로 이용하지도 않는 도로나 다리를 건설하는 것과 같다고 하겠습니다. 그 외에도 유행流行(유세객의 언변으로서 잘못된 소통, 언로의 불통을 말함)과 위강威强(신하들이 군주의 위세를 업고 공포정치를 펼치는 것), 사방四方(강대국을 의지하는 것. 사대주의) 등을 예로 들었습니다. 이상 팔간에 걸리면 권세를 잃게 된다는 겁니다. 2,300년 전 한비의 주장이 어쩌면 이렇게 오늘날에도 들어맞는지 놀라지 않을 수 없습니다. 제발 정치하는 분들이 《한비자》 공부 좀 했으면 좋겠어요.

2,000년을 거슬러 전해 온 처세의 고전

《한비자》에는 춘추전국시대의 수많은 에피소드가 등장합니다. 다만 아쉬운 점은 간략히 소개만 되어 있어서 잘 이해되지 않을 수 있다는 것입니다. 대부분의 사례는 독자들이 충분히 이해할 수 없을 정도여서, 앞뒤 사정이나 정황을 잘 알고 읽는 게 좋습니다. 앞서 몇 차례 언급했지만 동양 고전을 읽기 전에 풍몽룡의 《열국지》 완역본을 꼭 읽어 보시기 바랍니다. 《열국지》 완역본은 우리나라에 두 본뿐입니다. 김구용 번역본과 유재주 번역본입니다. 분량이 만만치 않아요. 김구용 본은 12권, 유재주 본은 13권입니다. 그런데 고전 강독 모임에서 이 책을 지정해 주면 대부분 금방 읽고 오십니다. 그만큼 재미있기 때문이지요. 어떤 분은 《삼국지》보다 훨씬 낫다고 평하시는데, 이 말에 100퍼센트 공감합니다.

앞서 군주의 조건에 대해 언급했지만 《한비자》는 신하들의 태도에 대해서도 언급합니다. 군주를 위한답시고 순간의 기분만 맞추려는 것은 작은 충성이고, 대의와 정의를 생각해서 행동하는 것이 큰 충성이라고 말합니다.

초나라 공왕과 진晉나라 여공이 언릉에서 전쟁을 한 적이 있습니다. 공왕은 부상을 입었고, 초나라 쪽 전세는 불리하게 돌아가고 있었습니다. 공왕은 마지막으로 사마(군사령관) 자반만 믿고 다음 날 아침 최후의 결전을 치르기로 결정합니다(《열국지》에는 공자 측側이라고 나와 있습니다. 여기서 공자公子는 왕족 또는 귀족 집안의 아들을 말합니다). 자반은 술을 좋아하는 사람이었습니다만 이 전쟁이 중요했기에 술은 한 잔도 입에 대지 않겠다고 주위 사람들에게 선포했습니다. 결전 전날, 그는 잠자리에 들기 전에 목이 말라 시중드는 소년 곡양에게 물 한 잔을 가져오라 이릅니다. 곡양은 주인을 위한답시고 술을 한 잔 가져다 바칩니다. 자반이 마시더니 곡양에게 묻습니다.

"이게 뭐냐, 술이 아니냐?"

곡양이 시치미를 뚝 떼고 대답합니다.

"아닙니다. 시원한 차입니다."

한 잔을 마시고 나니 또 한 잔이 생각납니다. 자반이 은근히 묻습니다.

"차가 좋구나. 또 있느냐?"

"예, 넉넉히 준비해 놨습니다."

한 잔, 또 한 잔……. 결국 자반은 꼭지가 돌 때까지 마시고 대취하여 잠이 듭니다. 자반의 술버릇은 술을 마시고 잠이 들면 웬만해선 깨어나지 못한다는 것이었습니다. 첫닭이 울고, 공왕은 전군에게 진격을 준비하도록 명하고 자반을 불렀습니다. 그러나 몇 번을 부르러 가도 자반이 오지 않자 공왕이 직접 자반의 막사를 찾아옵니다. 이 소식을 듣고 곡양은 깜짝 놀라 도망을 치지요. 공왕은 군사령관이 만취 상태인 것을 보고 한숨을 쉬며 전군 철수를 명합니다. 자반은 술에서 깨어 모든 상황을 알고 나서 자살하지요.

곡양이 주인 자반을 위해 술을 가져다준 것은 작은 충성입니다. 그러나 그 때문에 결국 자반은 목숨을 끊었습니다. 다음 날의 전투를 위해 술을 가져다주지 않는 것이 큰 충성이었던 거죠.

또 이런 이야기가 있습니다. 진나라의 헌공이 어떻게 하면 괵虢나라를 집어삼킬까 고민하고 있었습니다. 진나라와 괵나라 사이에는 우虞나라가 있었습니다. 신하 순식이 이렇게 제안합니다.

"수극의 옥과 굴 땅의 명마를 우공虞公에게 바치시고 괵나라로 가는 길을 빌려 달라 하십시오."

진헌공은 대답합니다.

"수극의 옥과 굴의 명마는 천하의 보물인데 어찌 그걸 우나라 임금에게 준단 말이오?"

"결국 다시 전하의 것이 될 것입니다."

순식은 보물을 싸들고 우공을 찾아갑니다. 보물을 보고 눈이 휘둥그레진 우공은 진나라에 길을 빌려주려 합니다. 이때 충신 궁지기가 간언하지요.

"안 됩니다. 입술이 없으면 이가 시린 법, 우리 우나라와 괵나라는 수레와 보輔(바퀴에 덧대는 나무) 같습니다. 길을 빌려주면 우리도 하루아침에 망할 것입니다."

그러나 이미 보물에 눈이 먼 우공이 대답합니다.

"이것은 진나라와 괵나라 사이의 일이오."

어리석은 생각이지요. 진나라는 무사히 우나라를 통과해 괵나라를 멸하고, 돌아오는 길에 우나라까지 집어삼킵니다. 여기서 나온 고사성어가 가도멸괵假道滅虢(가짜로 길을 빌려 괵나라를 멸한다)과 순망치한脣亡齒寒(입술이 없으면 이가 시리다)입니다. 임진왜란 때도 도요토미 히데요시가 조선에 사신을 보내 "명나라를 멸하려 하니 길을 빌려 달라."는 말도 안 되는 소리를 늘어놓았지요. 전형적인 가도멸괵 수법이었습니다. 일본의 지도자들이 헛소리하는 역사는 꽤 오래된 것 같습니다.

《한비자》는 경쟁에서 살아남는 처세의 기술 또한 알려 줍니다. 〈내저설 하〉內儲說 下편에 나오는 이야기를 소개해 보죠. 초나라 왕이 사랑하는 후궁 중에 정수鄭袖라는 여인이 있었습니다. 그런데 왕이 다른 새 미녀를 얻은 후부터 정수에 대한 사랑이 시들해졌지요. 정수는 새 미녀를 제거하기로 마음먹고 일단 그녀와 친해졌습니다. 술도 주고 떡도 주고 노리개와 패물을 주어 마음을 샀습니다. 미녀는 정수에게 완전히 마음을 열었어요. 어느 날 정수는 그녀에게 왕의 사랑을 얻는 방법이라면서 이렇게 말합니다.

"왕은 그대를 참 좋아하지만 코가 좀 이상하게 생겼다고 하더군요. 왕을 곁에서 모실 때는 반드시 코를 가리도록 하세요. 그러면 왕께서 좋아하실 겁니다."

그 후 미녀는 왕을 섬길 때 수시로 코를 가렸습니다. 왕은 그 까닭을 이상하게 여기면서도 그녀에게 직접 묻지 않고 오래된 첩인 정수에게 물었습니다. 정수가 대답합니다.

"아하…….사실은 전하의 몸에서 냄새가 나서 싫다고 하더이다."

왕은 기분이 상했습니다. 1차 작전 성공입니다. 이제 정수는 왕의 경호 대장을 포섭, 금품을 주면서 이렇게 말합니다.

"내일 왕이 어떤 명령을 하면 머뭇거리지 말고 바로 실행하시오."

다음 날 왕과 정수, 미녀 세 사람이 앉아 있을 때 또 미녀가 코를 가립니다. 그 모습을 본 왕은 노여운 마음이 들어 경호 대장에게 명령합니다.

"이 여자의 코를 베어라!"

명령이 떨어지자마자 경호 대장은 재빨리 미녀의 코를 자릅니다. 코 잘린 미녀는 어떻게 되었을까요? 주인이 버린 유기견 신세가 되었겠지요. 미녀를 잃은 왕은 다시 정수의 방에 찾아왔습니다. 2차 작전도 성공입니다. 진짜 적은 가까운 곳에 있다는 것을,《한비자》에서는 이런 예를 들어 말해 줍니다.

한편《한비자》는 지혜로운 인사 지침서이기도 합니다. 제나라의 위대한 재상 관중이 죽을병에 걸리자, 제환공은 "다음 재상은 누구로 했으면 좋겠는가?"라고 관중에게 묻습니다.

제환공: 포숙아가 좋겠지요?

관중: 안 됩니다. 포숙아는 고지식하고 강직하기만 해서 안 됩니다. 밑에서 일하는 사람이 피곤해집니다.

제환공: 수조는 어떻소?

관중: 안 됩니다. 수조는 전하를 섬기는 환관이 되기 위해 스스로 거세를 했습니다. 세상에 자기를 사랑하지 않으면서 남을 사랑하는 사람은 없습니다.

제환공: 그럼 위나라 공자 개방은 괜찮겠지요?

관중: 안 됩니다. 개방은 제나라가 좋다고 조국을 버린 사람입니다. 그런 사람은 언제든 다른 나라를 버릴 수 있습니다.

제환공: 역아는?

관중: 그 자식은 전하가 "사람 고기는 맛이 어떨까?"라고 하시자 제 아들을 삶아 요리를 했습니다. 세상에 제 자식을 사랑하지 않는 자가 남을 위할 수는 없습니다.

제환공: 그럼 습붕은 어때요? (이쯤 되면 제환공도 슬슬 짜증이 났을 겁니다.)

관중: 좋습니다. 습붕은 속이 깊고 정직하며 신의가 있으니 정치를 맡겨도 좋습니다.

이 정도 얘기했으면 습붕을 총리에 앉혀야 하는데 제환공은 관중이 죽고 나자 환관 수조를 재상으로 임명합니다. 이미 판단력이 흐려진 거지요. 결국 3년 뒤 제환공이 쓰러지자 수조와 역아, 개방은 연합해 반란을 일으킵니다. 제환공은 남쪽 별궁에 갇혀 굶어 죽지요. 죽으면서 그는 "관중은 이런 일까지 예상했구나! 저승에 가서 어찌 그를 볼까……."라고 혼잣말을 했다지요? 제환공은 여름에 죽었는데 죽은 지 석 달이 되도록 아무도 시체를 건사하지 않아 구더기가 들끓었다고 합니다.

군주가 인사를 잘못하니 이렇게 비극적인 말로를 걷는 겁니다. 게다가 본인만 비극을 겪나요? 무능하고 부패한 관료들 때문에 백성들은 죽어납니다. 리더의 잘못된 판단은 그를 바라보는 수많은 사람을 고통으로 몰아넣습니다. 한비 선생이 말씀하십니다.

잘 처리된 일의 성과가 군주와 가까이 지내는 신하들에 의해 무시되고 청렴한 인사의 행동이 비방을 들으면, 수양이 깊은 인사나 현명한 인사는 벼슬자리에서 쫓겨나고 군주의 명석함은 가려질 것이다. 공적을 가지고 지혜와 품행을 결정하지 않으며, 여러 측면의 조사를 거쳐 잘못을 심판하지 않고 군주 주변의 말만 따르면, 조정에는 무능한 자들만 있을 것이고 벼슬자리에는 어리석고 부정한 벼슬아치들만 있을 것이다. (…) 대신들은 우매하고 타락한 자들을 옆에 끼고 위로는 군주를 속이고 아래로는 백성들에게서 이득을 거둬 간다. 그들은 패거리를 지어 서로를 두둔하며 말을 맞추어 군주를 미혹시키고 법도를 어지럽힌다. 이로써 인사와 백성들을 혼란스럽게 하고 나라를 위태롭게 해 영토를 깎이게 해서 군주가 고초를 겪고 욕을 당하게 만든다.

신하에게 큰 죄가 있는데도 군주가 금지하지 않고 있으니, 이는 군주의 큰 실책이다. 위로는 군주에게 큰 과오가 있고 아래로는 신하에게 큰 죄가 있으면서 나라가 망하지 않을 방책을 구한다는 것은 부질없는 일이다.

〈고분〉(孤憤)편, 김원중, 127~129p

섬뜩하지 않습니까? 누가 《한비자》를 오래전 이야기라 하겠습니까? 바로 지금 여기에서 벌어지는 일을 써놓은 것 같습니다. 또한 《한비자》에는 군주와 신하 사이의 소통의 어려움에 대해서도 적혀 있습니다. 〈세난〉說難편에 신하가 군주를 설득할 때 주의할 점이 나와 있어요. "상대가 자랑스러워하는 것은 칭찬해 주고 부끄러워하는 부분은 감싸 줘야 한다."는 겁니다.

상대의 뜻을 거스르지 말고 말투도 부드럽게 해서 감정을 건드리지 않아야 한다. 상대의 마음을 안정시켜 놓은 다음에 자신의 지혜를 발휘할 수 있다.

바둑 격언에 "내가 먼저 살고 나서 남을 죽여라."란 말이 있습니다만, 한비는 "남을 먼저 살려 놓고 나를 살려라."라고 조언하네요. 여기 중요한 개념이 등장합니다. 역린逆鱗입니다.

임금에게 사랑을 받고 있을 때면 그 지혜가 임금 생각과 합당하여 더욱 친밀해지지만, 임금에게 미움을 받고 있을 때면 그 지혜가 임금 생각과 맞지 않아 죄를 뒤집어쓰고 더욱 멀어지기 마련이다. 간언諫言의 유세나 담론談論을 펴는 선비라면 임금의 애증을 살펴본 뒤에 유세하지 않으면 안 된다.

무릇 용은 하나의 동물인 만큼 이를 잘 길들이고 가까이하여 몸소 탈 수 있다. 그러나 그 목 밑에는 지름 한 자쯤의 역린逆鱗이 있어 이를 사람이 건드렸다가는 반드시 죽임을 당하고 만다.

임금에게도 또한 이와 같은 역린이 있어 유세하는 자가 능히 임금의 역린을 건드리지만 않는다면 유세를 잘 해낼 수가 있게 될 것이다.

《한비자》, 임동석 옮김, 동서문화사, 2013, 367~370p

한비는 냉철하고 냉정한 사람입니다. 인간이 늘 정의를 추구하는 것은 아니라는 사실을 잘 알고 있습니다. 우리가 늘 더 나은 세상을 꿈꾸지만 개혁이 잘 되지 않는 이유는 뭘까요? 다만 지도자를 잘못 뽑아서일까요? 아닙니다. 한비는 이전의 역사에서 새로운 법령이나 제도를 혁신적으로 실행했으나 실패로 끝난 예를 들면서 "대신들은 법이 실행되는 것이 괴로웠고, 간사한 백성들은 나라가 잘 다스려지는 것이 싫었기 때문"이라고 간파합니다.

> 안전하고 유리한 쪽으로 나아가며 위험하고 손해 보는 쪽을 피하는 것이 바로 사람의 정이다. 지금 신하로서 있는 힘을 다하여 공적을 쌓고 지혜를 짜서 충성을 드러낸 자가 그 자신은 고달프고 집은 가난해져서 부자父子가 그 해를 입게 되었는데, 사적으로 간악한 일을 행하여 군주의 눈을 가리고 뇌물을 써서 중신들에게 빌붙은 자가 자신은 영달하고 집은 부유해져서 부자 모두가 혜택을 받게 되었다면 사람들이 어찌 능히 안전하고 유리한 길을 버리고 위험하고 해로운 쪽으로 나아가려 하겠는가.
>
> 〈간겁시신〉(姦劫弑臣)편. 이운구. 206~207p

한숨만 나옵니다. 정녕 인간은 이기적인가요? 혁명보다는 반동을 원하는 것이 인지상정인가요? 정의가 강물처럼 흐르는 그날은 요원한 걸까요? 《한비자》는 우울한 책입니다. 역사는 반복된다, 2,400년 전이나 지금이나 달라진 게 없다, 그때도 권력자는 잘 먹고 잘살았고 백성은 억압받고 착취당했다, 가진 자와 못 가진 자의 대결 구도나 계급사회의 공고함은 한 치도 변한 게 없다, 그러니 더 나은 미래가 올 거라는 생각일랑 버려라, 친일파와 독립운동가의 후손들을 보라…….

절망과 비감이 몰려옵니다. 포기와 순응으로 고개를 끄덕입니다. 무슨 영광을 보겠다고 진보니 개혁을 외치고 운동과 실천을 다짐하는 것이냐, 안 되는 건 안 되는 거고 좋은 게 좋은 거다, 세상은 변하지 않는다……. 비운의 말더듬이 선비가 귀띔하는 환각을 겪습니다. 한비 선생님! 그런 겁니까? 결국 당신은 왕을 위한, 왕에 의한, 왕의 남자란 말입니까? 저의 편협한 시각에 한비는 이런 유머로 답합니다.

군주의 재난은 사람을 믿는 데서 비롯된다. 다른 사람을 믿으면 그에게 지배받게 된다. (…) 군주가 자신의 아들을 매우 신뢰하면, 간신들은 태자를 이용하여 자신의 사리사욕을 채우려고 할 것이다. (…) 군주가 자기 부인을 지나치게 신뢰하면, 간신들은 그 부인을 끌어들여 자신의 사욕을 채우고자 할 것이다. (…) 무릇 아내처럼 가까운 사람과 혈육의 친분이 있는 자식도 신뢰할 수 없거늘 그 밖의 사람들을 믿을 수 있겠는가? (…) 부부는 골육의 정이 없다. 서로 사랑하면 가깝지만, 사랑하지 않으면 소원해진다. 이런 말이 있다. '어미가 사랑스러우면 그 자식도 품에 안아 준다. 그러므로 이 말을 뒤집

으면 이렇게 된다. '어미가 미움을 받으면 자식은 땅에 팽개쳐진다.'
남자는 오십이 되어도 여색을 좋아하는 마음이 그치질 않으나, 여자
는 나이 삼십이면 미모가 쇠한다. 미모가 쇠한 부인이 호색한 장부
를 섬기면, 그 자신이 내몰리고 천시되지 않을까 염려하고 자식이
왕위를 계승하지 못할까 염려하게 된다. 이것이 후비와 부인이 군주
가 죽기를 바라는 이유다.

<비내>(備內)편. 김원중. 184~185p

아하, 그렇군요. 왕으로 태어나지 않은 것을 다행이라 해야 할까요?
한비는 책 곳곳에서 돌직구를 날립니다. 말을 이리저리 돌리지 않고 유
학자들처럼 점잔을 떠는 법도 없습니다. 모 아니면 도의 직설 화법입니
다. 시원시원합니다. 한여름에 읽으면 서늘할 정도입니다.

저는 《한비자》를 읽다가 한때 우리를 경악하게 했던 모 항공사의 '땅
콩 회항' 갑질이 왜 생겼는지 이해하게 됐습니다. 한비는 이렇게 주장합
니다. 복은 재앙을 부르고 재앙은 복에서 생긴다고 말입니다.

사람이 복이 있으면 부귀가 이르고, 부귀가 이르면 먹고 입는 것이
좋아지고, 먹고 입는 것이 좋아지면 교만한 마음이 생기고, 교만한
마음이 생기면 행동이 옳지 않게 되고 동작이 도리에 어긋나게 된
다. 행동이 옳지 않으면 일찍 죽게 되며, 동작이 도리에 어긋나면 일
함에 성공이 없다. 대저 안으로 일찍 죽을 재난이 있고 밖으로 성공

162

의 명성이 없다는 것은 큰 재앙이다. 그렇게 재앙의 근본은 복이 있는 데서 생겨난다. 그러므로 말하길, "복이란 화가 엎드려 있는 곳이다."라고 한다.

〈해로〉(解老)편, 《한비자 정독》, 김예호 역주, 삼양미디어, 2014, 190p

땅콩 회항의 주인공을 생각해 보세요. "부귀가 이르면 먹고 입는 것이 좋아지고, 먹고 입는 것이 좋아지면 교만한 마음이 생기고, 교만한 마음이 생기면 행동이 옳지 않게 되고 동작이 도리에 어긋나게 된다." 너무 잘 들어맞지 않습니까? 꼭 예언서 같지 않아요?

우울한 이야기는 그만하지요. 어떤 상황에서도 타인을 무시해서는 안 됩니다. 사람은 생각하는 머리와 볼 줄 아는 눈과 말할 줄 아는 입을 가지고 있습니다. 이 셋으로 얼마든지 다른 이를 살릴 수 있고 죽일 수 있습니다. 한비는 인간 본성이 모질고 악하기에 이타주의는 폐기하라고 주장합니다. 그러나 인간이 간사하고 사악한 만큼, 그 깊은 곳에 자리한 자기애의 본성은 건드리지 말아야 한다고 충고합니다. 지위고하, 남녀노소를 막론하고 사람은 누구나 자신을 최우선에 놓는 존재입니다. 매 맞은 기억은 지울 수 있어도 모욕당한 일은 잊지 못하는 게 사람입니다.

고대 중국에는 발뒤꿈치 또는 무릎 아래를 자르는 형벌인 비형剕刑이란 게 있었습니다. 주로 도둑질을 한 자에게 내리는 벌이었지요. 《한비자》의 마무리는 비형을 당한 두 사람의 이야기입니다. 무시당한 사람은 복수를 하고, 동정받은 사람은 보답을 합니다. 마음을 곱게 써야겠습니다.

제나라에서 궁궐 안의 일을 처리하는 벼슬아치인 중대부中大夫 중에 이야夷射라는 자가 있었다. 그는 왕을 모시고 술을 마시다가 매우 취해 밖으로 나가 회랑 문에 기대고 있었다. 그때 발을 잘린 문지기가 무릎을 꿇고 말했다.

"어르신께서는 남은 술이 있으면 저에게 내리실 뜻이 없습니까?"

이야가 말했다.

"네 이놈, 물러가라. 형벌을 받은 자가 어찌해서 감히 술을 구걸하느냐?"

발이 잘린 자는 재빨리 물러났다. 이야가 그곳을 떠나자 발이 잘린 자는 회랑문의 난간 아래에 물을 뿌려 소변을 본 모양을 만들었다. 다음 날 왕이 나오다가 이를 꾸짖으며 말했다.

"누가 이곳에 소변을 보았느냐?"

발이 잘린 자가 무릎을 꿇고 대답했다.

"신은 보지 못했습니다. 그렇지만 어젯밤 중대부 이야가 이곳에 서 있었습니다."

왕은 이에 이야를 벌해 죽였다.

〈내저설 하〉편, 김원중, 401p

공자가 위衛나라에서 재상이었을 때 제자인 자고子皐가 법관이 되어 한번은 죄인의 발꿈치를 자르는 형벌을 내렸다. 발 잘린 자는 문지기가 되어 성문을 지켰다. 이때 공자가 위나라 사람의 모함을 받아 반란의 무고를 당했다. 위왕이 공자를 잡아들이려 했다. 공자와 제자는 모두 달아났다. 자고는 뒤늦게 성문을 나가게 되었는데 발 잘린 자가 그를 도피시켜 숨겨 주었다. 관리들이 쫓아왔으나 잡지 못하고 돌아갔다. 밤중에 자고가 발 잘린 자에게 묻기를 "나는 법을 집행하는 사람이라 그대의 발꿈치를 자르게 되었소. 이제 그대가 원수를 갚을 때인데 어찌하여 나를 도운 것이오?"

발 잘린 자가 말하였다.

"제가 발꿈치를 잘리게 된 것은 죄에 합당한 것으로 어쩔 수 없는 것이었습니다. 그런데 당신은 내 죄를 판결할 때 다방면으로 법령을 살피고 나를 변호해 벌을 줄이려 애썼습니다. 나는 그걸 알고 있었습니다. 재판정에서 형이 확정되어 내 발이 잘리게 되자 당신의 얼굴에 안타까워하는 모습이 나타났습니다. 그것을 보고 또한 알게 됐습니다. 당신의 천성이 인자하고 진실하다는 것을, 내게 사적인 감정이 없다는 것을. 이 때문에 나는 당신에게 보답한 것입니다."

〈외저설 좌하〉편

제 7 장

시경 詩經

사랑과 한을 노래한
불멸의 경전

중국 최초의 시가집이자 동아시아 시가문학의 원조가 되는 책이다. 주나라 초
부터 춘추시대 초기까지의 시 305편이 담겨 있다. 본래는 3,000여 편이었던
것을 공자가 교화의 목적에 부합하도록 305편을 간추려 다듬었다고 한다. 각
시편의 작가는 확실하게 누구인지 알 수 없다. 주로 백성들이 부르던 민요를
채집한 풍(風)과 통치자들이나 사대부들이 지은 시인 아(雅), 송(頌)으로 이루
어져 있다. 시편의 제목은 시구 가운데 한 단어를 골라 매겼다. 풍은 남녀 간의
정과 이별을 다룬 내용이 많고 아는 연회에서 연주되는 곡에 가사를 붙인 것
이며, 송은 종묘의 제사에서 쓰이던 악가(樂歌)다.

遵大路(준대로)	큰길 따라*

遵大路兮 (준대로혜)	큰길 따라가며
摻執子之袪兮 (삼집자지거혜)	그대 소매 당기네
無我惡兮 (무아오혜)	나를 미워 말아요
不寁故也 (부잠고야)	옛정 쉽게 끊을 수 있나요

遵大路兮 (준대로혜)	큰길 따라가며
摻執子之手兮 (삼집자지수혜)	그대 손 붙잡네
無我魗兮 (무아추혜)	나를 더럽다 말아요
不寁好也 (부잠호야)	사랑이 어찌 그리 변하나요

---

* 원문인 한자에 대한 우리말 음은 정상홍 선생의 책(을유문화사, 2014)을 기본으로 하여 유교문화연구소(성균관대학교출판부, 2008)와 김학주 선생의 책(명문당, 2002)을 참고했다. 시의 특성상 역자의 한국어 번역문 중 조사나 어미가 필자의 문체와 일치하지 않는 경우가 많았다. 따라서 한국어 번역문 중 대다수는 원문과 앞의 책들을 기본으로 하여 필자가 재구성했으며 이때는 따로 인용표기를 하지 않았다.

《시경》〈정풍〉鄭風 7편에 나오는 시입니다. 실연당한 여자가 자기를 버린 남자를 따라가는 장면입니다. 남자는 이곳의 모든 것을 훌훌 털어 버리고 새 일, 새 여자, 새 환경을 찾아가는 길입니다. 남자는 "그만 돌아가라."고 말하는데 여자는 쉽게 돌아서지 않습니다. 아니, 돌아갈 수 없습니다. 오래된 정을 갑자기 끊을 수 없기 때문입니다.

남자는 모르는 척 다시 걸음을 재촉하고 여자는 그 뒤를 종종 따라갑니다. 급기야 남자의 손을 잡아당겨 길옆 억새 숲 사이로 밀칩니다. "미쳤구먼!" 하고 남자가 뿌리쳐도 막무가내입니다. 여자가 한을 품으면 오뉴월에 서리가 내릴 뿐 아니라 힘도 몇 배로 세지는가 봅니다. 실연녀는 끝내 옛 애인을 겁탈합니다. 남자도 한두 번 거절하는 제스처를 취하다 못내 그녀를 받아들입니다. 어쩐지 그녀가 안돼 보이기도 합니다. 어쩐지 그녀를 떠나는 자신이 모진 듯도 했습니다. 사랑을 나누고 나서 여인이 말합니다.

"나를 더럽다고 하지 마세요. 오래된 사랑이 어떻게 변하나요……."

그러게 말입니다. 사랑이 어떻게 변하나요. 아마도 오래된 사랑이라 변하는 게 아닐까요? 새 사랑은 변하지 않지요. 오직 오래된 사랑만 변하지요. 한숨이 나옵니다. 오래된 사랑이 변하는 까닭은 진정 우리가 DNA의 명령을 받는 존재라서 그럴까요? 인간이란 게 한낱 유전자의 숙주宿主일까요? '너는 오직 내 염색체의 매개체일 뿐이니 되도록 멀리, 되도록 다양하게, 되도록 신선한 배양 조건을 찾아 너의 생식세포를 전파하라!'는 프로그램에 따라 우리는 그저 종족 번식에나 충실해야 하는 걸까요? 2,500년 전에 쓰인 실연 시 하나가 생각 속으로 파고들어 리처드 도킨스의 진화생물학적 결론으로 서글프게 비약합니다.

이 시에 대해 정상홍 선생은 해설에서 이렇게 말합니다.

'寁' 자는 옛사람들이 '남녀가 만나서 알게 되는 것부터 동거하고 빨리 헤어지는 것'을 위해 특별히 만든 글자일 가능성이 있다. (…) 그래서 '不寁故也'는 오래된 정인情人에 대해 '居之速'해서는 안 된다는 것, 즉 오래된 짝과 이렇게 빨리 동거를 그만두어서는 안 된다는 뜻이다. 이 구句 속에서 드러나는 혼속婚俗의 함의는 다음과 같다. 여인이 남자와 동거한 것은 서로가 원했던 것이다. 남자가 여인이 있는 곳으로 와서 동거했다. 남자가 옛 사람을 버리고 새 사람에게로 가는 것은 항거할 수 없는 도덕적 압력이 있는 것도 아니고 더욱이 법률로 금지된 것도 아니다. 이런 방식은 운남성雲南省의 소수민족, 특히 납서족納西族의 아주혼阿注婚과 유사하다. '아주'阿注라고 하는 것은 친구라는 의미인데, 성행위를 자유롭게 할 수 있으며, 같은 어머니 소생의 남녀 외에는 모두 서로 '아주'가 될 수 있다. 남녀를 막론하고 누구나 다 많은 '아주'를 갖고 있으며, 아이들은 무조건 어머니 슬하에서 자라고 아버지가 누군지를 모른다. 남자는 밤에 여자의 집을 찾아갔다가 날이 새기 전 새벽에 자신의 집으로 돌아오는 것이다. 지금도 이런 혼속이 남아 있다.

《시경》, 정상홍 옮김, 을유문화사, 2014, 357p

《시경》은 중국 고대의 시가집입니다. 주나라에서부터 춘추전국시대까지, 기원전 11세기부터 기원전 6세기경의 시를 모은 책이지요. 원래는 3,000여 편이 전해지던 것을 공자가 고르고 골라서 305편을 수록했습니다. 많은 후대 학자들이 해설을 했지만 대표적으로 주희 선생이 해석을 달아 지금까지 전해집니다. 이 대목이 참 아쉽습니다. 하필 왜 공자가 《시경》을 편찬했을까요? 그래서인지 지금 전해지는 시들은 모두 '전체 관람가' 수준입니다. 분명 이보다 좀 더 생생하고 야하고 톡톡 튀는 시들도 있었을 텐데 말입니다. 공자는 시경을 엮으면서 음분淫奔(남녀의 방탕한 짓)에 대한 것들은 다 솎아 냈습니다. 《논어》〈위정〉편에 보면 이런 말이 있습니다.

선생님께서 말씀하셨다.

"《시경》의 시 300편에 대해 한마디로 말하면 생각에 사邪함이 없는 것이다."

자 왈 시 삼 백 일 언 이 폐 지 왈 사 무 사
子曰 詩三白 一言以蔽之 曰 思無邪

그러면 '생각에 사함이 없다'고 할 때 '사하다'는 건 무슨 뜻일까요? 사전을 찾아봤습니다.

[사邪]

1. 간사하다 / 2. 사악하다 / 3. 기울다, 비스듬하다 / 4. 바르지
아니하다 / 5. 사사롭다 / 6. 사기 / 7. 품행이 부정不正한 사람 / 8.
사사私私로운 마음

'사'한 시들은 다 빼고 보니 품행방정한 시들만 수록된 겁니다. 참 안
타깝습니다. 사람이 살다 보면 사기를 당하기도 하고 삐딱한 생각을 품
기도 하고 애인이랑 사랑도 찐하게 나누는데 말입니다. 어렸을 때는 전
체 관람가 영화를 보지만 성인이 되었을 때는 19금 영화도 볼 수 있지
요. 공자가 《시경》을 편집한 것이 어쩌면 중국 고대 문학사에서 치명적
손실일지도 모른다는 생각이 듭니다. 3,000편의 시 중에 남녀상열지사
와 속된 것과 삿된 것들은 전부 삭제되고 공자님 마음에 드는 것만 남았
으니까요. 마치 영화 자료관이 불타서 12세 관람가, 15세 관람가, 청소
년 관람불가 영화는 죄다 없어진 셈이지요.

그렇다고 방법이 없는 건 아닙니다. 저처럼 비뚤어진 후세가 있으니
까요. 전체 관람가를 '19금'으로 리메이크하는 겁니다. 《겨울왕국》의 엘
사를 관능적으로 만들면 되고, 《도날드 덕》을 《도날드 딕》으로 바꾸면
되지요. 앞서 〈큰길 따라〉 같은 건전가요를 음란 버전으로 해석한 것처
럼 말입니다. 참 잘하고 있지요?

3,000년을 내려온 애절한 사랑 노래

《시경》은 유학자라면 반드시 읽어야 하는 책이었습니다. 우리나라 역사에서도 번역자가 꽤 많았어요. 신라의 설총, 고려 말의 정몽주, 권근, 조선 세종 때 유신, 성종 때 유승조 그리고 이황, 이이, 정약용 선생 등이 《시경》을 번역하고 해석해 놨습니다.

《시경》은 풍, 아, 송 세 부분으로 나뉩니다. 먼저 '풍'은 국풍國風이라고도 하며 여러 제후국에서 채집된 민요입니다. 위풍衛風, 정풍鄭風, 제풍齊風 등의 이름을 붙였는데 이는 각각 위나라, 정나라, 제나라의 노래라는 말입니다. '풍'은 대부분 사랑에 관한 시입니다. 남녀 간의 애틋한 정과 이별의 아픔 등을 노래했지요. 《시경》의 세 부분에서도 사실 '풍'이 압권입니다. 나머지는 권태로워요. 시라는 게 사랑 빼면 뭐겠습니까?

그리고 '아'는 궁궐에서 연주되는 곡조에 붙인 가사입니다. 서민적이라기보다는 귀족 스타일이지요. 마지막으로 '송'은 종묘의 제사에 쓰던 악가樂歌입니다. 얼마나 지루할지 짐작이 가고도 남지요?

《시경》 속 시는 공자 시대 이전 수백 년 전부터 모아 온 것입니다. 이 시들이 그때까지 전해진 이유는 무엇일까요? 중국 고대의 왕들은 지방 구석구석까지 관리를 보내 거리에 나도는 노래의 가사를 모았다고 합니다. 이 관리를 채시관採詩官이라고 했습니다. 왕은 유행가 가사를 통해 민심의 동향을 알아보고 정치에 반영했지요.

지금처럼 인터넷이나 신문도 없었던 시절인 데다 전 국민의 99.99퍼센트가 문맹이었으니 사람들의 의견은 노래로 번졌을 겁니다. 시 채집은 한마디로 여론 파악의 도구였지요.

그런데 이 사람들이 시를 모으기만 한 게 아니에요. 조정의 악관樂官에게 곡조를 붙이게 해서 다시 유행시켰어요. 명분은 민심 순화지만 알고 보면 국책 홍보와 선전선동 때문이었지요. 말하자면 〈임을 위한 행진곡〉을 건전가요로 만들어 다시 보급하는 셈이지요.

이 장에서는 풍에 담긴 시들만 살펴볼 생각입니다. 그 시들만 보고 느끼기에도 우리에겐 시간이 모자라요. 모름지기 그 시대를 제대로 알고 싶다면 그 시대 서민들의 모습을 살펴봐야 하는 법입니다.

《시경》의 시는 가사만 전해지고 악보는 없습니다. 그나마 305편이라도 전해지는 것 자체가 대단한 거지요. 앞서 공자님을 비판한 게 살짝 미안한 생각도 듭니다. 그러면 용서를 비는 맘으로 꼬리를 내리면서 공자님을 다시 한 번 등장시켜 보겠습니다.

〈위풍〉衛風 1편에 다음과 같은 시가 있습니다.

瞻彼淇奧(첨피기욱)	출렁이는 기수 보니
綠竹猗猗(녹죽의의)	푸른 대 무성하네
有匪君子(유비군자)	아름다운 님이여
如切如磋(여절여차)	깎은 듯 다듬은 듯
如琢如磨(여탁여마)	쫀 듯 갈은 듯
瑟兮僴兮(슬혜한혜)	똑똑하고 굳세며
赫兮咺兮(혁혜훤혜)	의젓하고 잘생겼네

有匪君子(유비군자)　　　　아름다운 우리 님

終不可諼兮(종불가훤혜)　　영영 잊지 못하리

이 시의 '깎은 듯 다듬은 듯 쫀 듯 갈은 듯'의 원문은 '如切如磋 如琢如磨'(여절여차 여탁여마)입니다. 여기서 '절차탁마'切磋琢磨란 말이 생겼죠.

　자공이 말했다.

"가난하면서도 아첨하지 않고, 부유하면서도 교만하지 않으면 어떻

습니까?"

　공자께서 말씀하셨다.

"괜찮다. 그러나 가난하면서도 즐거워하고, 부유하면서도 예를 좋아

하는 사람만은 못하다."

　자공이 말했다.

"《시경》에 '자른 것 같고 간 것 같고 쫀 것 같고 닦은 것 같다.'라고 한

것은 바로 이런 것을 두고 말하는 것이겠군요!"

　공자께서 말씀하셨다.

"사賜*야, 이제 너와 함께 《시경》을 이야기할 수 있겠구나. 정확한 예

를 들어 시를 인용하니 말이다."

《논어》〈학이〉편

＊ 자공의 이름.

《시경》은 중국 문화의 뿌리이자 문학의 근원 같은 고전입니다. 제가 《시경》을 읽게 된 이유는 다른 동양 고전에 하도 《시경》 이야기가 많이 등장해서였습니다. 걸핏하면 "《시경》에 쓰여 있기를", "《시경》에는", "시운詩云(《시경》에 이르기를)"이란 말이 나오는 겁니다. '도대체 《시경》이 무엇이기에!' 하는 오기가 생겼죠. 읽다 보니 역시 좋더군요. 인간의 감정이나 심리는 3,000년 전이나 지금이나 다를 바 없다는 것을 다시 한번 깨달았습니다.

그럼 본격적으로 살펴보도록 할까요? 《시경》 처음에 나오는 시는 〈주남〉周南(주나라의 남쪽에서 모은 시) 1편 '관저'關雎입니다.

關關雎鳩(관관저구)	구욱구욱 물수리는
在河之洲(재하지주)	강섬에서 울고
窈窕淑女(요조숙녀)	아리따운 아가씨는
君子好逑(군자호구)	사나이의 좋은 짝

정상홍, 93p

여기서 우리가 흔히 쓰는 '요조숙녀'란 말이 나왔어요. 주나라는 기원전 1046년 무렵에 건국된 나라입니다. 〈주남〉은 주나라를 세운 문왕의 아들 주공단이 남쪽에서 채집한 시들이라는 설이 있어요. 그렇다면 기원전 11세기 때 노래인 겁니다. 지금부터 3,000년 전 가사예요. 이때 만들어진 단어 하나가 지금까지 전해져서 우리가 쓰고 있다는 게 참 신기하지 않나요?

저는 너무 신기해서 요조숙녀란 단어를 '격물치지'格物致知(사물의 궁극에 이르기까지 연구하여 앎에 이름) 해봤습니다. 먼저 요조숙녀의 '요' 자를 봅시다. 뜻은 다음과 같습니다.

[요窈]

1. 고요하다 / 2. 그윽하다, 심원深遠하다 / 3. 얌전하다 / 4. 어둡다. 희미하다 / 5. 구석지다 / 6. 아름답다, 아리땁다 / 7. 고상하다 / 8. 느긋하다 / 9. 성질이나 태도가 부드럽고 순하다

그러니까 요에는 고요하고 얌전하고 아름답고 순하다는 뜻이 있습니다. 문제는 '조'예요.

[조窕]

1. 으늑하다(편안하고 조용한 느낌이 있다) / 2. 조용하다 / 3. 틈이 나다 / 4. 한가하다 / 5. 깊숙하다 / 6. 아리땁다 / 7. 놀리다, 집적거리다 / 8. 가늘다 / 9. 가볍다, 경솔하다 / 10. 미색 / 11. 예쁘다 / 12. 요염하다

딱 걸렸지요? '조'라는 글자 안에 '가늘다, 가볍다'란 뜻이 있어요. 심지어 요염하다는 의미도 있습니다. 요조숙녀는 아름답고 얌전한 아가

씨, 맞습니다. 그런데 인간의 욕심은 끝이 없지요. 아름답고 얌전한 아가씨지만 고운 마음씨를 지니고 편안하고 조용하고 허리가 가늘고 가볍고 요염하기까지 해야 해요. 그래야 군자의 좋은 짝인 겁니다. 저의 해석이 참 천박하지요? 여기저기서 돌이 날아오는 소리가 들리네요. 나름대로 변명을 하자면……, 기존의 해석들이 너무 무겁고 따분해서 이렇게라도 하지 않으면 안 될 것 같다는 겁니다. 저울의 균형을 좀 맞추자 이거죠. 저쪽 받침 위에 권위와 엄숙함이 있으니까 이쪽 받침 위에 분방과 유머를 올려놓자는 발상입니다. 누가 시켰느냐고요? 제가 좋아서 이러는 겁니다.

'관저'의 다음 구절입니다.

參差荇菜(참차행채)	올망졸망 마름풀
左右流之(좌우류지)	이리저리 날리네
窈窕淑女(요조숙녀)	아리따운 아가씨
寤寐求之(오매구지)	자나 깨나 생각해
求之不得(구지부득)	보고파도 못 보니
寤寐思服(오매사복)	자나 깨나 한 생각
悠哉悠哉(유재유재)	그리워라 그리워
輾轉反側(전전반측)	이리 뒤척 저리 뒤척

상사병 걸린 남자가 풀을 뜯다가 애인 생각에 빠져서 뜯던 풀도 흘리

면서 가는 상황입니다. 여기서도 역시 '전전반측'輾轉反側이란 고사성어가 나왔지요. 알고 보면《시경》은 고사성어의 보고입니다.

《논어》〈팔일〉편에서 공자 선생님은 "관저의 시는 즐겁지만 음란하지 않고 슬프지만 상처를 주지 않는다."라고 평했습니다. 그렇습니다. 관저 정도면 괜찮은 편이지요. 하지만 그런 시들만 있는 것은 아닙니다. 저는 다음 시를 읽으면서 눈물을 펑펑 흘렸습니다.

버림받은 아내

習習谷風(습습곡풍)   화창한 날 있으면
以陰以雨(이음이우)   흐린 날도 있는 법
黽勉同心(민면동심)   부부 동심이라더니
不宜有怒(불의유노)   이제는 성을 내네
采葑采菲(채봉채비)   뿌리가 상했다고
無以下體(무이하체)   순무를 다 버릴까
德音莫違(덕음막위)   첫 약속 지켰으면
及爾同死(급이동사)   백년해로할 텐데

行道遲遲(행도지지)   걸음이 느려지니
中心有違(중심유위)   마음도 멀어지네
不遠伊邇(불원이이)   마음이 멀어지니

薄送我畿(박송아기)　　　잠깐 보고 사라지네

誰謂茶苦(수위도고)　　　씀바귀가 쓰다 하나

其甘如薺(기감여제)　　　냉이처럼 달구나

宴爾新昏(연이신혼)　　　그이는 새 여자와

如兄如弟(여형여제)　　　알콩달콩 지내네

涇以渭濁(경이위탁)　　　경수가 탁해 보인들

湜湜其沚(식식기지)　　　물가의 물 맑거늘

宴爾新昏(연이신혼)　　　그대는 신혼이라

不我屑以(불아설이)　　　나를 즐겨 찾지 않네

毋逝我梁(무서아량)　　　내 돌다리 건너지 마

毋發我笱(무발아구)　　　내 통발은 건들지 마

我躬不閱(아궁불열)　　　내 한 몸 못 가누니

遑恤我後(황휼아후)　　　뉘를 보고 탓을 하랴

就其深矣(취기심의)　　　깊은 물이 막으면

方之舟之(방지주지)　　　뗏목 배를 타고 가고

就其淺矣(취기천의)　　　얕은 곳에 이르면

泳之游之(영지유지)　　　헤엄쳐 지났네

何有何亡(하유하망)　　　넉넉하든 아니든

黽勉求之(민면구지)　　　애써 장만했었지

凡民有喪(범민유상)　　　이웃의 큰일에는

匍匐救之(포복구지)	함께 힘을 다했네
不我能慉(불아능휵)	가꾸지를 못하니
反以我爲讎(반이아위수)	원수 몰골 되어 가네
旣阻我德(기조아덕)	그이가 버린 나는
賈用不售(고용불수)	안 팔리는 물건이네
昔育恐育鞫(석육공육국)	옛 시절 등불 기름 궁하여
及爾顚覆(급이전복)	엎지를까 조심했지
旣生旣育(기생기육)	이제 살 만하니
比予于毒(비여우독)	내 독하다 하는구나

我有旨蓄(아유지축)	맛 좋은 나물 챙겨
亦以御冬(역이어동)	너와 겨울 넘겼더니
宴爾新昏(연이신혼)	새 여자에 빠진 그대
以我御窮(이아어궁)	지난 가난 잊었구나
有洸有潰(유광유궤)	안달하고 화내며
旣詒我肄(기이아이)	나를 실컷 부리더니
不念昔者(불념석자)	그대 이제 잊었는가
伊余來墍(이여래기)	내게 와서 쉬던 나날

《시경》〈패풍〉(邶風) 10편

이런 시를 읽으면 감정이입이 됩니다. 버림받은 아내, 오래된 여인을

180

생각해 보세요. 남편은 새 여자를 얻어 오순도순 지냅니다. 늙은 아내는 안중에도 없지요. 아마도 남자 13세, 여자 18세에 결혼했을지도 모릅니다. 연하남인 거죠. 늙은 아내는 젊은 신부에게 "시냇가에 내가 놓은 돌다리로 건너지 마! 내가 놓은 통발에 물고기가 걸려도 건들지 마! 손대기만 해봐라……." 하고 어깃장을 놓습니다. 그러면 뭐합니까? 나이 들어 기운도 없고 힘도 빠졌는데요. 제 한 몸 건사하지 못하는데 쌩쌩한 시앗을 어떻게 다스리겠어요? 스스로 가꿀 여유도 없으니 점점 몰골이 말이 아니게 되어 갑니다.

영감은 딸 같은 여자와 신방에서 희희낙락하는데 잠이 오지 않아 홀로 뒤척입니다. 일어나 앉아 떨어진 버선을 꿰매는데 불빛이 흔들립니다. 기름이 다 떨어졌나 봐요. 아무 생각 없이 기름을 채웁니다. 옛날 생각이 납니다. 남편과 사랑했던 신혼 시절, 참 가난했지요. 그때는 등불에 기름을 부을 때 한 방울이라도 쏟을까 봐 전전긍긍했습니다. 그러나 서로 사랑했기 때문에 바라만 봐도 좋았지요. 사랑이 있었기에 웃을 수 있었습니다. 대저 남녀가 서로 사랑하면 세상 그 무엇도 이길 수 있습니다. 가난도, 기아도, 치욕도…….

문제는 이 사랑이 변한다는 겁니다. 먹고살 만하니까, 남편은 기름 절약 따위는 하지 않아요. 신방에 불 밝히고 젊은 시앗과 낄낄거립니다. 여인은 옛 생각에 눈물을 떨어뜨립니다.

'그대는 잊었는가? 가난하던 시절, 내게 와서 무릎에 머리 누이고 쉬던 때를.'

늙고 버림받은 아내의 모습이 눈앞에 그려져 눈물이 멈추지 않네요. 하지만 계속 슬퍼하고 있을 수만은 없으니 마음을 추스르고 이번에는 조금 다른 노래를 소개해 보겠습니다.

인생무상과 삶에 관한 통찰

'풍'의 대부분이 사랑과 이별에 관한 시지만 모두 그러한 것은 아닙니다. 앞서 시 채집이 민심을 알아보기 위한 도구였다고 말씀드렸습니다. 다음의 시를 보시죠.

새 누대

新臺有泚(신대유차)	새 누대가 선명하니
河水瀰瀰(하수미미)	강물 위에 빛나누나
燕婉之求(연완지구)	곱고 좋은 님 찾더니
籧篨不鮮(거저불선)	꼽추가 기다리네

新臺有洒(신대유최)	새 누대가 높으니
河水浼浼(하수매매)	강물 위에 빛나누나
燕婉之求(연완지구)	곱고 좋은 님 찾더니
籧篨不殄(거저부진)	병수발만 하네
魚網之設(어망지설)	어망을 놓았더니

鴻則離之 (홍즉리지)	기러기가 걸렸네
燕婉之求 (연완지구)	곱고 좋은 여자 찾더니
得此戚施 (득차척시)	꼽추에 추물이네

《시경》〈패풍〉 18편

    기원전 8세기 위선공衛宣公이란 사람이 있었습니다. 이 사람이 워낙 음탕했다고 해요. 자기 아들인 태자 급伋을 위해 제나라의 선강이란 여자를 며느리로 들입니다. 선강은 타고난 미녀였다지요? 미리 며느릿감을 보고 온 신하에게서 "자부子婦께서 천하절색"이란 보고를 받은 위선공은 신대라는 영빈관을 지어 놓고 아들 대신 자기가 신방에 들어갑니다. 막장도 이런 막장이 없어요. '새 누대'는 젊은 새신랑을 기다리던 선강이 늙고 못생긴 위선공을 맞이하는 것을 빗대어 만든 노래입니다.

    이 선강이 낳은 아들이 수壽와 삭朔입니다. 같은 배에서 낳았건만 둘이 성격이 전혀 달라요. 수는 어질고 착한데 삭은 모질고 못됐어요. 삭은 어머니 선강과 짜고 태자 급을 없애려 합니다. 선강과 위선공을 종용해서 태자 급을 다른 나라에 사신으로 보내고 그 여정에 자객을 보내 죽이려 하지요. 이 사실을 알게 된 수는 배를 타고 이복형인 급을 쫓아갑니다. 그리고 자기가 대신 죽으려고 형에게 술을 먹여 재우고 태자 행세를 하지요. 계획대로 자객은 수를 죽입니다. 급이 술에서 깨어 보니 수의 목은 이미 잘려져 버렸지요. 급은 "내가 태자다! 나를 죽여라!"고 통곡하며 수의 뒤를 따라 저세상으로 갑니다.

이 모든 과정에 아버지 위선공이 적극적으로 개입합니다. 자기가 며느리를 빼앗아 놓고는 방귀 뀐 놈이 성낸다고 태자 급을 증오했어요. 여기에 선강과 삭이 이간질을 하자 옳다구나 하고 아들의 암살 계획에 동조합니다.

태자 급과 수는 비록 이복형제 사이지만 서로를 끔찍이 위하고 사랑했습니다. 그리고 둘 다 성품이 곱고 인자했습니다. 어쩌면 삭은 마치 학처럼 고고하게 어울리는 급과 수 사이를 시기했는지도 모르겠습니다. 권력에 대한 집착 때문에 형제들을 죽인 삭은 소원대로 태자가 되었고 아버지를 이어 왕이 됩니다. 이 급과 수를 소재로 한 시가 있습니다.

두 아들이 배를 타고

二子乘舟(이자승주)	두 아들이 배를 타고
汎汎其景(범범기경)	두둥실 멀어지네
願言思子(원언사자)	그네들 생각할 때면
中心養養(중심양양)	마음도 출렁출렁

二子乘舟(이자승주)	두 아들이 배를 타고
汎汎其逝(범범기서)	두둥실 떠나가네
願言思子(원언사자)	그네들 생각할 때면
不瑕有害(불하유해)	부디 무사하기를

민초들은 아마도 급과 수 두 사람의 비극을 생각하며 저 노래를 불렀을 겁니다. '인생 뭐 있어? 다 고통스럽고 슬프지……. 왕자로 태어나도 제 명대로 못 사는 것을.' 어차피 언제 죽을지 모르는데 청춘을 불살라 즐겁게 지내는 것도 한 방법이 아닐까요. 다음 시를 보시지요. 마치 "카르페 디엠!"_{Carpe Diem} 하고 외치는 것 같습니다.

산에는 스무나무

山有樞(산유추)	산에는 스무나무
隰有楡(습유유)	물가엔 느릅나무
子有衣裳(자유의상)	그대 옷이 있어도
弗曳弗婁(불예불루)	입지 않고
子有車馬(자유거마)	그대 가마가 있어도
弗馳弗驅(불치불구)	타지 않으니
宛其死矣(완기사의)	그러다 곧 죽으면
他人是愉(타인시유)	딴 놈만 좋지

山有栲(산유고)	산에는 북나무
隰有杻(습유뉴)	물가엔 싸리나무
子有廷內(자유정내)	그대 마당이 있어도
弗洒弗埽(불쇄불소)	쓸지도 닦지도 않고

子有鍾鼓(자유종고)　　그대 종과 북이 있어도

弗鼓弗考(불고불고)　　두드리지도 치지도 않으니

宛其死矣(완기사의)　　곧 그대 죽으면

他人是保(타인시보)　　애먼 놈만 좋지

山有漆(산유칠)　　산에는 옻나무

隰有栗(습유율)　　물가엔 밤나무

子有酒食(자유주식)　　그대 술상 차려 놓고

何不日鼓瑟(하불일고슬)　　북치고 장구 치며

且以喜樂(차이희락)　　즐기지는 않네

且以永日(차이영일)　　지루한 날 어찌하라고

宛其死矣(완기사의)　　그러다 죽으면

他人入室(타인입실)　　그놈만 장땡

《시경》〈당풍〉(唐風) 2편

비탈에 옻나무

阪有漆(판유칠)　　비탈에는 옻나무

隰有栗(습유율)　　물가에는 밤나무

旣見君子(기견군자)　　훌륭한 선비를 만나

並坐鼓瑟(병좌고슬)　　함께 거문고를 탄다

186

今者不樂(금자불락)　　　지금 즐기지 않으면

逝者其耋(서자기질)　　　가는 곳은 늙음이네

阪有桑(판유상)　　　　　비탈에는 뽕나무

隰有楊(습유양)　　　　　물가에는 버드나무

旣見君子(기견군자)　　　아름다운 낭군 만나

並坐鼓簧(병좌고황)　　　함께 피리를 분다

今者不樂(금자불락)　　　지금 즐기지 않으면

逝者其亡(서자기망)　　　가는 곳은 죽음이네

《시경》〈진풍〉(秦風) 1편

　　이걸 보니 당나라 시인 송지문宋之問(656~712)의 작품이 떠오릅니다. 전국시대부터 송나라 때까지 시와 산문을 모은 《고문진보》古文眞寶라는 책에 실려 있어요. 인생무상을 느끼게 합니다.

　　해마다 피는 꽃 비슷하지만

　　해마다 사람들 같지 않네

　　얼굴 붉게 윤나는 젊은이들아

　　언제 죽을지 모르는

　　흰 머리 노인 동정해 주게

　　이 늙은이 불쌍해 보이지만

그도 한때는 잘나가는

볼 빨간 미소년이었네

(…)

아름답고 짙은 눈썹

언제까지 갈 것 같나?

잠깐 사이 흰머리

실처럼 날릴 텐데.

3,000년 전 민초들의 통찰이 놀랍고도 아름답지 않습니까?

다시 사랑 이야기를 하며 이 장을 마칠까 합니다. 《시경》에 나오는 사랑에 대한 시 중에 제가 여러 번 읽고 감동한 '모과'라는 시가 있습니다. 주고 나서 준 것을 잊는 것. 받은 것에 비해 더 큰 것을 주면서도 개의치 않는 것. 다만 내가 가진 소중한 것을 주는 즉시 잊는 것. 아마도 그게 사랑이 아닐까 싶습니다.

모과

投我以木瓜(투아이목과)　　님께 모과를 받고

報之以瓊琚(보지이경거)　　옥으로 드리며

匪報也(비보야)　　　　　　보답 아니라 함은

永以爲好也(영이위호야)　　오래 사랑하고저

投我以木挑(투아이목도)	님께 복숭아를 받고
報之以瓊瑤(보지이경요)	옥으로 갚으며
匪報也(비보야)	바라는 것 없다 함은
永以爲好也(영이위호야)	끝내 사랑하고저
投我以木李(투아이목리)	님께 배를 받고
報之以瓊玖(보지이경구)	옥으로 답하며
匪報也(비보야)	별것 아니라 함은
永以爲好也(영이위호야)	영영 사랑하고저

《시경》〈위풍〉(胃風) 10편

제 8 장

소크라테스의 변명 Apologia Sōkratēs_**플라톤**

철학을 위한
최초의 순교

플라톤의 초기 대화편 중 하나이며 소크라테스의 철학적 진수를 잘 드러내 주는 작품으로 꼽힌다. 소크라테스 처형 후 몇 년에 걸쳐 쓰인 것으로 추정된다. 기원전 399년, 신(神)을 믿지 않고 청년들에게 나쁜 영향을 끼쳤다는 혐의로 소크라테스는 고발당하고 이에 대해 소크라테스가 변론을 시도하는 내용이다. 고발 후 변론, 판결 후 변론, 사형선고 후 변론의 3부로 되어 있다. 수치스럽게 살아남기보다 죽음으로써 정의로움을 지키고자 했고, 살아서 침묵하기보다는 죽어서라도 아테네 시민들에게 경각심과 깨우침을 주고자 했던 소크라테스의 치열하고도 경건한 철학 정신이 잘 묘사되어 있는 작품이다.

아테네 시민 여러분, 나는 여러분을 존경하고 사랑하지만 여러분을 따르기보다는 신을 따를 것입니다. 목숨이 다할 때까지 철학을 가르치고 실천하며 살아가려 합니다. 언제 어디서 누구를 만나든지 이렇게 타이르고 설득할 것입니다. "이 사람아, 자네는 위대한 도시 아테네의 훌륭한 시민이면서 돈벌이나 명예, 지위를 얻는 데만 애를 쓸 뿐, 지혜나 진리에 대해서 또는 영혼을 한 단계 도약하게 만드는 멋진 일에 대해서는 어째서 그렇게 신경을 쓰지 않는 건가? 부끄럽지 않나?"

Jowett, Benjamin, Six Great Dialogues, Dover Publications, 2007, 12p

스티브 잡스가 "소크라테스와 점심을 먹을 수 있다면 애플의 모든 기술을 내놓겠다."고 했다지요? 이 양반 좀 보십시오. 애플이 얼마나 대단하다고 인류의 스승과 딜을 하는 걸까요? 뭐, 그만큼 소크라테스를 존경한다는 뜻이겠지요. 만약 소크라테스가 잡스를 만난다면 뭐라고 할까요? 아마 이렇게 말하지 않을까요? "어이, 스티브! 아이폰 같은 거 그만 만들고 이제 좀 쉬어. 너 50대도 다 못 채우고 췌장암으로 죽어……."

소크라테스는 목숨이 다할 때까지 지혜를 사랑했습니다. 이 지혜에 대한 사랑은 철학, 즉 필로소피philosophy라는 말의 어원으로 소크라테스는 그야말로 철학을 위해 생명을 바친 최초의 순교자였지요. 소크라테스는 생전에 책 한 권 남기지 않았는데 다행히 플라톤이라는 훌륭한 제자를 만나 이름을 후세에 전하게 됐습니다.

서양철학에서 소크라테스가 중요한 이유는 '자연은 무엇인가? 우주는 무엇인가? 신은 존재하는가?'라는 문제로부터 '우리는 무엇을 아는가? 우리는 무엇을 알 수 있는가? 우리가 아는 것은 참인가?'라는 문제로 철학을 끌어내렸기 때문입니다. 철학적 용어로 전자를 존재론, 후자를 인식론이라고 하지요. 소크라테스가 인식론을 중요한 문제로 다루면서 철학은 인간과 삶을 탐구하기 시작합니다.

소크라테스가 살았던 시대에는 '그리스'라는 단일한 나라가 존재하지 않았습니다. 아테네, 스파르타, 테베 등 도시국가(폴리스)들이 저마다 독립과 자유를 누리며 공존하고 있었지요. 소크라테스가 활동하던 시기에 가장 강력했던 두 국가는 아테네와 스파르타였습니다. 이 두 나라가 그리스 지역의 패권을 놓고 펠로폰네소스 전쟁(BC 431~404)을 벌였지요. 이 전쟁에서 스파르타가 승리를 거두어 아테네에 영향을 미쳤으나 아테네 사람들은 곧 독립하게 됩니다. 그리스 도시국가들은 펠로폰네소스 전쟁 이전에도 페르시아와 두 차례나 큰 전쟁을 치렀고, 이후에는 각 도시국가가 분쟁 속에 혼란을 거듭했습니다. 이런 상황이 소크라테스의 삶과 죽음에 영향을 미쳤고 《소크라테스의 변명》에도 투영되어 있습니다.

진리를 추구하는 자는 영원히 무지한 법

《소크라테스의 변명》은 플라톤이 남긴 소크라테스의 재판 기록입니다. 50쪽도 되지 않는 이 고전 속에 서양철학 역사상 가장 중요한 사람이라 할 수 있는 소크라테스의 핵심 사상이 담겨 있습니다. 도대체 소크라테스는 무엇 때문에 재판정에 서게 됐을까요? 그의 말을 들어 봅시다.

처음으로 돌아가서 나에 대한 고발이 무엇인지 살펴보겠습니다. 멜레토스 등이 제기한 그 고발이란 게 사실은 무고인데, 어쨌든 그들이 뭐라고 말하는지 봅시다. 그들의 고소장을 요약하면 이렇습니다. "소크라테스는 악인이고 이상한 자다. 하늘 위와 땅 밑의 일을 탐구하고 늘 빈약한 근거를 가지고 과한 주장을 한다. 그리고 남에게 이것을 가르치고 있다."

Jowett, 2p

멜레토스는 시인이었다고 하는데, 이렇다 할 근거도 없이 소크라테스를 고발했습니다. 뭔가 구린 구석이 느껴지지요? 책에는 멜레토스 말고도 아니토스와 리콘이란 인물이 등장합니다. 이들이 작가, 정치가, 기술자를 대신해서 소크라테스를 고소했지요.

소크라테스는 속임수를 쓴다, 공중을 걸어 다닌다, 뜻도 알 수 없는 수다를 떤다는 등 갖가지 터무니없는 중상모략을 당했는데 크게 두 가지 죄목으로 고소를 당했습니다. 첫째는 아테네 청년들을 타락시켰다는 것이고, 둘째는 국가가 정한 신이 아니라 이상한 신을 믿는다는 것이었습니다. 이 누명에 대해 소크라테스는 재판정에 참여한 자신의 제자들이 얼마나 건전한 청년들인지 이야기함으로써, 또 자신이 제우스나 아폴론 등에 대해 얼마나 신실한 믿음을 갖고 있는지 강변함으로써 죄목의 부당함을 밝힙니다. 그러면서 자기를 미워하는 사람들이 있다면 아마도 다음과 같은 사건 때문이었을 것이라고 이야기를 합니다.

당시 소크라테스는 '지혜로운 자'라는 명성을 얻고 있었습니다. 물론 그 자신은 부인하고 있었지만 말입니다. 소크라테스의 친구 카레이폰은 소크라테스와 이야기하다 보면 눈이 뜨이고 깨달음을 얻게 된다는 걸 알았습니다. 그래서 카레이폰은 어느 날 델포이 신전에 가서 이렇게 물었습니다.

"혹시 소크라테스보다 더 지혜로운 사람이 있습니까?"

이런 걸 왜 물어봤을까요? 어쩌면 소크라테스를 질투했던 게 아닐까요? 아무튼 델포이의 무녀는 이렇게 대답했습니다.

"소크라테스보다 더 지혜로운 사람은 없다."

고대 그리스 신전의 무녀들은 환각제를 먹거나 스스로에게 최면을 건 상태에서 신들린 예언을 내놓았습니다. 맞을 때도 있고 틀릴 때도 있었지만 사람들은 그 예언을 신의 뜻으로 받아들였지요. 델포이 신전은 아폴론을 모시는 곳인데 아폴론은 예언의 신입니다. 한마디로 기도발(!)이 센 곳이지요. 카레이폰은 기뻐하며 소크라테스에게 그 신탁을 전했습니다. 이 말을 들은 소크라테스는 생각했어요.

'이게 무슨 말인가? 신께서 내게 무슨 말을 하시려는 건가? 나는 큰일을 하든, 하찮은 일을 하든 늘 지혜가 부족한 사람인데. 신이 거짓말을 했을 리는 없고…… . 안 되겠다. 신탁의 의미를 캐봐야겠다.'

소크라테스는 자신만의 방법으로 신탁의 의미에 대해 알아보기로 결심합니다. 그 방법은 지혜롭다고 알려진 사람들에게 질문을 하는 것이었습니다.

나는 지혜롭다고 여겨지는 사람들 가운데 누군가에게 갔습니다. 어디에선가 할 수 있다면 거기서 그 예언을 논박하고 신탁에게 다음과 같은 것을 분명히 보여 주기 위해서였죠. "여기 이 사람이 나보다 지혜로운데, 당신은 내가 그렇다고 말했지요."라고 말입니다. 그래서 이 사람을 꼼꼼히 살펴보았어요. 내가 굳이 이름을 말할 필요는 없겠지요. 그저 정치인들 가운데 한 사람이었어요. 이 사람을 살펴보면서, 또 그와 대화를 나누면서 나는 다음과 같은 일을 겪었습니다. 아테네 시민 여러분, 이 사람은 다른 많은 사람들에게도 그렇거니와 특히 그 자신에게 지혜롭다고 여겨지긴 하지만 실은 아니라는 생각이 들었습니다. 그 후 나는 그가 스스로 지혜롭다고 생각하긴 하지만 실은 아니라는 걸 그에게 보여 주려 시도했습니다. 그래서 그 일로 인해 난 이 사람에게도, 다른 많은 참석자들에게도 미움을 사게 되었습니다. 하지만 어쨌든 난 떠나오면서 나 자신에 관해 추론을 했습니다.

"이 사람보다는 내가 더 지혜롭다. 왜냐하면 우리 둘 다 아름답고 훌륭한 것을 전혀 알지 못하는 것 같은데, 이 사람은 어떤 것을 알지 못하면서도 안다고 생각하는 반면에 나는 내가 실제로 알지 못하니까 바로 그렇게 알지 못한다고 생각도 하기 때문이다. 어쨌든 나는 적어도 이 사람보다는 바로 이 점에서 조금은 더 지혜로운 것 같다. 나는 내가 알지 못하는 것들을 알지 못한다고 생각도 한다는 점에서 말이다."

《소크라테스의 변명》, 강철웅 옮김, 이제이북스, 2014, 60~61p

이 대목은 딱 "아는 것은 안다고 하고 모르는 것은 모른다고 하는 것이 바로 아는 것"이라는 공자의 주장과 어울리지요? 무샤고지 사네아츠의 《붓다》를 보면 이런 대목이 있습니다. 부처의 제자 중에 짧은 게송조차 외우지 못하는 반특盤特이라는 바보가 있었습니다. 천성은 선량하고 정직한데 머리가 너무 모자랐지요. 어느 날 반특이 엉엉 울고 있는데 부처가 물었습니다.

"왜 울고 있느냐?"

"저는 천성이 우둔하여 게송을 외울 수가 없습니다. 비구들은 제가 도를 깨칠 희망이 없으니 집으로 돌아가라며 쫓아냈습니다. 그래서 어쩔 줄 몰라 울고 있습니다."

"그런 걱정은 하지 마라. 자기가 어리석은 줄 스스로 아는 자는 지혜로운 자다. 어리석은 자는 스스로 지혜롭다고 말한다."

196

이 세 양반이 국제전화를 해서 합의라도 한 걸까요? 성인들의 생각은 비슷한 부분이 많은가 봅니다(나중에 부처는 반특에게 비구들의 신발을 닦으며 "티끌 털고 때를 닦아라."라는 게송을 외우게 했습니다. 반특은 이걸 외우는 데도 오래 걸렸는데 신발을 닦으면서 외우다가 '때는 마음의 결박이니 이를 없앰이 해탈!'이라는 깨달음을 얻었다고 하네요).

소크라테스는 자기보다 더 지혜로운 사람이 있다고 믿고 신탁의 뜻을 풀어 줄 사람을 찾아다녔습니다. 그가 처음 선택한 인물이 정치가라는 사실은 참으로 애석하죠? 그때나 지금이나 정치가라는 자들은 지혜와는 담을 쌓고 살지요. 잘난 척하기 바쁜 정치가에게 실망한 소크라테스는 작가(시인)들을 만납니다. 그들의 작품에 대해 이야기하면서 그 작품을 쓴 의도를 캐물었어요. 그런데 작가들은 자기가 어떻게 작품을 쓰게 되었는지도 잘 몰랐고, 미사여구를 늘어놓긴 했지만 자기들이 하는 말이 진실로 무슨 뜻인지조차 잘 알지 못했습니다. 소크라테스는 "함께 대화를 나누는 사람들 가운데 시인의 작품에 대해 제일 설명을 못하는 사람이 바로 그 시인이었다."는 슬픈 이야기를 전합니다. 당시는 인터넷도 없었을 텐데 이 사람들이 어디서 작품을 베끼기라도 한 걸까요?

마지막으로 소크라테스는 손재주가 있는 장인들을 찾아갑니다. 장인들의 기술이 지혜로부터 비롯되는 것이 아닌가 하는 마음에서였지요. 그들은 과연 소크라테스가 몰랐던 사실을 알고 있었고, 기술에 관한 한 소크라테스보다 훨씬 지혜로웠습니다. 하지만 장인들도 편견을 갖고 있었습니다. 바로 "나는 이 기술에 대해 지혜롭기 때문에 다른 중대한 일에 대해서도 지혜롭다."는 편견이었죠. 소크라테스는 절규합니다.

"아테네 시민들이여, 그들이 가진 편견이 그나마 있는 그들의 지혜를 가리고 있었습니다!"

결국 소크라테스는 대중 앞에서 정치가, 작가, 장인에게 "당신은 스스로 지혜롭다고 생각하는데 알고 보면 하나도 지혜롭지가 않소."라고 면박을 준 셈입니다. 만약 이들이 열린 마음을 가진 사람이라면 "아, 그런가요? 듣고 보니 소 선생 말씀도 일리가 있네요. 앞으로 내공을 더 쌓도록 하겠습니다."라고 했을 텐데 이들은 좀생이들이었나 봅니다. 창피당한 게 분해서 고소까지 했으니 말이죠.

《소크라테스의 변명》에서 가장 흥미로운 부분은 이겁니다. 누구보다 지혜를 사랑한 소크라테스가 "나 자신은 크든 작든 어떤 점에서도 지혜롭지 않다."고 한 거죠. 오히려 자신은 무지하다고 주장합니다. 학자들은 이걸 '소크라테스 아이러니'라고 합니다. 철학자들의 원조가 스스로 무지하다고 고백하다니……. 성인들 사이의 엉뚱한 공통점을 찾기 좋아하는 저는 이 대목에서 《금강경》의 한 대목이 떠올랐어요.

부처께서 말씀하셨다.

"이것을 어떻게 생각하느냐, 수보리야. 내가 뭔가를 깨달은 것 같으냐?"

수보리가 대답했다.

"아닙니다. 사람들은 스승님께서 더 이상 좋을 수 없는, 완전한 깨달음을 얻었다고 하는데……. 깨달음이라 할 그 어떤 것도 있지 않습니다."

부처께서 말씀하셨다.

"그래, 그래! 수보리야. 더 이상 좋을 수 없는, 완전한 깨달음이라고 말하지만 나는 아무것도 얻은 게 없다. 그렇기에 그것을 완전한 깨달음이라 하느니라."

불경의 깊은 뜻을 어떻게 다 알겠습니까마는, 《금강경》이야말로 거대한 아이러니지요. 자비심 그 자체인 부처가 "나는 베푼 게 없다."고 하고, 위대한 선생인 그가 "나는 가르친 게 없다."고 말하고 있으니까요. 이와 비슷한 말을 예수도 합니다.

예수께서 제자들에게 말씀하셨다.

"너희들이 생각하기에 나는 누구와 같으냐?"

베드로가 대답했다. "당신은 예언자 같습니다."

마태가 대답했다. "당신의 지혜로운 철학자 같습니다."

도마가 대답했다. "스승님, 저는 도저히 제 입으로 당신이 누구와 같은지 말할 수 없습니다."

예수께서 말씀하셨다.

"나는 너의 스승이 아니다. 너는 취했기 때문이다. 너는 내가 만든 샘에서 솟아오르는 물을 마시고 중독되었다."

이 말을 마치고 예수께서 도마를 데리고 나가서는 그에게 세 가지를 말씀하셨다. 도마가 돌아오자 제자들이 예수께서 그에게 무슨 말을 했는지 물었다. 도마가 대답했다.

"그분이 하신 말씀을 그대들에게 하나라도 말한다면, 그대들은 돌을 집어 나를 칠 것이고 그 돌에서는 불이 나와 그대들을 불살라 버릴 것이오."

도마복음 13절, Meyer, Marvin W., *The Nag Hammaid Scriptures*, Harper Collins, 141p

예수는 "당신의 질문에 답할 방법이 없다."고 말한 도마에게 비밀을 전수합니다. 제자들이 도마에게 "예수께서 무슨 말을 했소?"라고 묻자 도마는 그건 차마 말로 전할 수 없다는 식으로 이야기합니다. 아마도 위대한 사상은 언어를 초월하는 것인가 봅니다.

소크라테스와 공자, 붓다의 생각을 빌어 유추해 보건대 지혜의 핵심은 '나는 아무것도 모른다.'는 생각 속에 있지 않을까요? '모른다'는 서술어는 현재 진행형이지만 '안다'는 말은 완료형이니까요. "나는 안다."고 말하는 순간 우리는 더 이상 알려고 하지 않을 것이고 알 수도 없습니다. 만족하고 채워지며 끝납니다. "나는 모른다."의 상태에서만 앞으로 나아갈 수 있고 깊이를 추구할 수 있으며 움직일 수 있지요.

그래서인지 《소크라테스의 변명》 첫 구절은 "아테네 시민 여러분, 난 알지 못합니다. 나를 고발한 사람들의 이야기를 듣고 여러분이 어떤 심정일지."라는 무지의 주장으로 시작합니다. 책 전반에 걸쳐 소크라테스는 스스로를 무지하고 지혜가 모자라는 사람처럼 이야기하는데, 저는 이것을 '자발적 무지'라고 부르고 싶습니다. 스스로 무지를 인정하지 않는 자는 영원히 무지에서 벗어날 수 없다는 것이 아마도 소크라테스의 의도였을 겁니다.

무지의 자각이 지知라니, 어찌 보면 허망합니다. 다만 이렇게 생각해 볼 수 있습니다. 무지를 자각하는 순간은 회의懷疑이기에 절대의 억압에서 벗어날 수 있는 실마리를 제공합니다. 늘 의심하고 딴지를 걸고 그 딴지에 넘어져 깨지고 상처 입는 시간이 축적되어야만 우리는 희미한 진리의 한 조각이라도 감지할 수 있는 것이겠지요.

우리가 오만한 학자를 혐오하는 까닭은 그가 많은 것을 알고 있어서가 아닙니다. 그가 '여전히 나는 무지하다.'는 사실을 망각하고 있어서입니다. 설령 세상의 모든 책을 읽은 사람이 있다 해도 그는 여전히 무지합니다. 왜일까요? 이제부터 그는 책에 없는 지혜를 찾아야 하기 때문입니다. 우리가 지금까지 배운 것, 알고 있는 것, 읽은 것, 깨달은 것, 이 모든 것을 한 단어로 정의하면 이렇습니다.

"Nothing."

비굴하게 살기보다 죽음을 택하다

소크라테스가 고소당한 정치적인 배경을 살펴봅시다. 앞서 말씀드렸듯이 아테네는 그리스의 패권을 놓고 벌인 펠로폰네소스 전쟁에서 스파르타에게 패했습니다. 전쟁이 끝나고 아테네에는 스파르타식 과두정치가 실시됐습니다. 이전 아테네의 정치 형태는 시민 전체가 참여하는 민주정이었으나 전쟁 이후에는 30명의 지도자들이 공포정치를 펼쳤지요. 그러나 30인 과두 체제는 8개월 만에 무너지고 민주주의자들이 다시 권력을 잡게 되었습니다.

민주정 지지자들은 소크라테스를 증오했습니다. 소크라테스가 과두 정치를 이끌었던 자들의 자문관 역할을 했다고 생각했기 때문입니다. 소크라테스가 과두정치인과 관계가 있었던 것은 사실이지만 소크라테스는 그들의 의견이 옳지 않으면 반대하기 일쑤였습니다. 민주정이든, 과두정이든 자신이 옳다고 믿는 바에 대해서는 타협할 줄 몰랐거든요.

그러나 그리스의 민주정 지지자들은 그들이 보기에 친親 과두정치 파인 소크라테스를 제거하려 했습니다. 소크라테스의 재판 과정에 참여했던 플라톤은 이때의 충격으로 일생 동안 민주정치(정확히는 우민愚民정치 겠지만)에 대한 혐오를 버리지 못하지요.

소크라테스보다는 아테네 시민들을 더 옹호하는 의견도 있습니다.

스파르타가 후원한 과두정 중에는 '30인 참주정'이라고 알려진, 아테네의 잔인하고 피에 굶주린 집단이 있었다. 그 지도자는 소크라테스의 친구였던 크리티아스라는 사람이었다. 이들은 몇 달 동안 공포 정치를 펼쳤다. (…) 재건된 민주정이 기원전 399년에 소크라테스를 처형한 것은 사실이다. 그러나 이것은 잔혹하고 어리석은 행위가 결코 아니었다. 이 사건을 맡았던 배심원들이 무엇을 보아야 했고 견려야 했는지를 기억해 보라. 그들의 도시는 패배했고, 스파르타에 의해 굶주림과 발가벗김을 당했고, 민주정은 전복되었고, 사람들은 야만적 참주정에 의해 고통당했다. 아테네에 가장 큰 해악을 끼쳤고 스파르타에 가장 두드러진 기여를 한 사람이 아테네 귀족인 알키비아데스였음을, 그리고 이 알키비아데스가 소크라테스의 절친한 친구였음을 기억해 보라. 게다가 그 끔찍한 크리티아스 역시 소크라테스의 친구였다. 또 한 가지, 비록 소크라테스가 누구보다도 충성스러운 시민이기는 했으나, 동시에 민주적 원칙에 대한 노골적인 비판자였음을 생각해 보라. 많은 소박한 아테네인들이 알키비아데스의 반역과 크리티아스와 동료들의 과두주의적 광포함이 소크라테스의 가르침의 직접적인 결과라고 생각했다 해도 놀랄 일이 아니다.

H. D. F. 키토, 《고대 그리스, 그리스인들》, 박재욱 옮김, 갈라파고스, 2008, 232p

다시 재판정으로 돌아가 봅시다. 소크라테스는 자신이 아테네를 위해 헌신했고 좋은 일도 많이 했다고 항변합니다.

좀 우습게 들릴지도 모르지만 신이 우리나라를 위해 나를 보내신 것 같습니다. 이 나라는 혈통은 좋지만 덩치가 커서 둔하기 때문에 깨어 있으려면 따끔한 등에 같은 것이 있어야 합니다. 어디든지 따라가서 여러분과 마주 앉아서 한 사람 한 사람을 깨우치기 위해 하루 종일 타이르고 나무라도록 신께서 나를 이 나라에 등에처럼 붙여 놓은 것 같단 말입니다.

앞으로 나와 같은 사람은 구하려 해도 쉽게 구하지 못할 것입니다. 그러나 여러분은 자다 깬 사람처럼 화를 내고 아니토스의 말대로 나를 때려죽이려 하고 있습니다. 그랬다가는 여러분은 여생 내내 잠 속에 빠져 지내게 될 것입니다.

신께서 나를 이 나라에 보냈다는 것을 어떻게 확신하느냐고요? 나는 모든 재산을 버리고 여러 해 동안 집안일을 돌보지 않고 방치했지만 여러분과 관계된 일은 계속 해왔습니다. 누구에게든 가서 마치 아버지나 형처럼 정신을 훌륭하게 만드는 데 전념하라고 타이르는 일 말입니다. 때문에 나는 가난합니다. 이건 평범한 인간이 할 수 있는 일이 아닙니다.

Jowett, 13p

앞서도 나왔지만 여기서 아니토스가 또 등장합니다. 그런데 플라톤의 또 다른 저서 《메논》Menon을 보면 재미있는 대목이 있어요. 메논과 소크라테스가 '미덕은 배울 수 있는 것인가, 아닌가?'를 놓고 대화하는데 아니토스가 등장합니다. 책에는 "아니토스가 나타나 메논 옆에 앉더니 둘의 대화에 귀를 기울인다."고 되어 있어요. 곧 소크라테스가 아니토스를 대화에 끌어 들입니다만, 아니토스는 아주 예의 없이 말합니다. "말조심하세요!" 어쩌고 하면서 소크라테스를 몰아붙이지요. 소크라테스가 "아테네의 지식인들 중 자신은 훌륭하지만 자식들은 훌륭하지 않은 경우도 있다."면서 미덕이란 결코 가르치거나 배울 수 없다고 합니다. 그러자 아니토스가 말합니다.

> "소크라테스 선생님. 선생님은 남을 헐뜯는 것을 쉬운 일로 생각하
> 시는 것 같군요. 하지만 나는 선생님에게 조심하라고 충고하고 싶어
> 요. 선생님께서 내 충고를 따르시겠다면 말예요. 다른 나라에서도
> 마찬가지인지 모르겠지만, 이 나라에서는 확실히 남을 이롭게 하기
> 보다는 해롭게 하기가 더 쉬워요. 그 점은 선생님께서도 알고 계시
> 리라 믿어요."
> 아니토스가 발끈하며 떠나지만 가시거리 안에 머문다.
>
> 《파이드로스 메논》, 천병희 옮김, 숲, 2013, 199p

정말 재미있어요. 아니토스는 소크라테스의 말에 화를 내며 자리를 뜨지만 '가시거리 안에' 머물러 있었습니다. 여전히 메논과 소크라테스가 무슨 말을 하는지 듣고 싶은 거지요. 혹시나 자기를 헐뜯지는 않을까, 소크라테스의 말에 또 트집 잡을 게 없나 하면서 가자미눈을 하고 귀를 쫑긋 세운 채 말입니다. 이 상황을 상상하면서 책을 읽어 보면 너무너무 흥미진진합니다. 아니토스는 소크라테스에게 말조심하라고 충고한 일이 있고 나서 3년 뒤에 그를 고발합니다.

다시 《소크라테스의 변명》으로 돌아가서, 소크라테스는 아테네를 위해 노구를 이끌고 전쟁에도 나가고 행정적인 일도 맡아 보았습니다. 애

국 시민이었지요. 그는 "나는 결코 누구를 가르친 적이 없다."고 말했지만 많은 젊은이들을 깨우친 큰 선생이기도 했습니다. 그가 남긴 금과옥조와도 같은 말은 다음과 같습니다.

1. 돈으로부터 덕이 생기는 것이 아니라 덕으로부터 돈과 인간들에게 좋은 모든 것들이 생긴다.
2. 날마다 덕에 관해서 그리고 다른 것들에 관해서 이야기를 만들어 가는 것, 이것이야말로 인간이 누릴 수 있는 가장 좋은 것이다. 검토 없는 삶은 가치가 없다.
3. 나는 여러 번 죽게 되더라도 다른 일을 하지 않을 것이며 내가 해야 할 일을 할 것이다.

소크라테스는 "그 어떤 대가도 바라지 않고 누가 질문을 하든 성실하게 대답했으며 원하는 사람에게는 내가 질문을 해서 답하도록" 했습니다. 그는 이런 묻고 대답하는 행위에 자신을 내던졌으며 부자이건 가난한 사람이건 가리지 않고 기꺼이 상대했지요. 스스로 무지하다고 낮춤으로써 다른 이들과 자신을 동시에 깨닫게 하는 것, 이것이 소크라테스가 집안일보다 더 가치 있게 여긴 일이었습니다.

소크라테스 앞에서는 부자도, 신분이 높은 귀족도, 전쟁 영웅도 한낱 어리석은 아이에 불과했습니다. 소크라테스는 그들이 혈통은 좋지만 거대하고 둔한 말이 되기보다는 작지만 날카로운 등에가 되기를 바랐습니다. 말의 입장에서 등에는 귀찮은 존재지만 나태하거나 방만해지는 것을 막기 위해 꼭 필요한 채찍 같은 역할을 합니다. 앞서 보았지만 소크라테스도 자신을 아테네의 등에라고 생각했지요.

소크라테스 재판 당시 아테네 시민으로 구성된 배심원들은 500명이었습니다. 소크라테스는 자신이 젊은이들을 타락시키기는커녕 옳은 길로 인도하려 애썼고, 이상한 신을 숭배하기는커녕 그리스의 신들을 믿었으며, 감언이설로 사기를 치지도 않았다고 변호합니다. 그러고는 사형 언도를 예상이라도 하듯 "큰 인물이라고 생각했던 사람이 막상 재판을 받게 될 때는 사형에만 처하지 않는다면 영영 죽지 않을 것처럼 비굴하게 구는 걸 여러 번 봤는데 그래선 안 된다."고 큰소리치지요. 그의 말이 끝나자 배심원들은 유죄냐, 무죄냐를 놓고 투표를 합니다. 그 결과 280 대 220으로 소크라테스의 유죄가 확정되었지요.

유죄 선언 뒤에는 형량을 결정하는 투표를 했습니다. 원고 측은 사형을 원했고 소크라테스 측에서는 벌금형을 요구했어요. 소크라테스의 제자들은 자기들이 보증을 설 테니 벌금을 내고 자유의 몸이 되라고 그를 설득했습니다. 소크라테스는 마지못해 그 제안을 받아들이면서도 배심원들을 꾸짖지요.

"이승에서 스스로 재판관이라고 말하는 사람들에게서 벗어나, 저승에서 재판을 하고 있다는 참다운 재판관들인 미노스, 라다만티스, 아이아코스, 트립톨레모스(모두 생전에 현명하고 경건한 생활을 했으며 저승에서는 죽은 자의 재판관이 되었다고 함)를 만날 수 있다면 그것이 과연 헛된 일일까요?"

당신들은 진정한 판관들이 아니니 저승에 가서 진짜 판관들을 만나는 게 낫다는 말입니다. 소크라테스는 "죽음을 면하기란 그다지 어려운 일이 아니다. 그보다는 비굴함을 면하기가 훨씬 더 어렵다. 비굴함은 죽음보다 더 빨리 달리기 때문이다."라고 말하면서 버팁니다. 무릎 꿇고 빌어도 시원찮은데 배 째라는 식이죠. 곧 형량을 정하는 투표가 시작되고, 결국 배심원들은 360 대 140이라는 큰 표 차이로 소크라테스에게 사형을 언도합니다. 이 상황에서도 소크라테스는 쫄지 않습니다.

이번에 나에게 일어난 일은 좋은 일인지도 모릅니다. 죽는 것을 나쁜 일이라고만 여길 게 아닙니다. 이렇게 생각해 봅시다.

죽음이란 다음 둘 중 하나입니다. 아무것도 아닌 무 자체여서 죽은 사람은 전혀 감각이 없거나, 또는 전해 내려오는 말처럼 영혼이 여기서 다른 곳으로 자리를 바꿔서 옮겨 사는 것이거나.

만약 죽음이 꿈 한 번 꾸지도 않는 잠 같은 것이라면 죽는 건 좋은 일입니다. 누군가 꿈도 꾸지 않고 달게 잘 잤다 칩시다. 평생에 며칠이나 그렇게 잘 수 있겠습니까. 페르시아 왕도 그런 날은 일생에 손꼽을 정도일 겁니다. 죽음이 과연 이런 것이라면 나는 그것을 이득이라고 말하겠습니다.

그러나 한편으로 죽음이라는 게 이곳에서 다른 곳으로 옮겨 사는 것이고, 따라서 죽은 사람은 다 그곳으로 간다는 말이 사실이라면 이보다 더 좋은 일이 어디 있겠습니까? 오르페우스나 헤시오도스나 호메로스를 만나기 위해서라면 아무리 큰 대가라도 치르려는 사람이 여러분 중에도 있지 않습니까? 과연 그 말이 사실이라면 나는 몇 번을 죽어도 좋다고 생각합니다. 나 역시 그곳에서 지내는 일은 멋진 일일 테니까요.

아, 정말로 우리가 죽은 다음에 저승에서 옛 위인들을 만날 수 있다면 소크라테스 선생과 점심을 함께 하고 싶군요. 스티브 잡스가 먼저라고요? 아마 잡스는 이미 하늘에서 소크라테스 선생과 신나게 담소를 나누고 있지 않을까요? 《소크라테스의 변명》은 이렇게 끝을 맺습니다.

이제 떠날 때가 되었군요. 자, 각자의 길을 떠나도록 합시다. 나는 죽기 위해서, 여러분은 살기 위해서. 우리들 중 누가 더 좋은 일을 만날지는 오직 신만이 아실 뿐, 아무도 모릅니다.

Jowett, 22p

Part 3

드라마적 재미와
감동을
느낄 수 있는 고전

제 9 장

장자 莊子 _ 장자

답답한 세상,
나비처럼 자유롭게

전국시대의 대표적인 도가 사상가인 장주(莊周)가 지었다고 전하는 책. 당나라
현종이 장자에게 남화진인(南華眞人)이라는 존호를 붙이면서 《남화진경》(南華
眞經)이라고도 불린다. 내편 7편, 외편 15편, 잡편 11편으로 모두 33편이다.
내편은 장자가 저술한 것으로, 장자 사상의 정수가 포함되어 있다고 평가된다.
외편과 잡편은 후학에 의해 저술된 것으로 추측된다. 주로 동물들이 등장하는
풍자적인 이야기인 우화의 형태로 엮여 있는데, 세속적인 관습과 고정관념에
서 탈피하여 자유로운 인간이 될 것을 강조하고 있다.

중국 고대사는 다섯 명의 왕 이야기로 시작합니다. 사마천도 《사기》를 오제五帝부터 썼습니다. 다섯 명의 왕은 황제, 전욱, 제곡, 요, 순입니다. 맨 앞의 황제는 '黃帝'로 일반명사인 황제皇帝와 다릅니다. 그리고 요와 순 임금은 태평 시대를 이끈 성왕으로 《장자》에 자주 등장합니다. 다른 책, 특히 유가의 저서에서 요와 순 임금은 성인의 대명사인데 특이하게도 《장자》에서는 이들이 늘 좋은 캐릭터가 아닙니다. 장자는 요 임금마저 코미디의 주제로 삼습니다. 다음은 《장자》〈천지〉天地편에 나오는 구절입니다.

하루는 요 임금이 화華 지방에 놀러 갔는데 이곳 국경을 지키는 관리가 말했다.

"아, 임금님! 임금님에 대해 사람들이 이렇게 말합니다. '우리 임금은 진실로 공손하고 겸양하신다. 또 총명하고 우아하고 신중하시다. 그분 가까이 가면 온유함이 느껴지고, 그분에게서 나오는 감화의 빛은 온 세상에 퍼져 하늘과 땅에 이르렀다.'고 말입니다. 이렇게 뵈니 임금님은 소문대로 정말 성인이시옵니다. 임금님의 장수를 빌겠습니다."

요 임금이 말했다.

"됐소, 사양하겠소."

"그럼 부자가 되시라고 빌겠습니다."

"됐소, 사양하겠소."

"그럼 아드님을 많이 낳으시라고 빌겠습니다."

"됐소, 그것도 사양하겠소."

국경지기가 말했다.

"예로부터 장수와 부귀와 다산은 모두가 바라는 일인데 어찌 사양하십니까?"

"오래 살면 욕보는 일이 많아지고, 부자가 되면 할 일이 많아지고, 아들이 많으면 근심이 많아지오. 이 세 가지는 덕을 기르는 데 방해가 되오."

"나는 당신이 성인인 줄 알았는데 이제 보니 그렇지도 않군요. 오래 살면 신선처럼 도를 닦으면 되고, 부자가 되면 가진 것을 다른 이와 나누면 되고, 아들을 많이 낳으면 그들에게 천하를 위해 각자 할 일을 맡기면 될 것을, 무슨 욕될 일이 있겠습니까?"

국경지기의 말을 듣고 요 임금은 크게 깨닫는 바가 있었다. 요 임금이 그에게 말했다.

"모자란 저를 가르쳐 주십시오."

그러자 국경지기가 급히 떠나며 말했다.

"(   )"

앞의 괄호 안에 들어갈 말은 무엇일까요? 살짝 잘난 체하는 요 임금에게 국경지기는 뭐라고 했을까요? 이렇게 대답했답니다.

"됐소, 사양하겠소!"

정말 대단하죠? 《개그콘서트》 저리 가라입니다. 이 사건이 신문에 난다면 이런 제목이 어울리지 않을까요?

- 상대를 무시한 요 임금에게 통쾌한 한 방!
- 젊은 권력자 요 임금, 늙은 국경지기에게 당하다!
- 국경지기, 민초를 대변해 왕에게 한마디. "저리 꺼져!"

저는 이 대목을 읽다가 얼마나 웃었는지 모릅니다. 단박에 장자가 좋아졌어요. 장자라는 양반, 진짜 웃깁니다. 다음 이야기를 볼까요.

장자의 친구 조상曹商이 진나라에 사신으로 갔다. 조상이 진나라로 갈 때는 수레 몇 대만 타고 갔으나 교섭을 잘 끝마쳐 진나라 임금에게 금은보화를 가득 실은 수레 백 대를 받았다. 조상이 돌아오다가 장자의 집에 들러 말했다.

"여보게, 언제까지 이렇게 지저분한 골목의 누추한 집에 살 건가? 자네 꼴을 보게. 짚신이나 삼으며 거지처럼 살고 있지 않나? 눈은 푹 들어가고 목은 살도 없이 바짝 말라 버린 데다 매일 두통을 앓고 있으니……. 나 같으면 이렇게 못 사네."

장자가 답했다.

"진나라 왕은 병이 나서 의사를 부를 때 종기를 터뜨리고 입으로 고름을 빠는 자에게는 수레 한 대를 주고, 치질을 핥아서 고쳐 주면 수레 다섯 대를 준다고 하더군. 치료하는 부위가 더러울수록 수레를 많이 준다던데, 당신은 얼마나 더러운 데를 핥아 주셨나? 수레를 많이도 얻어 왔구먼. 어서 갈 길이나 가시게!"

《장자》〈열어구〉(列禦寇)편

이거 참 재미있죠? 마치 국경지기 민초가 요 임금에게 하듯, 장자는 부귀영화를 자랑하는 조상에게 "꺼져."라며 면박을 줍니다. 장자 같은 사람이 그립습니다. 장자가 살아 돌아와서 돈 자랑밖에 할 게 없는 제 선배에게 한마디 해줬으면 좋겠습니다. 힘자랑밖에 할 게 없는 제 후배에게 한마디 해줬으면 좋겠습니다. 무엇보다도 집 밖에서는 강연이다 뭐다 하며 큰소리치지만 집에만 들어오면 한없이 오그라드는 위선자인 제게 한마디 해줬으면 좋겠습니다.

"똥구멍을 핥았나? 왜 이리 입이 더러워. 저리 꺼져!"

시대의 천재이자 이야기꾼, 장자

책을 어렵게 쓰기로 유명한 철학자 하이데거는《장자》의 애독자였다고 합니다. 하이데거의 특기는 쉬운 개념을 어렵게 쓰기인데 장자는 어려운 개념을 쉽게 풀기가 특기였지요. 쉬운 주제를 어렵게 말하는 사람과 어려운 주제를 쉽게 말하는 사람 중 누가 고수일까요? 후자가 당연히 고수지요. 장자는 하이데거보다 한참 위에 있는 철학자였습니다. 이건 절대로, 제가 하이데거를 이해하지 못해서 하는 말입니다.

헤르만 헤세는 《장자》를 가리켜 "중국의 사상을 다룬 책 중에 가장 매력적인 책."이라고 말했다지요. 동서양의 많은 작가와 학자가 《장자》의 기발한 상상력과 다양한 상징성을 찬미했습니다. 기발하고 창의적인 면만 놓고 보면 현대의 그 어떤 작가도 장자를 따라가지 못할 겁니다.

장자(BC 369~286)의 이름은 주周로, 몽蒙 지역(지금의 허난성 상추 근방) 출신입니다. 당시 송나라 지방이었지요. 사마천이 쓴 《사기열전》에도 장자 이야기가 살짝 나옵니다.

> 장자의 학문은 [넓어] 통하지 않은 것이 없었는데, 그 학문의 요체는 근본적으로 노자의 학설로 돌아간다. 그러므로 그가 지은 책 10여만 자는 대부분 우화들이다. [그는] 「어부漁父」, 「도척盜跖」, 「거협胠篋」편을 지어서 공자 무리를 호되게 비판하고 노자의 가르침을 밝혔다. [그는] 책을 지음에 빼어난 문사로 세상일을 살피고 인간의 마음에 어울리는 비유를 들어 유가와 묵가를 예리하게 공격했다. 비록 당대의 학문이 무르익은 위대한 학자들도 그의 공격을 벗어나지는 못했다. 그의 말은 거센 물결처럼 거침이 없이 생각대로 펼쳐졌으므로 왕공王公이나 대인大人들에게 그릇감으로 여겨지지 못했다.
>
> 《사기열전 1》, 김원중 옮김, 민음사, 2015, 84p

장자는 한때 옻나무 밭을 관리하는 말직을 맡기도 했지만 대체로 벼슬을 하지 않고 평생 자연과 벗하며 살았습니다. 벼슬이 없으니 가난하고 배가 고팠겠지요. 그러나 장자의 곁에는 그의 지혜를 사랑하는 많은 친구와 제자들이 있었습니다.

장자의 사람됨을 보여 주는 유명한 일화가 있습니다. 초나라 위왕이 장자가 지혜롭다는 말을 듣고 그를 불러 재상으로 삼으려 했습니다. 위왕은 천금과 보화를 실은 수레와 함께 사신을 보내왔습니다. 이때 장자는 끼니도 제대로 잇지 못할 정도로 가난했지요. 사신이 말합니다.

"우리 임금께서 선생님을 모시고자 합니다."

그러자 장자는 껄껄 웃으면서 답했습니다.

"천금이라…… 큰돈이군요. 재상은 만인지상의 벼슬이고요. 하지만 그대는 제사 때 희생물로 쓰려고 끌려가는 소를 보지 못했소? 오랫동안 잘 먹고 잘 지내던 소가 비단옷까지 걸치고는 결국 죽으러 가는 것이오. 이때 그 소가 '돼지가 되고 싶다.'고 해서 그렇게 될 수 있겠소? 나는 차라리 더러운 시궁창에서 놀지언정 왕 아래 들어가 얽매이고 싶지 않소. 그러니 그대는 나를 더 이상 욕되게 하지 말고 빨리 돌아가시오."

정말 멋지죠? 장자가 살아 돌아와 세상 권력에 빌붙어 아부하는 모든 잡류들에게 한마디 했으면 좋겠습니다. "엿이나 드셔!"

빈 배와 미녀가 말해 주는 삶과 죽음의 이치

장자의 사상은 동양철학 역사에서 독특한 위치에 있습니다. 그의 사상을 한마디로 정의하는 것은 무의미하지요. 《장자》에서 가장 유명한 일화인 '호접몽'을 예로 들어 봅시다.

> 어느 날 장주가 꿈속에서 나비가 되었다. 나비는 자유롭게 훨훨 날
> 아다니며 자신이 장주임을 몰랐다. 문득 깨어 보니 분명히 장주였다.
> 장주가 꿈에 나비가 되었던 건지, 나비가 꿈에 장주가 되었던 건지
> 알 수가 없다.
>
> 《장자》〈제물론〉(齊物論)편

장자는 《장자》 전편에 걸쳐 이런 인식을 극단까지 몰고 갑니다. 마치 소크라테스처럼 엄정하게 "네가 아는 것을 아는 것이라 할 수 있는가? 너는 나비일지도 모르는데?"라고 묻습니다. 꿈속에서 나비는 날갯짓을 할 뿐 인식하지 않습니다. 그러나 꿈에서 깨면 나는 나비가 아닙니다. 문제는 이것이 꿈속의 생시인지, 생시 속의 꿈인지 알 수 없다는 겁니다. 내가 나비인지 나비가 나인지, 내 앎이 무지인지 무지가 앎인지, 나는 지금 뭔가를 알고 있는 것인지 다만 날갯짓을 하고 있을 뿐인지…….

《장자》는 원래 10만 자에 52편이 있었는데 오늘날 전해지는 것은 서진西晉시대 곽상郭象(252~312)이란 사람이 처음으로 정리한 것입니다. 내편 7편, 외편 15편, 잡편 11편의 이야기로 모두 6만 5,000자로 되어 있지요. 책을 펼치면 주옥같은 내용이 많습니다만 먼저 이런 이야기가 눈에 들어옵니다.

빈 배를 욕하랴?

성질 급한 이가 배로 강을 건너고 있었다.

갑자기 뭔가가 배 뒤에 쿵! 하고 부딪혔다.

그는 몸이 기우뚱하며 물에 빠질 뻔했다.

"도대체 뭐야?" 하고 돌아보니

어디선가 빈 배가 떠내려와 그의 배에 부딪힌 것이다.

그는 곧 조용해져서 다시 자리에 앉아 노를 저었다.

얼마를 가다 보니 또 다른 배가 와서 부딪혔다.

그 배에는 사람이 타고 있었다.

성질 급한 이는 상대를 보고 비켜 가라고 소리쳤다.

한 번 소리쳐서 듣지 않자 두 번 소리쳤고,

두 번 소리쳐 듣지 않자 이번에는 온갖 욕을 하며 화를 냈다.

처음에는 화를 내지 않았는데 나중에 화를 낸 까닭은 무엇인가?

앞의 배에는 사람이 없었고 뒤의 배에는 사람이 있었기 때문이다.

우리 모두가 자기를 비우고 인생의 강을 흘러간다면

누가 우리를 해칠 수 있겠는가?

《장자》〈산목〉(山木)편*

아, 좋지 않나요? 저만 좋은가요? 좋지요? 참 좋습니다. 정말로 좋습니다. 고전이란 게 현대인에게 참 좋은데 뭐라고 말해야 할지 모르겠습니다. 아니, 누구에게 알리는 것도 좋지만 이럴 때는 이 좋은 것을 온전히 내 것으로 삼고 싶습니다.

'빈 배를 욕하랴' 같은 구절을 만나면 저는 조용히 책을 덮고 숲으로 갑니다. 이 감동을 안고 도저히 다음 구절로 넘어갈 수 없어서입니다. 최고의 순간은 그것만으로도 충만하기에 또 다른 최고의 순간을 받아들일 마음의 자리가 없습니다.

이럴 때면 저는 집 옆의 안산 숲으로 갑니다. 서대문구에서 장애인들도 쉽게 갈 수 있도록 만들어 놓은 자락 길을 따라 능안정과 숲 속 무대를 지나 더 깊은 숲길로 빠집니다. 제법 큰 메타세쿼이아들이 줄지어 서 있습니다. 숲에서 나무들에게 인사합니다. 나무를 껴안고 눈을 감습니다. 고맙다고 말을 건넵니다. 너희들이 있어서 좋아. 너희들이 희생해서 책이 되었잖아. 2,500년 전의 죽간부터 현재의 종이책까지, 너희가 아니었으면 나는 지금 이순간의 좋음을 누리지 못했을 거야. 잊지 않을게, 너희들의 헌신을. 다시 봄이 돌아오면 작지만 튼튼한 묘목으로 너희를 기릴게…….

나무가 나인지, 내가 나무인지 모르는 상태에서 눈이 젖어 옵니다. 하

---

* 다음 문헌을 기본으로 다양한 판본에 기초하여 재구성한 것이다. Palmer, Martin, *The Book of Chuang Tzu*, Penguin Books, 1996, 169~170p.

나가 죽어 썩어 없어져야만 또 다른 하나가 살아난다는 윤회의 가혹함 때문에. 자연을 포옹하고 숨을 나누며 인사한들 이 슬픔이 사라지겠습니까. 사랑을 줄여야 하나요. 숨 쉬는 것과 숨 없는 것들에 대한 연민을 덜어 내야 하나요. 빈 배가 될 때까지?

마음을 비우고 다시 집으로 돌아옵니다. 서민 아파트 단지 안에서 찌개 끓이는 냄새가 구수하고 아이들의 웃음소리가 울려 퍼집니다. '살아야겠다!' 그렇게 마음먹고 있는데 〈제물론〉에 이런 구절이 또 눈에 띕니다.

> 삶을 즐거워하는 것이 미혹 아닐까? 죽음을 싫어하는 것은 어려서 집을 잃고 돌아갈 줄 모름과 같은 것 아닐까? 미녀(여희麗姬)는 애艾라는 곳 변경지기 딸이었네. 진晉나라로 데려갈 때 여희는 너무 울어서 눈물에 옷깃이 흠뻑 젖었지. 그러나 왕의 처소에 이르러 왕과 아름다운 잠자리를 같이하고 맛있는 고기를 먹게 되자, 울던 일을 후회하였네. 죽은 사람들도 전에 자기들이 삶에 집착한 것을 후회하지 않을까?
>
> 《장자》, 오강남 풀이, 현암사, 1999, 121p

여희는 진나라 헌공이 여융驪戎(진나라 북서쪽에서 유목을 주로 하며 살았던 민족)을 물리치고 납치해 온 여인 중 하나였습니다. 그녀가 어찌나 예뻤는지 헌공은 나랏일을 잊을 정도였지요. 여희는 곧 아들 해제를 낳았습니다. 헌공에게는 이미 장성한 태자 신생과 두 아들 중이와 이오가 있었는데 셋 다 헌헌장부였고 나름대로 지지 세력이 있었습니다. 여희

222

는 외모는 아름다웠지만 속은 음흉했는지(아니면 생존의 부박한 방식이었는지) 자기 아들 해제를 태자로 만들기 위해 신생을 죽입니다. 신생의 두 아우는 다른 나라로 망명을 하지요. 헌공이 죽고 여희는 해제를 왕으로 만드는 데 성공했지만 곧 이오가 돌아와 여희와 해제 모두 죽임을 당합니다. 여희는 한마디로 경국지색傾國之色의 표본이었다고 할 수 있지요.

여희는 애 땅에 살다가 진나라에 끌려갈 때 고향을 떠나는 것이 슬퍼 울었습니다. 그러나 진나라 왕의 후궁이 되어 부귀영화를 누리게 되자 이런 생각이 들었겠지요. '나도 참 어리석었지……. 그 촌구석을 떠나는 게 뭐 그리 서럽다고 울었나. 지금 여기 화려한 궁전에서 모든 걸 다 누리며 살고 있는데.'

여희의 일화에서 애 땅의 시간들은 삶을 뜻하고 진나라 왕궁은 죽음을 뜻합니다. 우리는 누구나 죽음을 두려워하고 죽기를 싫어합니다. 그런데 장자가 묻습니다. "죽은 다음에 우리를 기다리는 것이 왕궁일지 어떻게 알아?"

저는 고전을 읽으면서 책에 나오는 장면을 상상하길 좋아합니다. 예를 들면 장자와 친구들이 모여 주막에 모여 이야기를 나누는 겁니다. 오이 하나와 탁주 한 사발을 앞에 놓았겠지요. 장자가 여희 이야기를 하니 친구들이 무릎을 치며 감탄합니다.

"오호, 그렇지. 자네 말이 맞네."

"이보게, 장자! 기왕 미인 얘기가 나왔으니 그 '미녀와 추녀' 얘기 한 번 더 해주게."

장자가 빈 술통을 흔들며 대답합니다.

"허허, 이 사람들 맨입에 해달라는 건가?"

"아니지, 아니지. 주모! 돼지고기 삶은 것하고 술 좀 더 가져오시게."

그렇게 술 한잔 걸친 장자가 '미녀와 추녀' 이야기를 시작합니다.

양자가 송나라에 갔을 때 여관에 묵었다네. 여관 주인에게는 첩이 둘이었는데 한 사람은 미녀고 다른 한 사람은 추녀였어. 그런데 이 주인 좀 보게. 추하게 생긴 여자를 예뻐하고 아름답게 생긴 여자를 천대하는 거야. 양자가 그 까닭을 물으니 여관 주인이 말했다네.

"저 미인은 스스로 잘났다고 자랑하여 잘난 줄을 모르겠는데, 저 추녀는 스스로 못났다고 여겨 삼가니 오히려 그 못남을 모르겠습니다."

이 말을 듣고 양자가 제자들에게 말했다지.

"너희들은 명심하라. 어진 행동을 하면서도 스스로 어진 행동을 한다고 여기지 않으면 어디 간들 사랑받지 않겠느냐?"

《장자》〈산목〉편

이와 비슷한 말이 노자의 《도덕경》에도 나온다는 사실, 아십니까?

훌륭한 덕德의 사람은

자기의 덕을 의식하지 않습니다.

그러기에 정말로 덕이 있는 사람입니다.

훌륭하지 못한 덕의 사람은

자기의 덕을 의식합니다.

그러기에 정말로 덕이 없는 사람입니다.

《도덕경》, 오강남 풀이, 현암사, 1999, 178p

미인은 자기의 미를 의식했기에 덕이 없는 사람이 되었고, 추녀는 자신의 겸손을 의식하지 않았기에 덕이 있는 사람이 되었습니다. 또다시 엉뚱한 상상을 해봅니다. 만약 노자와 장자가 한 시대에 살았다면 어땠을까요? 아마도 이런 풍경이 펼쳐질 것 같습니다. 노자 스쿨에 학생들이 모이자 노자 선생님이 나와서 다음과 같이 말씀하십니다(아래는 위 풀이의 원문입니다).

상 덕 부 덕 시 이 유 덕
上德不德 是以有德

하 덕 불 실 덕 시 이 무 덕
下德不失德 是以無德

《도덕경》 38장

말을 마치고 노자는 휙 나가 버립니다. 이게 도대체 무슨 말이야? 제자들이 수군거리겠지요. 그중 한 사람이 노자 스쿨의 장학생이자 노자 샘의 수제자인 장자에게 묻습니다.

"선생님이 지금 뭐라고 하신 겁니까?"

장자가 재미있는 이야기로 노자 선생님의 말씀을 풀어 줍니다.

"양자가 송나라에 갔을 때 여관에 묵었는데요, 거기 미녀와 추녀가 있었대요……."

장자의 이야기가 끝나자 학생들이 무릎을 치며 감탄하지요.

"아하! 그게 그런 거였구나! 앞으로는 잘난 척하지 말아야겠다."

노장 사상이란 게 있다면, 노자는 그 이론을 세웠고 장자는 실례를 들어 사상을 완성했다고 할 수 있습니다. 노자가 뼈라면 장자는 살과 피라고나 할까요? 철학자들 중 어떤 이들은 "장자는 노자와 하나로 묶을 수 없다."고 주장하지만 《장자》를 읽다 보면 자꾸 노자의 얼굴이 떠오르는 것은 부인할 수 없습니다.

그런데 장자가 미인을 꽤나 좋아했나 봐요. 아니면 이야기를 듣는 사람들이 미녀 이야기를 좋아했던 걸까요? 미녀 이야기 하나 더 하지요.

서시西施가 가슴을 앓아 이맛살을 찌푸리고 있었더니 그 마을의 추녀가 [그녀를] 보고 아름답다 여기고 [집으로] 돌아오자 역시 가슴에 손을 얹고 이맛살을 찌푸렸다네. [그 꼴이 너무 흉측하여] 마을의 부자가 그를 보고는 문을 굳게 잠근 채 밖에 나가지 않게 되고 가난한 사람들은 그를 보고는 처자를 이끌고 [마을에서] 달아나 버렸다는 거야. 그[추녀]는 [서시가] 이맛살을 찌푸린 모양이 아름답다는 점은 알았으나 이맛살을 찌푸리면 [어째서] 아름다워지는[가 하는] 까닭을 알지 못했다네.

〈천운〉(天運)편, 《장자》, 안동림 역주, 현암사, 2010, 382p

여기에 나오는 서시는 오나라를 망하게 한 요부이자 중국 역사상 '4대 경국지색'에 꼽히는 미녀입니다. 폭군 곁에는 미녀가 빠지지 않지요. 폭군과 4대 요녀는 하나라 걸왕과 말희, 은나라 주왕과 달기, 오나라왕 부차와 서시, 당나라 현종과 양귀비라고 합니다. 어떤 이들은 당나라 현종과 양귀비 대신 주나라 유왕과 포사를 넣기도 하더군요. 뭐, 호사가들의 평가일 뿐입니다.

먼저 이들을 간략하게 소개하겠습니다. 중국 역사상 최초의 왕조 국가라고 추측되는 하夏 왕조(아직 고증이 완벽하지 않기에)는 기원전 23세기경에 우禹 임금이 세웠다고 합니다. 하나라의 마지막 왕은 걸桀왕인데 말희라는 미인에게 빠져 정사를 게을리 한 데다가 포악무도했습니다. 걸왕은 기원전 1751년 탕왕에게 패해 추방당했다가 목숨을 잃습니다.

탕왕이 세운 은나라를 망하게 한 왕은 주紂왕입니다. 주왕은 달기라는 미녀에 빠져 있었지요. 풍몽룡의 《열국지》에 보면 폭군들이 요녀를 '익애溺愛했다'란 말이 나옵니다. 이 익애란 말이 참 재미있어요. 물에 빠질 익, 사랑할 애입니다. 물에 빠진 듯 사랑한다는 뜻입니다. 오, 그렇지요. 우리도 누군가를 사랑할 때는 마치 수영도 할 줄 모르는 사람이 물에 빠져 허우적대듯 사랑합니다. 그 물에서 빠져나와야 사는데, 사는지 죽는지도 모르고 그저 빠져듭니다. 사랑과 목숨을 바꾸는 것이지요. 사실 모든 사랑은 익애입니다. 익애가 아니면 사랑이 아닌 거지요. 우리 모두는 그 익애에 빠져 자신이 죽는지도 모르고 죽어라 사랑합니다. 그 때문에 또 죽지 않고 삽니다.

다만 한 나라를 책임진 왕이 정사政事보다 정사情事를 우선하면 안 되는 거지요(저 같으면 처음부터 나라를 돌보는 건 사양하고, 그냥 사랑만 하겠습니다만). 하여간 주왕은 달기를 위해 1,000척 높이의 누각을 세워 보물을 채웠고, 사구라는 곳에 정원을 만들어 온갖 짐승을 풀어 놓고 길렀습니다. 주왕과 달기는 이곳에 술을 가득 채우고, 주변의 나무에는 고기를 매달아 놓은 채 벌거벗은 남녀와 함께 놀았다고 합니다. 여기에서 나온 말이 '주지육림'酒池肉林입니다. 술 연못에 고기 나무라……, 한번 해보기라도 했으면 좋겠군요.

주왕과 달기는 포악해서 사람을 죽이고 괴롭히는 짓을 좋아했답니다. 구리로 기둥을 만들고 기름을 바른 다음 활활 타는 숯불 위에 가로로 얹어 놓았다지요. 죄인을 그 위로 건너가게 해서 끝까지 가면 살려 주는데, 열이면 열 모두 떨어져 죽고 말았어요. 이걸 '포락지형'炮烙之刑이라고 합니다. 이때 떨어지지 않으려고 발버둥치는 모습을 보며 두 사람은 박수를 치며 좋아했답니다. 사람 목숨을 갖고 놀면 안 되는데……. 왠지 로마 시대의 폭군 네로와 영화《글래디에이터》가 생각나네요.

정사를 돌보지 않는 왕과 여인을 백성들이 지지할 리 없지요. 주왕과 달기 역시 훗날 주문왕이 된 서백 희창의 혁명으로 몰살당합니다. 서백 희창은 주나라를 세웠고 주나라는 기원전 1046년에서 771년까지 중국을 지배했어요. 기원전 770년 주유왕의 아들 평왕이 낙양으로 천도하는데 이전을 서주시대라고 하고 이후를 동주시대라고 합니다. 동주시대는 주나라가 실권을 잃고 주나라의 봉건국들이 힘을 얻게 되지요. 동주시대는 다른 말로 춘추전국시대입니다.

서주시대 말기의 혼란을 상징하는 포사는 "비단을 찢는 소리를 들으면 그제야 조금 웃는다."는 미녀입니다. 지금으로 치면 샤넬 백 정도를 사다 줘야 살짝 미소를 지을까 말까 하는, 되게 비싼 척하는 여자였지요. 포사를 익애한 주유왕은 그녀를 즐겁게 하고 싶어 안달이 난 끝에 "포사를 웃게 하는 방법을 생각해 내는 자에겐 황금 천 냥을 주겠다."고 공포합니다. 이때 괵석보라는 간신이 해괴한 제안을 해요. 적이 쳐들어왔을 때 연기를 피우는 봉화를 올리자는 겁니다. 봉화를 보고 장수들이 허둥지둥 달려오면 포사가 웃을지도 모른다는 것이지요. 한마디로 미친 짓입니다. 그런데 진짜 봉화를 지핍니다. 마치 방송에서 "이것은 실제 상황입니다! 북한이 남침을 했습니다!" 하는 것처럼 말이죠.

봉화를 보고 각 지역의 제후와 장군들이 군사를 이끌고 달려왔으나 도성에는 아무 일이 없었습니다. 장수들은 땀을 흘리며 어쩔 줄을 모릅니다. 그런데 그 모습을 보고 포사가 웃습니다. "깔깔깔, 하하하……."

소설가 유재주 씨는 《열국지》에 포사가 그렇게 웃은 게 어린 시절 버림받았던 트라우마 때문이었다고 해석해 놨습니다. 어찌 되었든 망해 가는 나라의 왕과 간신이 참으로 괴상한 짓을 한 거지요. 주유왕은 한 여자를 웃게 하기 위해 나라의 안위를 놓고 도박을 벌인 셈입니다. 그는 이 아이디어를 낸 괵석보에게 황금 천 냥을 주어 포상했어요. 여기서 나온 말이 '천금을 주고 웃음을 산다'는 '천금소매'千金笑買입니다.

어째서 폭군과 미녀의 결합은 이렇게 사자성어를 양산하는지, 그래서 더 밉네요. 공부할 거리만 늘어나니까요. 주유왕은 이런 짓을 몇 번씩이나 해댑니다. 그런데 나중에 서쪽의 융족이 진짜로 침입합니다. 이때도 봉화를 올리지만 제후들이 오지 않아 결국 주유왕은 포사와 함께 죽임을 당하지요.

앞서 인용한 글에 나오는 서시 이야기를 해보죠. 오나라 왕 부차는 나라를 부흥시킨 명군이었으나 서시를 가까이하면서 판단력이 흐려집니다. 사실 서시는 월나라 출신으로 월나라 왕 구천이 부차를 사치와 방탕에 빠뜨리기 위해 보낸 간자였습니다. 그녀는 월나라와 오나라를 통틀어 최고의 미녀였다고 합니다. 누구든 한번 보면 그녀의 매력에 빠져 버릴 정도였다지요.

오왕 부차는 오로지 서시의 환심을 사는 것에 관심을 쏟습니다. 서시를 위해 300미터 높이의 고소대와 별궁을 짓죠. 이 때문에 많은 백성들이 공사를 하다 죽거나 다칩니다. 부차는 어떻게 하면 서시를 즐겁게 할 수 있을까란 생각에 빠져 오나라의 국력을 허비합니다. 당연히 정사는 돌보지 않고 허랑방탕한 세월을 보내지요. 부차는 결국 월나라의 침공을 받아 패하여 죽고 맙니다.

서시는 얼마나 예뻤던지 사람들은 그녀가 찡그리는 모습까지 흉내를 냈다고 합니다. 여기서 나온 고사가 효빈效顰입니다. 여기서 효는 '모방

한다', 빈은 '찡그린다'는 말입니다. 앞의 인용에서도 서시를 흉내 내다 사람들에게 왕따를 당한 추녀가 등장합니다. 추녀가 얼마나 못생겼는지 사람들이 이사까지 갔다니, 장자의 비유도 참 냉정하죠?

인간의 세계에 잠시 머물다 간 '자유인'

《장자》에는 삶과 죽음을 초월한 저자의 모습이 투영되어 있습니다. 〈열어구〉편에는 장자의 임종 장면이 등장합니다.

> 장자가 죽을 때가 되자 제자들이 성대하게 장례를 계획했다. 장자 선생이 말했다.
>
> "내게는 하늘과 땅이 관이고, 해와 달이 한 쌍의 옥보석이고, 별과 별자리가 구슬이자 진주이자 장식이야. 이렇게 모든 것이 갖춰져 있는데 어떻게 더 후하게 치른단 말이냐?"
>
> 제자들이 대답했다.
>
> "저희들이 아무렇게나 매장하면 스승님의 시신을 까마귀나 솔개가 먹을까 봐 걱정입니다."
>
> 장자 선생이 웃으며 말했다.
>
> "땅 위에 있으면 까마귀나 솔개의 밥이 되겠지. 그럼 땅 아래 묻으면 어떻게 될까? 개미나 땅강아지의 밥이 될걸? 이놈들 걸 빼앗아서 다른 놈들한테 주는 건 불공평하잖니?"
>
> Mair, Victor H., *Wandering on the way*, Bantam Books, 1994, 332p

대단하다는 말밖에는 할 말이 없습니다. 개미나 땅강아지까지 생각하는 장자 앞에선 말입니다. 누차 말씀드립니다만 《장자》에는 이토록 흥미진진한 이야기가 가득합니다. 지면이 모자라 다 소개할 수는 없고 한 번 읽어 보십시오. 후회하지 않을 겁니다.

장자는 그의 책에서 자유를 이야기합니다. 인식의 대전환, 즉 패러다임의 혁명을 말합니다. 고수와 달인이란 무엇인지, 고수와 달인의 시각에서 봤을 때 범인의 사유와 일상이 얼마나 하찮은 것인지를 강변합니다. 가히 그 인지 체계가 신적인 스케일입니다.

한 가지 아쉬운 것은, 장자는 워낙 자유인이라 제자를 제대로 키우지 않았다는 겁니다. 역사 속 성인들에게는 자신의 언행을 남겨 주고 전파해 줄 충실한 제자들이 있었습니다. 그들은 기억과 기록과 전도의 대가였지요. 공자에게는 증자(또는 사상적 제자인 맹자)가, 예수에게는 사도 바울이, 소크라테스에게는 플라톤이, 석가에게는 아난존자가 있었기에 오늘날까지 이들의 사상이 전해져 오고 있지 않습니까? 장자에게 잘난 제자 하나만 있었어도 어쩌면 지금 우리는 '장자교'라는 전 지구적 종교를 가지고 있었을지도 모릅니다. 그렇지만 아무리 생각해 봐도 그건 장자 선생님의 뜻이 아닌 것 같습니다.

마지막으로 다음 대목을 음미하겠습니다. 이 글에 대해서도 우리나라의 많은 연구자들이 해석을 해놨습니다. 장자의 깊은 뜻은 무엇이었을까요? 석학들의 해석과 여러분의 직감을 잘 섞어 맛있는 비빔밥을 만들어 보시기 바랍니다.

늪에 사는 보잘것없는 꿩은

곡식 한 알을 주워 먹으려면 열 번을 뛰어야 하고

물을 한 모금 마시려면

백 번은 뛰어야 한다.

그러나 비록 원하는 모든 것이

눈앞에 있다 해도

꿩은 닭장에 갇히는 것을

원치 않는다.

차라리 훨훨 자유로이 날아

스스로 양식을 구하려 한다.

〈양생주〉(養生主)편. 토머스 머튼, 《토머스 머튼의 장자의 도》. 권택영 옮김.
은행나무, 2008. 45~46p

제 **10** 장

변신이야기 Metamorphoses **_ 오비디우스**

인간의 모습을 한 신들의
사랑과 복수극

고대 로마의 시인 오비디우스의 대표작으로 200여 편 15권으로 이루어
진 서사시. '전신보'(轉身譜)라든지 '변신담'(變身談), 메타모르포세이스
(Metamorphoses) 등으로도 불린다. 주로 그리스의 전설을 바탕으로 우주의
생성과 변화, 여러 신과 영웅들의 불가사의한 변신을 주제로 하고 있다. 오늘
날 우리에게 알려진 그리스 신화의 대부분이 이 작품을 기초로 하며 중세 시
인들과 화가들에게 그리스·로마 신화의 세계에 대한 끝없는 영감의 원천이
되었다. 그중에서도 특히 이카루스, 아도니스, 나르키소스의 이야기가 널리 알
려져 있다.

　위 그림은 영국의 화가 존 워터하우스 John Waterhouse(1849~1917)가 그린
〈에코와 나르키소스〉(1903)입니다. 나르키소스가 물속의 자신을 들여다
보고 있고 에코는 그걸 바라보고 있습니다. 나르키소스는 자기 자신을
사랑하게 된 청년이지요. 물속에 비친 자기 모습을 보고 사랑에 빠져 상
사병에 걸립니다. 그런데 왜 요정 에코가 애잔하게 그를 바라보고 있을
까요? 나르키소스는 왜 에코를 아랑곳하지 않을까요? 오비디우스가 쓴
그리스·로마 신화 모음인 《변신이야기》를 읽고 이 그림을 본다면 훨씬

더 잘 이해할 수 있을 겁니다. 《나의 문화유산답사기》의 저자 유홍준 선생의 명언은 진리입니다. "사랑하면 알게 되고 알면 보이나니, 그때에 보이는 것은 이전과 다르리라."

나르키소스는 물의 요정 리리오페와 강의 신 케피오스의 아들로 빼어난 미소년이었습니다. 수많은 청년과 소녀들이 그를 열망했지요. 하지만 나르키소스는 자존심이 너무 강해서 그 누구의 사랑도 받아들이지 않았습니다. 그가 열여섯 살이 되었을 때 요정 에코 역시 그를 보고 사랑에 빠집니다.

에코는 원래 말을 정상적으로 할 줄 아는 요정이었는데, 유피테르(제우스)가 다른 요정들과 바람을 피울 때 남편을 찾아 헤매던 유노(헤라)를 가로막고 수다를 떨었습니다. 그사이 요정들이 도망갈 수 있었지요. 이 사실을 알게 된 유노가 에코에게 벌을 내려 다른 사람이 한 말의 끝 대목만 되풀이해서 말하게 하고 다른 언어 능력은 없애 버렸습니다. 에코는 메아리, 울림이란 뜻으로, 그리스 사람들은 산에서 "야호!" 하면 에코가 "야호!" 하고 말을 되받아 친다고 생각했나 봅니다.

이런 에코가 숲에서 나르키소스를 보고 그만 첫눈에 반한 겁니다. 에코는 소년을 미행합니다. 나르키소스가 돌아보지만 아무도 없습니다.

"거기 누구 있어요?" 나르키소스가 소리치자 에코가 답합니다.

"있어요?"

나르키소스가 다시 묻습니다.

"있으면 이리 나와!"

"나와!" 에코가 답합니다.

아무도 보이지 않자 나르키소스가 또 물어요.

"왜 나를 피하지?"

"피하지?"

"누군지 몰라도 여기서 나랑 만나자!"

이 말을 들은 에코는 단숨에 달려 나와 나르키소스를 껴안지요. 하지만 나르키소스는 거부합니다.

"뭐하는 짓이야? 손 치워. 누군가에게 내 사랑을 허용하느니 차라리 죽는 게 낫지. 저리 가!"

사랑하는 나르키소스가 이렇게 말해도 에코는 자기 의사를 표현하지 못하고 "저리 가!"를 반복할 뿐입니다. 퇴짜 맞은 에코는 그 후에도 그저 나르시스소를 졸졸 따라다닙니다. 나르키소스는 에코뿐 아니라 수많은 요정과 남자를 무시하지요. 다른 이들이 아무리 열렬히 사랑을 표현하고 애정을 바쳐도 비웃을 뿐입니다. 대개 구애하는 사람은 무시보다는 농락을 더 원합니다. 무시는 농락보다 더한 모욕이지요. 하여간 남이 자기를 100 정도 좋아하면 나도 최소한 50은 좋아해 줘야 해요. 나르키소스는 그러지 못했습니다. 결국 그에게 버림받은 자 중 누군가가 이렇게 저주했지요.

"신이여! 나르키소스도 이렇게 사랑에 마음만 졸이다가 사랑을 얻지 못하게 하소서."

이 기도를 복수의 여신 네메시스가 들어줍니다. 어느 날 나르키소스는 샘에 물을 마시러 갔다가 물에 비친 자신의 모습을 보고 그만 사랑에 빠져 버렸지요.

> 그는 자기 자신을 보며 찬탄했고, 파로스산 대리석으로
>
> 만든 조각상처럼 꼼짝 않고 같은 표정을 짓고 있었다.
>
> 그는 땅바닥에 엎드려 쌍둥이 별자리와도 같은 제 눈과,
>
> 바쿠스나 아폴로에게나 어울릴 제 머리털과,
>
> 아직 수염이 나지 않은 턱과, 상아 같은 목과, 우아한 얼굴과,
>
> 눈처럼 흰 색조와 어울린 홍조를 바라보고 있었다.
>
> 그는 자신을 찬탄의 대상으로 만드는 그 모든 것을 찬탄했다.
>
> 그는 저도 모르게 자신을 열망했으니, 칭찬하면서 스스로 칭찬받고
>
> 바라면서 바람의 대상이고, 태우면서 동시에 타고 있었던 것이다.
>
> 《변신이야기》, 천병희 옮김, 숲, 2005, 158p

우리의 나르키소스는 이렇게 자기애自己愛에 빠집니다. 물속에 비친 자신을 껴안으려고 손을 뻗으면 사랑의 대상은 흩어집니다. 손을 빼고 가만히 기다리면 사랑하는 이는 다시 나타납니다. 움켜쥐면 또 퍼져 버리고 물러나 바라보면 나를 향해 웃고 있습니다. 다가가면 사라지고 멀어지면 드러나니 이 사랑은 영영 이루어질 것 같지 않습니다. 자기 자신을 사랑하다니, 자기가 타자이고 타자가 자기인 모순입니다. 대상이 주체이고 주체가 객체인 독설입니다. 불행한 애인의 모습을 에코는 그저 속

태우며 바라보고 있을 뿐입니다. 나르키소스에게는 아름다운 에코도 안중에 없습니다. 가엾은 나르키소스, 애끓는 에코……. 이 두 연인의 비극을 그린 작품이 바로 앞서 말씀드린 존 워터하우스의 〈에코와 나르키소스〉입니다.

워터하우스의 그림을 다시 보십시오. 이야기를 알고 보면 더 잘 이해가 되지 않습니까? 더 아름답고 감동적이지 않습니까? 더 잘 느껴지지 않습니까? 이 그림뿐만이 아닙니다. 서양 문화와 예술을 이해하기 위해서는, 아니 서양 자체를 이해하기 위해서는 그리스·로마 신화를 반드시 알아야 합니다.

그리스·로마 신화, 서양 문화와 예술의 원천

문화에는 원류가 있습니다. 흐름을 따라 올라가다 보면 원천이 있습니다. 영어로 된 문학을 이해하려면 먼저 셰익스피어를 알아야 하겠지요. 셰익스피어 위로는 《일리아스》와 《오디세이아》가 버티고 있고 그 상류에는 그리스 신화라는 발원지가 존재합니다. 문화는 전하고 전해 받는 것입니다. 왜 같은 신들의 이야기가 그리스에서 로마로 전해졌을까요? 로마 사람들이 보기에 그리스 신들의 이야기가 그럴듯했기 때문입니다.

로마 이전에 그리스는 지중해 최대의 문명국이자 강국이었어요. 현재의 그리스, 이탈리아, 프랑스 남부 및 흑해 연안, 터키와 시리아, 아프리카 북부 등에 폭넓은 식민지를 구축하고 있었습니다. 그리스가 쇠퇴하면서 로마가 패권을 잡았고 로마 사람들은 앞서 문화를 꽃피웠던 그리스의 선진적인 요소들을 수용했는데, 그중 신화는 온전한 모습 그대로 받아들였지요. 신들의 이름만 로마식으로 바꿨을 뿐입니다. 말하자면 그리스·로마 신화는 사실은 그리스 신화입니다.

서양을 지배했던 나라들은 흥망을 거듭하면서 고대 그리스가 전해 준 신화를 수 세기 동안 전해 주고 전해 받았습니다. '판도라의 상자', '미다스의 손', '큐피드의 화살'이 의미하는 것을 우리는 잘 알고 있습니다. 그리스·로마 신화에 나오는 이야기는 서양인뿐 아니라 전 세계인의 현재 속에, 언어 속에, 문화 속에 살아 있지요. 만약 청소년기 이전까지 만화나 동화로 된 그리스·로마 신화를 읽었다면, 이제는 좀 두툼한 책으로 한번 읽어 봐도 좋을 겁니다.

그런데 우리가 흔히 알고 있는 그리스·로마 신화는 미국의 작가 토머스 불핀치Thomas Bulfinch(1796~1867)가 정리한 것입니다. 《그리스·로마 신화》의 저자를 토머스 불핀치라고 하는데 이건 어불성설입니다. 우리의 《삼국유사》를 미국 사람 스미스 불핀치란 사람이 번역해서 내놓았다고 칩시다. 그렇다고 스미스 불핀치가 《삼국유사》의 저자인가요? 아니지요. 번역자죠. 토머스 불핀치의 그리스·로마 신화는 불핀치가 어린이들이 읽기 좋도록 편집해서 정리해 놓은 영어판 버전에 불과합니다.

그러면 그리스·로마 신화의 원저자는 누구일까요? 아마도 이에 대한 대답은 '작자 미상'일 겁니다. 수천 년 전 고대 그리스 지방에 오랫동안 전해 내려오던 이야기가 구전되면서 누군가 지어낸 이야기를 조금 섞거나 고치지 않았을까요? 그러나 《삼국유사》의 저자는 일연 스님이라고 인정합니다. 엄연히 따지면 《삼국유사》 속의 이야기들은 고대로부터 한반도에 살았던 이름 모를 누군가가 만든 것입니다. 그것이 전해지고 전해지다가 일연 스님이 정리한 것이지요.

그리스 신화 구축에 기여한 최초의 시인 두 사람은 헤시오도스와 호메로스입니다. 호메로스는 생몰 연도가 정확하지 않으나 헤시오도스와 동시대 사람인 것으로 알려져 있습니다. 헤시오도스는 《신들의 계보》에 그리스 신들의 계통을 정리해 놓았습니다. 그리고 호메로스는 《일리아스》, 《오디세이아》 등 일련의 서사시를 통해 신과 인간의 이야기를 풀어 놓았지요.

그리스 신화의 모든 것을 처음으로 정리한 사람은 기원전 2세기 알렉산드리아에서 활동한 아테네 출신 학자 아폴로도로스Apollodoros(생몰 연도 미상)입니다. 그는 헤시오도스, 호메로스뿐 아니라 그리스 신화에 대해 언급한 작가들의 책과 그리스 비극 등을 참고해서 《소小 백과사전》Bibliotheke을 썼습니다. 우리나라에는 《원전으로 읽는 그리스 신화》(천병희 옮김)로 번역되어 나와 있습니다. 아폴로도로스는 책 제목처럼 그리스 신화에 대한 작은 백과사전을 만들려고 했던지 자질구레한 이야기와 각종 자료를 적어 놓았습니다.

이 책이 지닌 치명적인 약점은 재미가 없다는 겁니다. 스토리가 아니라 기록 위주로 쓰여 있기 때문이지요. 영웅들의 가계도, 트로이 전쟁에 나간 오디세우스의 아내 페넬로페에게 구혼한 108명의 명단, 헤라클레스와 관계한 여자들 및 그들 사이에서 태어난 자식들의 명단, 트로이 전쟁에 참전한 영웅들과 병력의 규모 등등을 깨알같이 써놨어요. 우리가 페넬로페의 구혼자 108명을 다 알 필요는 없지 않습니까? 아폴로도로스의 《소 백과사전》은 아마도 이런 따분한 구성 때문에 널리 읽히지 않은 것 같습니다.

그리스 신화는 다행히 로마 시대에 위대한 작가를 만나 영원한 생명을 얻게 됩니다. 그 작가가 바로 오비디우스입니다. 베르길리우스와 함께 로마의 황금기를 대표하는 시인인 오비디우스는 그리스·로마 신화를 집대성해 250편의 아름다운 이야기로 엮어 《변신이야기》를 썼습니다. 아폴로도로스의 책과 달리 《변신이야기》는 재미도 있고 감동도 있습니다. 수사도 뛰어나고 스토리텔링도 훌륭합니다. 무엇보다 작가적 상상력으로 디테일을 살려 섬세하게 쓴 작품입니다. 그렇기에 다른 누구도 아닌 셰익스피어와 밀턴이 《변신이야기》에서 영감을 받아 많은 작품을 탄생시켰지요.

현재로서는 그리스·로마 신화의 가장 완벽한 원전은 《변신이야기》라고 할 수 있습니다. 원저자인 오비디우스의 호흡을 따라가려면 천병희 선생이 완역한 책을 읽기를 추천합니다. 천병희 선생은 원전에 있는 대로 시행詩行을 구분하여 번역했습니다. 《변신이야기》는 운이 여섯 번 반복되는 헥사메터hexameter로 쓴 서사시입니다. 뒤에 소개할 《일리아스》와 《오디세이아》 역시 시입니다. 산문이 아닙니다.

고전을 읽으려면 되도록 원전에 충실한 것, 되도록 완역한 것, 되도록

1차 언어를 번역한 것을 읽어야 합니다. 우리나라에 소개된 그리스·로마 신화는 대부분 토머스 불핀치의 영역본을 중역한 것입니다. 그리스 로마 시대의 문학작품은 영역본보다는 그 당시 언어인 그리스어 또는 라틴어로 된 것을 옮겨 놓은 책을 선택하는 게 좋다고 생각합니다.

안타깝게도 우리나라에서 라틴어로 된 《변신이야기》를 완역한 책은 천병희 선생의 것이 유일합니다. 뒤에 소개할 《일리아스》, 《오디세이아》는 그리스어로 쓴 것인데 이 역시 한국어 완역본은 천병희 선생이 번역한 것밖에 없습니다. 안타까우면서도 다행스러운 일이지요. 서양 문화의 원류라 할 수 있는 그리스 신화를 대표하는 《일리아스》, 《오디세이아》의 그리스어 완역본이 하나라도 있으니 말입니다. 《변신이야기》의 라틴어 완역본이 있다는 것 역시 천만다행한 일입니다. 고대 그리스 문화와 문학에 대한 대한민국의 접근 수준이 아직 유아기 단계라는 걸 실감하시겠지요?

오비디우스는 로마의 문학계를 대표하며 최고의 영예를 누렸습니다. 그런데 무슨 이유에선지 아우구스투스 황제의 눈 밖에 나서 로마의 변방인 흑해 서안으로 유배를 갑니다. 이곳에서 외롭고 비참한 나날을 보내다 10년 만에 세상을 떠나지요. 황제의 미움을 산 이유는 알려지지 않았으나 아마도 황제의 딸인 바람둥이 율리아 혹은 황제의 두 번째 아내 리비아의 불륜을 목격했기 때문이거나, 아니면 율리아나 리비아와 불륜을 저질렀거나 그와 관련된 어떤 일을 한 게 아닐지 짐작할 뿐입니다. 왜냐하면 오비디우스가 희대의 바람둥이였기 때문입니다. 오비디우스는 《사랑의 기술》이라는 연애지침서를 쓰기도 했는데, 그중 한 대목에 이런 이야기가 있습니다.

> 남자가 먼저 대시하라. 신들의 왕 제우스 신도 여자들에게 먼저 무릎 꿇고 애원했다. 어떤 여자도 제우스 신을 먼저 유혹하지 않았다. 하지만 너의 애원이 그녀의 자만심을 불러일으킨다면 작업을 잠깐 중단하고 한발 뒤로 물러서라. 여자들은 달아나면 붙잡으려 하고, 너무 달라붙으면 싫어한다. 부드럽게 몰아서 네게 염증을 느끼지 않게 하라. (…) 사랑하는 마음이 우정이라는 이름으로 그녀 마음에 자연스럽게 스며들게 하라. 나는 아주 까칠했던 여자가 이런 애정 공세에 맥없이 쓰러지는 것을 보았다. 그녀는 처음에는 내 친구로 시작했지만 마지막에는 내 애인이 되었다.
>
> 오비디우스, 《오비디우스의 사랑의 기술》, 김원익 옮김, 에버리치홀딩스, 2010, 111p

종종 이야기가 삼천포로 빠지지요? 사실 문학적 상상력은 목적지로 가는 것보다 삼천포로 빠질 때 비로소 드러나는 법입니다. 다시 《변신이야기》의 나르키소스로 돌아가겠습니다. 나르키소스가 물에 비친 자신을 보고 사랑에 빠졌다가, 그게 자신의 모습인 것을 자각하고 고통에 몸부림치는 장면. 저는 이것을 《변신이야기》 최고의 명장면으로 꼽고 싶습니다.

"오오! 숲들이여, 사랑의 고통을 일찍이 나보다 더 잔인하게

느껴 본 자가 있는가? 너희들은 많은 애인들에게 편리한 은신처였

으니

잘 알리라. 너희들은 그토록 여러 세기를 살았거늘,

기나긴 세월 동안 이처럼 초췌해진 자를 본 기억이 있는가?

나는 사랑하여 바라보지만, 내가 바라보고 사랑하는 것을 찾을 수가

없구나. 나는 사랑으로 인해 그만큼 큰 혼란에 빠져 있구나. (…)

내가 그대에게 팔을 내밀면 그대도 내밀고,

내가 웃으면 그대도 따라 웃고, 내가 울 때면 그대의 볼에서도

가끔 눈물이 비쳤소. 신호를 보내면 그대도

고개를 끄덕여 대답하오. 그리고 그대의 아름다운 입의

움직임으로 미루어 그대는 내 말에 대답하는데도 그 대답은

내 귀에까지 닿지 못하는구려. 그는 바로 나야. 이제야 알겠어.

내 모습이 나를 속이지는 못하지. 나는 나 자신에 대한 사랑으로

불타고 있는 거야. 내가 불을 지르고는 괴로워하고 있는 거야.

어떡하지? 구혼받아? 구혼해? 한데 구혼은 왜 해?

내가 바라는 것이 내게 있는데. 풍요가 나를 가난하게 만든 거야.

아아, 내가 내 몸에서 떨어질 수 있다면 좋으련만!

사랑하는 자의 기도치고는 이상하게 들리겠지만,

내가 사랑하는 것이 내게 없었으면 좋겠어."

천병희, 161p

아, 정녕 사랑하는 모든 사람들은 이렇게 절규할 것입니다. "내가 사랑하는 것이 내게 없었으면 좋겠어!"라고요. 그가 없었으면 좋겠다고, 그가 사라졌으면 좋겠다고 부르짖습니다. 그를 사랑하는 것이 행복이면서 동시에 고통이기 때문입니다. 때로 이 고통은 너무나 커서 행복의 분량을 잠식합니다. 차라리 그도 없고 그에 대한 내 사랑도 없고 나조차도 없어진다면, 그에 대한 사랑과 함께 미움도 사라진다면 이 고통도 존재하지 않겠지요. 그렇게 존재의 부인과 부재의 열망이 함께 존재해야만 성립하는 것이 사랑이라는 관계의 핵심이지요. 나르키소스는 자기애를 부정하기 위해 자기조차도 부정하는 아이러니 속에서 탈진하고 생명마저 내려놓습니다. 그가 사라진 곳에는 수선화가 피어나고 에코는 그를 애도합니다.

황금시대에서 전쟁 시대까지, 신과 인간의 변신 이야기

《변신이야기》는 이렇게 신과 인간들의 변신을 다루고 있습니다. 때로는 사랑 때문에, 때로는 미움 때문에, 때로는 질투 때문에, 때로는 위험을 피해 한 몸이 다른 몸으로, 한 존재가 다른 존재로 변신하는 이야기입니다.

《변신이야기》는 라틴어로 쓰였기 때문에 신들의 이름이 로마식입니다. 먼저 그리스 12신의 로마 이름을 알아봅시다. 앞은 그리스 이름, 뒤는 로마 이름입니다. 저는 이 책에서 '제우스'나 '아테나'처럼 익숙한 이름은 로마식과 혼용해 사용했습니다.

제우스＝유피테르: 신 중의 신, 천상의 지배자

헤라＝유노: 제우스의 아내, 가정의 신

포세이돈＝넵투누스: 제우스의 형제, 바다의 신

하데스＝플루톤: 제우스의 형제, 저승의 신

아폴론＝아폴로: 태양신

데메테르＝케네스: 농경의 여신

아테나(아테네)＝미네르바: 지혜의 여신, 전쟁의 여신

아르테미스＝디아나: 달의 여신, 사냥의 신

아프로디테＝베누스(비너스): 미의 여신

아레스＝마르스: 전쟁의 신

헤르메스＝메르쿠리우스: 신들의 전령, 상업의 신

헤파이스토스＝불카누스: 대장장이의 신

위에 나오는 명단은 그리스, 로마 이름 모두 외워 두는 게 좋습니다(시험에 나옵니다!). 사실 저 정도만 암기해 두고 있어도 서양 문학을 읽는데 굉장히 도움이 됩니다.

오비디우스는《변신이야기》의 서문을 이렇게 썼습니다.

내 마음 나를 인도해 새로운 몸으로 변신한

것들에 대해 쓰라고 하노니

신들이시여 내게 영감을 불어넣어

이를 완성하게 하소서.

변신을 이룬 것 역시 신들이시니,

천지가 만들어진 날부터 오늘까지 노래할

저의 시 또한 인도해 주소서.

Martin, Charles, Metamorphoses, W. W. Norton & Company, 2005, 15p

책의 시작은 우주와 인간의 탄생에 대한 이야기입니다.

땅과 바다 그리고 그 위를 덮은 하늘이 만들어지기 전

세상 만물의 본모습은 모두 같았노라.

그것은 카오스라 일컬었던 하나의 거친 덩어리,

엎치락뒤치락 서로 아무렇게나 뭉쳐 있는 무생물의 공간일 뿐.

아직 세상에 빛을 줄 태양도

눈썹처럼 빛나는 달도

땅 위를 채울 공기도 대양도 없었노라.

Melville, A. D. and E. J. Kenney, Metamorphoses,
Oxford University Press, 1998, 1p

무질서를 신 또는 자연이 조정해서 세상이 생겨났습니다. 오비디우스는 인간의 역사가 네 시대를 지나왔다고 말합니다. 황금시대, 은의 시대, 청동의 시대, 철의 시대입니다. 황금시대는 법 없이도 사는 시대입니다. 사람들은 신의를 지키고 정의로운 일을 했습니다. 자연이 저절로 의식주를 제공했기 때문에 모든 것이 풍족하고 서로 나눠 가졌지요. 군대가 필요 없는 평화로운 나날이었습니다. 땅 위에는 젖과 꿀이 흐르고 신조차 관여하지 않았던 '에덴동산'의 시대였죠.

은의 시대가 되면 유피테르(제우스)가 등장합니다. 1년 4계절이 생기고 겨울이 생겨납니다. 따라서 땔감이 있어야 생명을 유지할 수 있습니다. 또 씨앗을 심어 수확해야 먹을 수 있게 됩니다. 노동이 탄생한 것이죠. 아담과 하와가 에덴동산에서 쫓겨나 일을 해야만 먹고 살 수 있게 된 것과 비슷합니다.

청동의 시대에는 사람들의 마음이 각박해지지만 아직 범죄와는 거리가 있습니다. 그러나 철의 시대가 되자 농기구도 무기도 단단한 금속으로 바뀝니다. 이때부터 온갖 불법이 자행됩니다. 부끄러움과 진실이 사라지고 기만과 계략, 음모와 폭력, 탐욕이 판을 칩니다.

전에는 햇빛과 바람처럼 주인이 없었던 땅 위에
공유물이었던 땅 위에 측량사들은 경계선을 그었다.

Martin, 20p

사유재산제도가 시작된 것이죠. 사람들은 황금을 차지하기 위해 전쟁을 벌이고 피투성이가 된 손으로 무기를 휘두릅니다.

친구는 친구 옆에서 장인은 사위 곁에서 안전하지 못했고 형제들도 서로 친근하지 않았다.

남편은 아내를, 아내는 남편을 죽일 계략을 짜고

사악한 마음을 품은 계모는 치명적인 독약을 만들었고

탐욕에 눈먼 아들은 별을 보며

아버지가 언제 죽을지 점을 쳤다.

Melville, 5p

철의 시대에 이르러 사람들이 죄를 짓자 유피테르는 생각합니다. "땅 위에 죄가 판치고 있으니 마땅히 벌을 내려야 한다."고 말입니다. 그는 인간을 아예 싹쓸이해 버릴 계획을 세웁니다. 처음에 유피테르는 벼락을 던져 불로 인간을 멸하려 했으나 불길이 천상에까지 옮겨 붙을까 봐 물로 멸하기로 마음을 바꿉니다. 이에 폭우를 동반한 북풍과 남풍을 불러 비를 쏟게 하지요. 여기에 해신(바다의 신)과 하신(강의 신)도 합세해 검푸른 바닷물과 강물을 육지로 올려 보냅니다. 지상에는 대홍수가 나고 모든 인간과 생물이 멸망합니다.

자, 그러면 이제 누가 등장해야 할까요? 성경으로 치면 노아에 해당하는 지상의 의인 데우칼리온과 그의 아내 퓌르라가 나옵니다. 쪽배를 타고 대홍수에서 살아남은 유일한 남녀입니다. 《변신이야기》는 이들을 "그보다 더 선하고 그보다 더 정의로운 남자는 없었고, 그녀보다 더 신을 경외하는 여인은 없었다."고 표현합니다. 둘 다 죄가 없고 신을 공경했기에 유피테르는 이들에게 새로운 대지를 보여 줍니다. 그리고 "어머니의 뼈를 등 뒤로 던져라."라는 신탁을 내리지요. 도대체 어머니의 뼈가 뭘까 하고 고민하던 이들은 '어머니=대지, 뼈=돌'이라는 공식을 생각해 내고 돌을 집어 뒤로 던집니다. 이때 돌의 습기와 흙은 살과 근육이 되고 딱딱한 부분은 뼈가 되어 신인류가 탄생합니다. 나머지 동물은 대지가 저절로 낳았고요.

변신, 사랑과 죽음을 설명하는 원초적 문학

오비디우스는 자신의 장기를 살려 《변신이야기》에 남녀의 사랑 이야기를 실감 넘치게 써놓습니다. 어느 날 유피테르와 유노가 "남녀가 사랑을 나눌 때 누가 더 쾌감을 느끼는가?"를 놓고 논쟁합니다. 유피테르는 "여자가 느끼는 쾌감이 더 크다."고 주장하고 유노는 "남자가 느끼는 쾌감이 더 크다."고 말합니다. 왜 이런 논쟁을 하는지는 안 쓰여 있어요. 그저 한가한 시간에 농담을 했다고만 되어 있지요. 아마도 '당신이 더 쾌감을 느끼니 보상이 큰 셈이다. 그러니 내게 잘해 줘라.' 정도의 의미였던 것 같습니다.

아무튼 의견이 엇갈리자 유피테르와 유노는 티레시아스(테이레시아스)를 부릅니다. 이 사람은 원래 남자였는데 뱀의 저주를 받아 7년 동안 여자로 살다가 다시 남자가 된 특이한 인물이에요. 티레시아스를 불러 물어보니 "여자가 훨씬 더 큰 쾌감을 느낀다."고 합니다. 유노는 화가 나서 이 남자를 장님으로 만드는데 유피테르는 그게 미안했던지 티레시아스에게 예언의 능력을 줍니다. 티레시아스는 이후 《변신이야기》의 조연으로 등장하고 소포클레스의 《오이디푸스》, 《안티고네》에서는 비중 있는 주연으로 나옵니다.

셰익스피어가 오비디우스의 팬이었다고 앞서 말씀드렸습니다. 아마도 《변신이야기》의 다음 대목을 보시면 그 이유를 짐작할 수 있을 겁니다. 베틀 앞에서 일하던 여인 중 하나가 자매들에게 이런 이야기를 합니다.

피라무스와 티스베는 바빌론의 이웃집에서 살고 있었어요.
피라무스는 이곳에서 제일 잘생긴 청년이었고 티스베는
가장 아름다운 여인이었지요. 둘은 서로 알게 되어 사귀다가
사랑이 깊어 갔지요. 그대로 사랑했으면 결혼했을 것을,
두 사람의 아버지는 이들의 사랑을 반대했어요. 그러나 두 사람은
사랑의 포로가 되어 가족이 반대할수록 사랑의 불길은
더 세차게 타올랐지요. 두 집 사이 담장에는 틈이 있었는데
그 사이를 통로로 삼아 연인들은 나직한 사랑의
밀어를 속삭였지요. 그들은 어느 날 밤 감시자들을 속이고
니누스 왕*의 무덤가 나무 아래서 보기로 했어요. 그곳에는
시원한 샘물이 흐르고 키 큰 뽕나무 한 그루 서 있었지요.
해가 파도 속에 잠기고 대신 밤이 솟아오를 때 티스베는
눈에 띄지 않게 어둠을 지나 나무 아래에 앉았어요. 그 순간,

---

* 아시리아의 전설적인 왕.

사자 한 마리가 방금 소를 잡아먹고 주둥이에 피를 묻힌 채

나무 아래로 다가왔어요. 사자를 본 티스베는 놀라 동굴 안으로

도망쳤는데 그 와중에 목도리를 떨어뜨리고 말았어요.

사자는 목도리를 보고 피투성이 입으로 갈기갈기 찢어 놓았지요.

잠시 후 피라무스가 나무 아래로 와서 피 묻은 목도리를 발견하고

외쳤어요.

"하룻밤이 두 연인을 죽이는구나! 모든 것이 내 잘못이다.

가련한 여인이여, 내가 이곳으로 그대를 오라 했으니

내가 그대를 죽인 것이오." 그리고 그는

차고 있던 칼을 빼어 옆구리를 찔렀어요.

Melville, 75~77p

다음 이야기는 짐작하시겠지요? 피라무스는 티스베가 사자에게 물려 죽은 줄 알고 스스로 목숨을 끊습니다. 그때 티스베가 동굴에서 나와 피라무스가 있는 곳으로 다가옵니다. 연인이 칼로 스스로를 찔러 피투성이가 된 채 죽어 있는 것을 본 티스베는 비명을 지르며 머리를 쥐어뜯다가 울부짖지요. 그녀 역시 칼을 들어 말합니다.

"불행한 이여, 그대의 사랑이 그대를 죽였군요. 내게도 사랑이 있으니 그대를 따라 죽겠어요. 죽음만이 그대의 육신을 내게서 떼어 놓을 수 있었지만 죽음도 우리 사랑을 갈라놓을 수는 없어요."

티스베는 절절한 외침을 남기고 스스로 목숨을 끊습니다. 피라무스와

티스베가 죽은 곳은 뽕나무 아래로, 그들의 피 때문에 뽕나무의 열매 오디가 검붉은 색이 되었다는 이야기입니다. 셰익스피어는 이 이야기에서 힌트를 얻어 《로미오와 줄리엣》을 씁니다. 레너드 번스타인은 《로미오와 줄리엣》의 현대 뮤지컬 버전인 《웨스트 사이드 스토리》(1957)를 작곡하지요.

한편 《변신이야기》의 또 다른 주제는 이런 것입니다. "사람은 오만해서는 안 된다. 무엇보다도 신을 능가하려 해선 안 된다. 신을 업신여기거나 신을 이기려 하면 반드시 벌을 받는다." 아마도 이는 고대 그리스인들의 신념이었나 봅니다. 《변신이야기》에는 신을 이기려다가 저주받는 인물이 많이 등장합니다. 그중 대표적인 사람이 아라크네와 니오베입니다.

아라크네가 유명해진 이유는 그녀의 신분이나 가문 때문이 아니었다. 오로지 그녀의 베 짜는 기술 때문이었다. 아라크네가 짜 놓은 옷감도 놀라웠지만 천부적인 베 짜기 솜씨를 자랑하는 그녀의 손놀림을 보는 것 역시 흥미로운 구경거리였다. 이를 테면 거친 양털에서 뽑아낸 실을 둥글게 만드는 것이랄지, 실을 손가락에 감고 구름같이 하늘거리는 잔털을 솎아 내고 긴 실타래를 쉬지 않고 만들어내는 것, 빛나는 물레 가락을 엄지손가락으로 돌리는 일 모두 우아하기 그지없었다. 그대가 만약 아라크네의 기술을 보았다면, 미네르바 여신에게 배운 것임을 알았으리라. 그러나 아라크네는 자신감에 넘쳐 이를 부인했을 뿐 아니라 화를 내며 이렇게 말했다.

"그럼 팔라스 여신과 솜씨를 겨루겠어요. 제가 진다면 어떤 벌이라도 받지요."

David Raeburn, *Metamorphoses*, Penguin books, 2004, 210~211p

팔라스는 미네르바, 즉 아테나입니다. 미네르바는 길쌈의 여신이기도 했지요. 이 이야기를 들은 미네르바는 노파로 둔갑해 아라크네를 찾아가 "겸손해야 한다."고 일렀지만 아라크네는 거부하지요. "누구의 옷감 짜는 솜씨가 더 좋은지 대결해 보자."고 말합니다. 감히 신에게 대항하다니, 뭔가 조짐이 좋지 않지요? 결국 둘은 베틀에 앉아 옷감을 만들었습니다. 완성된 옷감은 우열을 가리기 힘들었어요. 미네르바조차 아라크네의 솜씨에 감탄할 정도였습니다. 그런데 그 둘이 만든 천에는 어떤 모습이 새겨졌을까요? 미네르바는 신의 영광을 드러내는 장면을 수놓았고, 아라크네는 신을 조롱하는 그림을 짜 넣었습니다. 이것을 본 미네르바는 더 이상 참을 수 없었습니다. 아라크네의 옷감을 찢고 "허영에 가득 찬 처녀야. 영원히 실이나 자아내면서 살아라!"고 하면서 그녀를 변신시킵니다. 바로 거미로 말이지요.

지금까지 대부분의 신화 해석자들은 아라크네의 비극에 대해 이렇게 말합니다. "허영에 가득 찬 인간에 대한 경고이며 신에게 저항해선 안 된다는 교훈이다." 조금 더 독특한 해석은 "아라크네의 직조물은 세상에 대한 그녀만의 비평이며, 아테나의 분노는 신들의 질서를 위협하는 아라크네의 예술혼에 대한 충격"(정여울)이라는 것입니다.

저의 해석은 이렇습니다. 지혜의 여신 아테나도 자신보다 더 뛰어나다고 주장하는 한 여인에 대한 질투를 감출 수 없었다는 것입니다. 아테나는 인간이 가진 그 무엇도 부러워할 것 없는 여신이었습니다. 지혜와 전쟁을 주관하고 농업과 항해, 재봉과 방직 기술을 인간에게 전수해 주는 존재였어요. 그럼에도 그녀는 "아라크네의 솜씨는 아테나에게서 온 것이 아니라더라.", "아라크네는 아테나만큼이나 옷감을 잘 만든다더라."는 소문에 흔들렸습니다. 그리고 "어디 한번 겨뤄 보자."는 아라크네의 도전에 흥분했고, 아라크네의 작품에 분노했습니다.

아테나는 결국 아라크네의 옷감을 찢고 아라크네를 거미로 만들어 버림으로써 승리한 듯 보입니다. 그러나 제가 보건대 이 경쟁은 아라크네의 판정승입니다. 아테나가 평정심을 잃었기 때문입니다.

세상의 모든 전쟁을 주관하는 여신도 자기 자신과의 싸움에서는 지고 만다는 것. 지혜를 관장하는 여신도 자신의 감정은 다스리기 어렵다는 것. 기술을 가르치는 여신도 자기를 통제하는 기술만은 터득하기 힘들다는 것. 이게 아라크네 스토리가 주는 교훈 아닐까요?

지혜의 여신으로서 아테나의 탄생과 관련해서 그리스 신화는 다음과 같은 흥미로운 이야기를 전합니다. 제우스는 총명의 여신 메티스와 관계했는데, 메티스가 낳은 아이가 신들의 왕이 될 것이라는 예언을 듣고 메티스를 삼켜 버리지요. 얼마 뒤 제우스는 머리가 빠개지는 아픔을 겪습니다. 심한 고통으로 울부짖던 제우스는 아들인 헤파이스토스에게 도끼로 머리를 내려치라고 명령해요. 솜씨가 뛰어난 헤파이스토스는 연장을 움켜쥐고 아버지의 두개골을 둘로 쪼갰습니다. 그러자 긴 웃옷을 입고 투구를 쓴 아테나, 그것도 다 자란 아테나가 튀어나온 겁니다.

이 대목을 읽으면서 "아!" 하는 감탄이 절로 나왔습니다. 그리스 신화를 통틀어 이토록 산통을 겪고 태어난 신은 없습니다. 왜? 지혜란 그런 것이기 때문입니다. 뇌를 쪼개는 아픔을 겪고 나서, 고통으로 울부짖고 나서, 결국 내 머리를 깨고 나서야 얻는 것이지요. 머리가 빠개지는 아픔이 없다면 지혜는 탄생하지 않습니다.

내게 지혜가 모자란다면 그건 내가 그만큼 고통스럽지 않기 때문이 아닐까? 내가 그저 그렇게 살아가는 이유는 내가 혹독한 시련을 겪지 않아서가 아닐까? 내가 깨달음을 얻지 못하는 이유는 내가 깨지지 않아서가 아닐까? 이런 생각으로 머리가 아파 옵니다. 머리가 조금 더 아프면 나는 지혜로워질까요?

고대인이 남긴 비밀스런 암호, 신화 읽기

그리스 신화는 상징으로 가득한 세계입니다. SF영화《잃어버린 세계를 찾아서》의 주인공처럼 우리는 신화가 만들어 놓은 수많은 암호를 풀어 나가야 합니다. 그 암호를 푸는 열쇠는 상상력이고 상상력은 엉뚱함과 재치, 반항과 말썽으로 점철된 힘이지요.

《변신이야기》가 소개하는 또 다른 교만의 말로를 살펴보죠. 테바이(테베) 왕 암피온의 부인 니오베는 테바이 사람들이 라토나(레토) 여신을 섬기는 것을 보고 코웃음을 칩니다. 니오베 역시 신의 후손이었거든요. 그녀의 아버지는 탄탈로스였는데 제우스의 아들이었습니다. 니오베는 제우스의 손녀인 셈입니다. 그런데 니오베의 남편 암피온도 제우스의 아들이에요. 촌수로 따지면 삼촌과 조카가 결혼한 것이지요.

제우스는 수십 명의 신 혹은 여인과 관계를 맺고 수많은 아들과 딸을 낳습니다. 촌수로 따지면 이모나 큰엄마뿐 아니라 딸이나 손녀와도 사랑을 나누었습니다. 제우스는 왜 이렇게 바람둥이가 되었을까요? 그리스 신화는 그리스의 식민지 및 주변 지역, 그러니까 고대 유럽 지중해 연안, 북아프리카, 소아시아 지방에서 생겨났습니다. 이 지역 사람들은 신화에 나오는 신들을 섬겼어요. 기도도 하고 신탁도 받고 제물도 바쳤습니다. 지금 우리가 교회나 절에 다니는 것과 같은 경우지요.

우리가 고대 그리스 시대에서 살고 있다고 가정해 봅시다. 옆 마을 사람들이 말하길 자기들이 제우스의 후손이라는 겁니다. "제우스가 어떤 여신과 결혼해서 누구를 낳았는데 그 사람이 자기들 마을을 세웠다."고 주장합니다. 자, 그런데 우리 마을에는 그런 전설이 없어요. 기껏해야 지렁이가 알을 낳았는데 우리 시조가 거기서 태어났다, 이렇게 되면 시시해지는 거죠. 그러던 어느 날, 마을 이장님이 산에 가서 백일기도를 드리고 내려오더니 이렇게 선포합니다.

"제우스 신께서 내게 신탁을 내렸다. 제우스 신과 우리들 15대조 할머니가 사랑을 나누어 우리 마을의 시조 할모니무스 님이 태어나셨다는 것이다!"

얼마나 폼 나는 설정입니까? 이렇게 그리스 식 용비어천가를 만들어서 퍼뜨린 거지요. 그러다 보니 너도나도 제우스 후손설을 만들어 냈고 제우스는 동에 번쩍, 서에 번쩍 헤라의 눈을 속여 가며 자손을 남길 수밖에 없었던 겁니다.

이야기로 돌아가서, 니오베는 테바이 사람들에게 이렇게 말합니다.

"왜 라토나를 숭배하는가? 나 역시 신의 후손인 데다 왕비다. 무엇보다 다산한 여인이다. 차라리 나를 숭배하라!"

니오베는 무려 7남 7녀를 낳았어요. 다들 장성해서 선남선녀가 되었지요. 한편 라토나는 제우스의 '승은'을 입어 아폴로(아폴론)와 디아나(아르테미스)를 낳았는데 두 신 모두 활의 명수입니다. 이 부분을 잘 기억해 주시기 바랍니다. 복선이거든요.

라토나 여신은 니오베의 건방진 언행을 두고 볼 수가 없어 피의 응징을 결심하고 아폴론과 아르테미스에게 니오베의 아들딸을 죽이도록 명령합니다. 두 신은 화살을 쏘아 먼저 일곱 명의 아들을 죽입니다. 이 정도에서 니오베가 회개를 했으면 좋았을 텐데, 오히려 그녀는 "신이여! 나에겐 아직 일곱 명의 딸이 있습니다!" 하고 여전히 조롱합니다. 자기가 무슨 이순신 장군도 아니고……. 결국 니오베는 딸도 모두 잃습니다. 비극적 소식을 접한 남편 암피온은 자살하고 그녀는 망연자실하지요. 니오베는 천천히 바위로 변합니다.

이 외에도 《변신이야기》에는 음악의 신 아폴로에게 피리 불기 대결을 제안했다가 강물로 변신한 마르시아스, 케레스 여신의 신성한 참나무를 함부로 베었다가 평생 허기에 시달렸던 테살리아 왕 에뤼식톤 등의 이야기가 나옵니다. 신에게 호의를 베풀어서 만지는 모든 것을 황금으로 변하게 했던 미다스 왕 이야기도 등장하지요.

이 미다스 왕은 먹는 것마저 황금으로 변해 굶어 죽을 지경에 처했다가 나중에 그 능력을 포기하고 원래 상태로 회복됩니다. 미다스 왕의 이야기는 여기서 끝나지 않아요. 나무의 신 판과 음악의 신 아폴로 사이에 연주 경쟁이 벌어졌을 때, 미다스 왕은 판 편을 들었습니다. 화가 난 아폴론이 미다스의 귀를 당나귀 귀로 만들어 버렸죠. 미다스 왕은 귀를 감추려고 늘 모자를 쓰고 다녔는데 왕의 이발사만은 비밀을 알고 있었습니다. 답답했던 이발사는 나중에 땅에 구멍을 파고 "임금님 귀는 당나귀 귀!"를 외쳤습니다. 그는 구멍을 흙으로 덮었지만 그 위에 갈대숲이 생기더니 바람이 불 때마다 '임금님 귀는 당나귀 귀'라는 속삭임이 들려왔다는 겁니다.

참 신기하게도 우리나라 《삼국유사》에도 비슷한 이야기가 실려 있어요. 신라 48대 경문왕(미상~875)에 얽힌 설화입니다.

왕위에 오르자 왕의 귀가 갑자기 길어져서 나귀의 귀처럼 되었는데 왕후와 궁인들은 모두 이를 알지 못했고 오직 복두장幞頭匠(복두를 만드는 기술자. 복두는 귀인이 쓰는 관 — 역자 주) 한 사람만 이 일을 알고 있었으나 그는 평생 이 일을 남에게 말하지 않았다. 그 사람은 죽을 때에 도림사道林寺 대밭 속 아무도 없는 곳으로 들어가서 대를 보고 외쳤다.

"우리 임금의 귀는 나귀 귀와 같다!"

그런 후로 바람이 불면 대밭에서 소리가 났다. '우리 임금의 귀는 나귀 귀와 같다.' 왕은 이 소리가 듣기 싫어서 대를 베어 버리고 그 대신 산수유나무를 심었다. 그랬더니 바람이 불면 거기에서는 다만 '우리 임금의 귀는 길다.' 하는 소리가 났다.

《삼국유사》, 이민수 옮김, 을유문화사, 2013, 173p

재미있지 않습니까? 그리스·로마 신화가 신라까지 전해진 걸까요? 신라의 불상은 간다라 미술의 영향을 받았고 간다라 미술은 그리스 조각의 영향을 받았지요. 알렉산더 대왕의 정복 전쟁 때문에 말입니다. 그러니까 그리스·로마 문명이 인도를 통하면서 불교와 함께 신라까지 전해졌을 수도 있지요. 미다스의 이야기를 듣고 신라 사람들이 미다스 대신 자기들의 왕을 끼워 넣어 새로운 풍자를 만들어 냈을 겁니다. 그러니까 힘없는 민초들이 나라님을 조롱하면서 낄낄거렸다는 말씀입니다.

《변신이야기》는 고대 그리스·로마인이 세계와 자연, 우주를 어떻게 바라보는지 그대로 웅변해 줍니다. 나무와 새를 보고 그 종種의 기원을 생각하고, 올림포스 산의 웅장함과 번개의 위력을 느낀 뒤에 신의 영역을 상상하고, 별들을 보고 별자리를 유추한 것이 신화의 기초가 되었겠지요. 모든 신화는 인간의 이야기이며 모든 신은 결국 그 신을 믿는 인간의 모습을 투영하고 있습니다. 고대 그리스인들이 생각하는 신은 사랑하고 증오하고 질투하는 신, 울고 웃고 아파하고 기뻐할 줄 아는 신이었습니다. 인간의 모습을 한 신이지요. 신들의 아버지인 제우스조차 보통 사람만큼 변덕스러우니까요. 이런 의미에서 보면 신의 그림자가 너무 어둡게 드리워 '암흑시대'라 불렸던 중세의 숨통을 트기 위해 예술가들이 고대 그리스로 회귀하자고 외쳤던 일련의 사건을 '르네상스'(재탄생)라 불렸던 것은 정당합니다.

《변신이야기》는 다양하고 다채로운 그리스 신화의 정수입니다. 만약 그리스 신화에 대해 기초 지식이 없다면 산문으로 된 그리스·로마 신화를 먼저 읽고 보셔도 좋습니다. 《변신이야기》에는 수많은 주석과 해설이 등장하고 수백의 인명과 그만큼의 지명이 등장합니다. 천병희 선생이 번역한 책 말미에는 그리스, 이탈리아 및 지중해 지도가 있습니다. 이 지도를 찢어 한쪽에 펼쳐 놓고, 다른 한쪽에는 스마트폰이나 노트북을 켜놓고(종종 지명과 인명을 검색해야 하므로), 또 현재의 유럽 지도도 펴 놓고 동시다발적으로 읽어야 《변신이야기》를 제대로 읽을 수 있습니다.

처음에는 어린이용 그리스·로마 신화를 보는 것도 큰 도움이 됩니다. 저도 만화로 된 그리스·로마 신화 책을 두어 번 읽었습니다. 굉장히 유용하더군요. 그리고 나서 산문으로 된 그리스 신화→《변신이야기》→《일리아스》→《오디세이아》, 이런 순서로 읽으시면 그리스·로마 신화 및 호메로스의 작품에 어느 정도 익숙해지리라고 봅니다.

《변신이야기》는 서양의 문화와 예술에 대한 이해와 문학적, 철학적 지식을 쌓으려면 절대 생략할 수 없는 책입니다. 꼭 한번 도전해 보시길 바랍니다. 《변신이야기》 맺음말로 이 장을 마무리하겠습니다.

이제 내 과업은 완성되었다.

유피테르의 노여움도 불도, 칼도, 탐욕의 시대도

이 작품 없애지 못하리.

내가 죽어 없어질 그날, 그날이 오면

내 인생의 시간이 모두 사라질 뿐.

하지만 나는 다시 태어나리라.

내 혼은 저 별 위로 올라가고

내 이름 사라지지 않으리.

로마의 힘이 미치는 곳 어디에서든

사람들이 입에서 입으로 전하리니

내 명성은 영원히 살아남으리라.

오래전 시인의 예언이 진실이라면.

Melville, 378~379p

제 11 장

일리아스 Ilias_호메로스

분노로 시작해
용서로 끝나다

고대 그리스 시인 호메로스의 작품으로 그리스와 트로이 간의 10년 동안에 걸친 전쟁 이야기를 담고 있다. 유럽인의 정신과 사상의 원류가 되는 그리스 최대, 최고의 장편 서사시로 꼽히며 구전이 아닌 최초로 기록된 문학이라는 점에서 의미가 크다. 제목은 도시 트로이(현재 터키의 영토)의 별명 일리온(Ilion)에서 유래했는데, 일리아스는 '일리온의 노래'라는 뜻이다. 그리스의 장군 아킬레우스의 분노를 주제로, 원한과 복수에서 파생되는 인간의 비극을 다뤘다. 여기에 여러 가지 에피소드와 전투 장면을 곁들이면서 신들과 인간이 엮어 내는 장대한 세계를 노래한다.

인간의 왕 아가멤논이 아킬레우스에게 소리쳤다.

"그리도 가고 싶다면, 가게나. 그대의 마음이 움직이는 대로 고향을

향해.

나는 무슨 일이 있어도 자네에게 남아 달라고 구걸하지 않겠네.

내게 영광을 줄 다른 사람들이 아직도 많이 있으니까.

더구나 지혜로 세상을 다스리는 제우스도 나와 함께하시네.

나는 장수들 중 자네를 가장 미워하네.

장수들 모두 신의 사랑을 받고 있다네. 자네가 생각하는 것은 늘

전투와 싸움과 피비린내 나는 전쟁뿐이지.

그대가 용감하다 한들, 하늘이 내려준 재주 아닌가?

그러니 가고 싶으면 가게나. 배와 전우들을 이끌고

고향으로 돌아가서 그대의 종족인 미르미도스족이나 잘 다스리게.

화를 내든 말든 상관 않을 테니.

하지만 이것만은 분명히 해두겠네.

아폴로 신께서 크리세이스를 돌려받기를 원하시니

난 그녀를 내 배에 태워 돌려 보낼 것이네.

대신 나는 그대의 막사로 사람을 보내

그대의 전리품인, 물오른 브리세이스를 데려오겠네.

그러면 그대는 내가 그대보다 훨씬 강하다는 것을 알 것이고

나와 맞서려는 자가 누구든

아가멤논과 맞서다간 어떻게 되는지 똑똑히 보게 되겠지.”

아킬레우스는 분노가 치밀어,

털북숭이 가슴 속에서 심장이 쿵쾅거리며 찢어지는 듯 했다.

'허리에 찬 날카롭고 긴 칼을 빼내어 저 자를 죽일 것인가,

아니면 화를 삼키고 참을 것인가'

분노에 떨며 아킬레우스가 칼집에서 칼을 천천히 뽑아 올릴 때…….

Fagles, Robert, *The Iliad*, Penguin Books, 1990, 83~84p

다음 이야기가 기대되지 않나요? 《일리아스》 제1권의 숨 막히는 장면입니다. 《일리아스》와 《오디세이아》는 호메로스가 쓴 서사시입니다. 《일리아스》는 '일리온(트로이의 다른 이름)의 노래'라는 뜻처럼 트로이 전쟁에 대한 이야기이고 《오디세이아》는 트로이 전쟁을 끝낸 오디세우스가 고향으로 돌아와 벌이는 복수전에 대한 이야기입니다. 왜 고향에 돌아와서 복수극을 펼치냐고요? 오디세우스가 집을 떠나 있던 20년 동안 그의 아내 페넬로페가 정절을 지켰는데 그녀에게 구혼하려는 100여 명의 악당들이 그의 재산을 축내며 그를 모욕했기 때문입니다.

　《일리아스》와 《오디세이아》 둘 다 24권으로 구성되어 있습니다. 아마

도 각 권당 하루치의 낭송 분량이 아니었을까 생각해 봅니다. 이 위대한 고전들은 호메로스가 사람들 앞에서 낭송했고 이후에는 구전되면서 전해졌기 때문입니다. 영국의 시인 알렉산더 포프Alexander Pope는 이렇게 말했습니다. "호메로스 때문에 우리는 들을 수 있게 됐다."Homer makes us Hearers. 제가 《일리아스》와 《오디세이아》를 소리 내어 읽어 보니 100행에 15분 정도 걸렸습니다. 한 권당 500~800행이므로 대략 한 시간 반 내지 두 시간 정도 걸리겠더라고요.

일단 앞서 인용한 장면부터 설명해 드리지요. 《일리아스》의 주인공은 아킬레우스입니다. 그리고 아가멤논, 메넬라오스, 헥토르, 파리스 등이 조연으로 등장하지요. 저는 《일리아스》라는 고전을 읽을 때 영화 《트로이》를 상기했습니다. 다음의 인물을 대입해 보면 이해가 쉬울 겁니다. 아킬레우스는 브래드 피트가, 아가멤논은 브라이언 콕스, 파리스는 올랜도 블룸이 각각 맡았습니다(메넬라오스는 브렌단 글리슨, 헥토르는 에릭 바나, 헬레네는 다이앤 크루거가 맡았지요).

이 캐스팅은 아가멤논과 메넬라오스 형제를 악역으로 설정했지요. 원작품 속 메넬라오스는 사실 미남이자 후덕한 사람입니다. 아킬레우스, 헥토르, 파리스로 이어지는 저 미남 3인방은 정말 대단한 선택입니다. 팬들은 그리스의 아킬레우스 파와 트로이의 헥토르·파리스 파로 나뉠 것 같습니다. 여기에 파트로클로스라는 인물 하나만 더 기억해 두십시오. 아킬레우스의 보좌관인데 영화에서는 너무 어린 소년으로 나왔어요. 이 설정도 괜찮습니다만 실제로는 아킬레우스보다 나이도 많고 아킬레우스와 은근히 동성애적 연대감으로 얽혀 있는 인물입니다. 또 한 사람, 《오디세이아》의 주인공인 오디세우스가 있습니다. 지성파 배우 숀 빈이 이 역할을 맡았지요.

《일리아스》의 도입부는 다짜고짜 아킬레우스가 분노를 터뜨리는 것으로 시작합니다. 트로이 전쟁은 그리스 연합군 대 트로이군의 싸움입니다. 10년 넘게 지속된 아주 지루한 싸움이지요. 원인과 결과는 나중에 말씀드리겠습니다.

트로이와 싸우던 중 그리스 연합군들이 이유 없이 죽어 갑니다. 책에서는 아폴론 신이 화살을 쏴서 병사들이 죽는 것으로 묘사됩니다. 그리스 장수들은 역병이라 생각하죠. 그 이유를 캐보니, 아가멤논이 트로이 진영에서 아폴론 신전 사제의 딸(크리세이스)을 전리품으로 취해서 데리고 있었는데 그녀를 돌려 달라고 했던 사제의 청을 거절했기 때문이었습니다. 사제는 아폴론 신에게 그리스군에 대한 복수를 간청했고 이를 아폴론 신이 들어주었던 것입니다.

아킬레우스가 그리스 장수들(이들은 장수이자 왕입니다. 각자 자기 지역을 통치했기 때문에 책에서는 서로를 "왕이여"라고 불러요)을 모아 놓고 이 사안에 대해 회의를 합니다. 한 예언자가 아가멤논이 취한 여인이 전염병의 원인이라고 밝히자, 아킬레우스는 아가멤논에게 "여인을 돌려보내라."고 말합니다. 아가멤논은 단칼에 거절합니다. 왜 그랬을까요? 당시 아킬레우스는 그리스 연합군 최고의 장수이자 최강의 부대를 이끌고 있었습니다. 그리고 아가멤논은 그리스 연합군의 총사령관이었는데 사람들은 그를 '왕 중의 왕'이라 불렀지요. 그리스 전역에서 가장 영향력 있는 왕이었던 것으로 묘사됩니다. 원래 아가멤논이란 인물 자체가 탐욕적이기도 했지만, 그는 전쟁터에서 가장 공훈이 많은 아킬레우스가 자신을 공격하는 것에 바로 동의하기 싫었던 겁니다. 권위가 무너지니까요.

아가멤논이 몽니를 부리자 아킬레우스는 군대를 빼서 고향으로 돌아가겠다고 합니다. 아가멤논은 맘대로 하라면서 "아킬레우스, 네가 아무리 강하다고 해도 나에게 함부로 까불면 안 된다."고 경고하지요. 순간 아킬레우스는 생각합니다. '이 자를 여기서 죽일까, 참을까.' 영화 《미션 임파서블》1편에서 톰 크루즈가 철통 보안의 컴퓨터실에 들어가 파일을 훔쳐 낼 때 땀이 흘러 슬로모션으로 떨어지는 유명한 장면 기억하십니까? 그 모습처럼, 아가멤논 앞에서 마른 침을 삼키는 아킬레우스의 얼굴이 클로즈업 되었다면 그의 턱에서 땀이 한 방울 흘러 칼 위로 떨어졌을지도 모릅니다.

아킬레우스가 칼을 한 번 휘두르면 아가멤논은 죽은 목숨입니다. 하지만 아가멤논은 명색이 연합군 총사령관이고 아킬레우스는 연합군의 한 부대를 이끄는 일개 장수입니다. 죽이느냐, 참느냐 그것이 문제로다. 정말 아슬아슬한 순간이지 뭡니까?

이 절체절명의 순간, 신이 개입합니다. 아테나 여신이 등장해서 아킬레우스의 분노를 가라앉힙니다. 이렇듯 해결이 난망한 순간에 신이 모든 것을 풀어 주는 구조, 이것을 '데우스 엑스 마키나'Deus ex machina라고 하지요. '신의 기계적 출현'이란 뜻인데 고대 그리스·로마 연극에서 사람의 힘으로 해결할 수 없을 정도로 사건이 꼬이고 꼬였을 때 하늘에서 밧줄로 된 장치에 매달린 신이 내려와 "싸우지 말고 잘살아, 이것들아!" 하고 사라지는 경우를 말합니다. 나중에 더 말씀드리겠지만 《오디세이아》의 결말도 데우스 엑스 마키나입니다. 오디세우스와 원수들 사이에 대량 살상이 벌어질 것을 염려한 아테나와 제우스가 싸움을 말리고 평화롭게 끝나지요.

인류 최고의 이야기꾼이 들려주는 트로이 전쟁

호메로스의 탁월한 점은 10년이 넘는 긴 전쟁을 《일리아스》를 통해 단 며칠로 축약해서 묘사하고 있다는 겁니다. 트로이 전쟁과 오디세우스를 다룬 서사시들은 모두 8편입니다. '트로이아 서사시권敍事詩圈'이라고 해서 트로이 전쟁이 일어난 이유와 오디세우스의 귀향 이후까지를 다루고 있으며 그중 《일리아스》는 두 번째, 《오디세이아》는 일곱 번째 서사시입니다. 나머지 6편의 서사시는 단편적으로 전해지고 《일리아스》, 《오디세이아》만 온전히 전해졌다고 합니다.

호메로스는 소아시아 이오니아 지방(지금의 터키 서해안 지역)에서 태어나 기원전 9세기경에 활동한 시인입니다. 그가 하도 유명하니까 그리스 지역에 호메로스의 고향이라고 알려진 데만 해도 일곱 곳이나 있다고 해요. 호메로스는 셰익스피어와 괴테를 비롯해 수많은 작가들에게 영감의 원천이 된 문학의 전설이라 할 수 있습니다.

그런데 '호메로스가 쓴 서사시'란 말은 사실 잘못된 것입니다. 앞서 말했지만 호메로스는 글을 쓴 적이 없고 다만 낭송했을 뿐입니다. 텍스트를 썼다고 해도 현재 전해지는 고전 그대로는 아닙니다. 그저 낭독을 위한 메모 정도일 것이라고 합니다. 호메로스의 탄생이나 활동 시기에 이견이 있고, 《일리아스》와 《오디세이아》가 글로 옮겨진 시점도 명확하진 않지만 천병희 선생의 해설에 따르면 대체로 다음과 같이 추측됩니다.

1. 호메로스는 서사시를 외워서 읊었다.
2. 그의 서사시들은 한동안 구전되었다.
3. 호메로스의 서사시가 글로 옮겨진 것은 그의 사후 200년이 지난 시점이다.

그런데 《일리아스》와 《오디세이아》는 왜 소설이 아니고 시일까요? 사실 소설이라는 장르는 문학사적으로 볼 때 매우 뒤늦게 나타났습니다. 셰익스피어도 소설가가 아니라 희곡 작가였지요. 세르반테스 시대쯤 되어야 소설이라고 할 수 있는 작품들이 나타났으니 소설의 역사는 빨라야 16세기쯤에 시작합니다.

그리스 시대에는 아무리 긴 분량의 이야기도 호메로스처럼 시로 만들어 암송했습니다. 시가 곧 이야기였지요. 그래서 이야기에 대한 가장 오래된 교과서의 제목이 《시학》詩學입니다. 아리스토텔레스는 《시학》에서 호메로스에 대해 이렇게 말합니다.

서사시는 (…) 비극의 모든 요소들을 공유한다. 서사시 역시 뒤바뀜, 깨달음, 고통의 장면이 필요하다. (…) 이 모든 것을 호메로스는 최초로, 또한 완벽하게 성취했다. 《일리아스》는 단순한 유형의 플롯으로서 고통의 요소를 담고 있으며 《오디세이아》는 복합적 유형의 플롯을 썼으며 성격을 부각시킨다. 호메로스의 탄복할 만한 여러 능력 가운데 하나는 서사시인들 중 유일하게 시인으로서의 지위를 스스로 확실히 깨닫고 있었다는 점이다. (…) 호메로스는 짧은 서설 다음에는 곧 무대 위에 한 남자, 여자 또는 어떤 인물을 등장시킨다. 그의 인물들은 언제나 완전히 성격이 부여되어 있다.

아리스토텔레스, 《시학》, 이상섭 옮김, 문학과지성사, 2005, 80~82p

한마디로 호메로스는 캐릭터를 아는 작가였습니다. 작중 인물 중 어느 누구도 무미건조한 자가 없습니다. 아리스토텔레스는 "경이로운 것은 서사시의 주된 요인"이라며, 경이로움을 통해 쾌감을 얻으려면 그럴 듯하고 과장된 거짓말이 동원되어야 하는데 "호메로스야말로 거짓말을 기술적으로 제대로 하는 법을 다른 작가들에게 알려준 사람"이라고 칭찬(!)합니다. 아리스토텔레스의 정의 때문에 세상의 모든 작가들은 거짓말쟁이가 되고 말았지만요.

《일리아스》로 고전 토론을 진행하던 적이 있었습니다. 인문 고전 읽기와 글쓰기 두 분야를 합해 진행하는 과정이었는데 수강생 한 사람이 《일리아스》 리뷰와 발제를 맡아 하기로 했습니다. 그런데 토론 당일 오전에 그 수강생이 제게 이런 문자를 보냈습니다.

'부산으로 가는 KTX 안입니다. 아무래도 《일리아스》 리뷰는 도저히 못할 것 같습니다. 제가 책을 읽으면서 이렇게 절망하기는 처음입니다. 죄송합니다……'

도대체 《일리아스》가 뭐기에? 그 수강생은 처음부터 등장하는 수많은 주석과 지명과 인명에 질렸다고 했습니다. 앞서 《변신이야기》 장에서 산문으로 된 그리스·로마 신화→《변신이야기》→《일리아스》→《오디세이아》 순으로 읽으시라고 말했는데 조금 더 구체적으로 말씀드리면 다음과 같은 순서로 읽는 게 좋습니다.

1. 그리스·로마의 역사에 대해 읽는다(《이야기 그리스 로마사》(신선희·김상엽 지음, 청아출판사)를 권해 드립니다).
2. 그리스·로마 신화 개론서를 읽는다(《그리스·로마 신화와 서양문화》(윤일권·김원익 지음, 알렙)를 권해 드립니다).
3. 산문으로 된 그리스·로마 신화를 읽는다(다양한 버전이 있습니다. 한 권으로 된 것을 선택해 읽으시기 바랍니다).
4. 《일리아스》를 읽는다.
5. 《오디세이아》를 읽는다(《일리아스》와 《오디세이아》는 천병희 선생의 번역본을 읽으시기 바랍니다).

《일리아스》는 트로이 전쟁에 대한 이야기라고 말씀드렸습니다. 트로이 전쟁은 신화라고만 여겨졌으나 19세기 말에 슐리만이 유적을 발굴하면서 역사적 사실로 인정받고 있습니다. 트로이 유적을 살펴보니 기원전 1250년경 외부 침입자에 의해 여러 주거지가 파괴되었다는 것이 입증되었는데, 이 시기가 그리스 기록에 트로이 전쟁이 있었다는 시기와 일치한다는 겁니다. 트로이 전쟁은 그리스인들이 식민지를 만드는 과정에서 벌어진 침략 전쟁이었습니다. 이런 역사와 신화를 버무려 호메로스는 《일리아스》라는 서사시로 창조한 겁니다.

한 남자의 선택으로 인해 일어난 10년 전쟁

이제 역사적 사실을 떠나 허구의 세계, 신화와 창작의 트로이 전쟁으로 가봅시다. 트로이 전쟁은 왜 일어났을까요? 바로 트로이 왕자 파리스의 선택 때문입니다. 테티스라는 아름다운 바다의 여신이 있었습니다. 바로 아킬레우스의 어머니입니다. 너무 예뻐서 제우스가 눈독을 들였지요. 하지만 '테티스에게서 난 아들은 아버지를 능가한다.'는 신탁이 있어 인간 펠레우스와 짝지어 줍니다. 둘의 결혼식 날 모든 신이 초대받았으나 불화의 여신 에리스는 초청받지 못했어요. 화가 난 에리스는 결혼식장에 황금 사과를 던져 넣고 돌아옵니다. 사과에는 이렇게 쓰여 있었지요. "가장 아름다운 여신에게."

헤라, 아테나, 아프로디테 여신이 서로 자기가 사과를 갖겠다고 우겼습니다. 아무도 양보하지 않자 세 여신은 제우스에게 "누가 가장 아름다운 여신인지 판정해 달라."고 합니다. 제우스는 절대로 판정할 수 없는 입장이에요. 헤라는 부인, 아테나는 딸, 아프로디테는 며느리(또 다른 설에 따르면 제우스의 이모뻘)거든요. 잘못 선택했다가는 가정불화를 일으키는 겁니다. 제우스는 "인간 중에 제일 잘생긴 청년에게 이 선택을 맡기자."고 제안해요. 이때 최고의 미남으로 꼽힌 이가 바로 트로이의 왕자 파리스였어요(영화 《트로이》에 파리스로 캐스팅된 올랜도 블룸을 떠올려보세요. 정말이지 탁월한 캐스팅입니다). 파리스가 세 여신을 만나는데 셋다 협상 카드를 내밉니다. 이렇게까지 해서 '아름다운 여신' 타이틀을 가져야 했는지는 모르겠지만 말이죠.

헤라: 나를 선택하면 아시아를 다스릴 수 있는 권력과 부를 주겠다.

아테나: 나를 선택하면 어떤 전쟁에서도 이기게 해주겠다.

아프로디테: 나를 선택하면 세상에서 제일 아름다운 여인을 얻게 해주겠다.

그런데 파리스 이 친구가 문제입니다. 돈도 싫다, 권력도 싫다, 승리도 싫다면서 최고의 미녀를 주겠다는 아프로디테를 선택합니다. 하긴 미의 여신 아프로디테가 가장 아름다운 여신으로 인정받는 게 맞지요. 문제는 아프로디테가 파리스에게 '세상에서 제일 아름다운 여인을 주겠다.'고 했지, '세상에서 제일 아름다운 아내를 주겠다.'고는 하지 않았다는 겁니다. 그 당시 제일 아름다운 여인은 헬레네였습니다. 그런데! 헬레네는 이미 메넬라오스의 아내가 되어 있었던 거예요.

헬레네는 처녀 시절 그리스 최고의 미인으로 유명했던지라 수많은 구혼자가 있었습니다. 헬레네의 아버지가 누굴 고를지 걱정하고 있을 때 구혼자 중 한 사람이었던 오디세우스가 이런 제안을 합니다. "누가 헬레네의 남편이 되든지 앞으로 헬레네에게 어려움이 닥치면 언제든 나서서 도와주겠다는 맹세를 한 사람에게만 구혼자의 자격을 주자."고 말입니다. 그래서 그리스의 기라성 같은 영웅들이 각서에 도장을 찍고 헬레네의 선택을 기다립니다. 헬레네는 그중 제일 미남인 데다 돈도 많은 메넬라오스를 택하지요. 사실 아킬레우스는 이때 구혼자에 끼지도 않았어요. 그러니 나중에 "내가 이 전쟁과 무슨 상관이냐."며 아가멤논에게 항거할 만하지만, 따지고 보면 아킬레우스의 어머니 테티스의 결혼식부터 이 사단이 시작된 것이라 아주 무관한 건 아니지요.

파리스는 트로이 국가 사절단의 명목으로 메넬라오스가 다스리는 스파르타를 방문합니다. 메넬라오스는 파리스를 극진히 대하지요. 파리스는 첫눈에 헬레네에게 반하고 헬레네 역시 파리스에게 반합니다. 아프로디테가 아들인 에로스에게 명해서 헬레네가 파리스를 보는 순간 사랑에 빠지는 화살을 쏘게 했거든요. 파리스에게 세상에서 가장 아름다운 여인을 주겠노라고 약속했으니까요. 사랑에 눈먼 이들이 그렇듯, 둘은 아무것도 따지지 않고 함께 트로이로 도망칩니다. 이 사실을 알게 된 메넬라오스는 자신의 형이자 그리스 최고의 실력자이며 미케네 왕인 아가멤논 그리고 헬레네의 구혼자들로 구성된 그리스 연합군을 이끌고 트로이로 쳐들어갑니다. 오디세우스와 아킬레우스는 어떻게든 참전하지 않으려고 애썼지만 우여곡절 끝에 합류하게 되지요.

그런데 헤로도토스의 《역사》 제2권을 보면 "이집트 사람들이 말하기를 알렉산드로스(파리스 왕자의 다른 이름)가 헬레네를 납치해서 트로이로 가다가 이집트에 표류한 적이 있다고 한다."고 나와 있어요. 파리스의 헬레네 납치 사건은 실제로 있었고 호메로스가 이 사건과 트로이 전쟁을 엮어 픽션으로 만든 것 같습니다.

《일리아스》는 신들의 전쟁이자 인간의 전쟁 이야기입니다. 트로이는 그리스 연합군을 맞이해 10년을 버팁니다. 이 기간 동안에는 신들도 양측으로 갈라져 전쟁에 참여하지요. 파리스가 속한 트로이는 아프로디테의 지원을 받습니다. 파리스 덕에 최고의 미녀 신으로 등극했으니까요. 하지만 미인이 전장에서 무슨 힘이 있겠습니까? 다행히 아프로디테의 애인은 전쟁의 신 아레스였습니다. 사실 아프로디테는 헤파이스토스의 아내였는데 제우스가 무작정 짝지어 준 사이였죠. 헤파이스토스는 손재주가 좋고 성실했지만 추남이었습니다. 아프로디테는 아레스와 바람을 피우는데, 이 아레스는 헤파이스토스의 동생이니 아프로디테의 시동생인 겁니다. 복잡하죠? 하여간 아레스는 애인 아프로디테를 위해 막강한 화력으로 트로이를 돕습니다. 아폴론도 트로이 편을 들었지요.

파리스에게 선택되지 않은 헤라와 아테나는 그리스 편입니다. 아테나는 전쟁의 여신이자 지혜의 여신이기에 온갖 계략을 동원해 그리스를 도와줍니다. 제우스는 이 전쟁이 더 커지지 않기를 바라면서 중립을 지켜요. 아레스도 전쟁의 신이고 아테나도 전쟁의 신이지만 결국 그리스가 승리하니 아무래도 아테나가 한 수 위였나 봅니다. 그도 그럴 것이 아레스는 힘과 파괴를 앞세운 전쟁의 신이고 아테나는 지략을 앞세운 전쟁의 신이거든요. 힘만 갖고 싸우는 게 아니라 머리를 써야 전쟁에서 이기는 법이지요.

《일리아스》는 '아가멤논에 대한 아킬레우스의 분노'에 이어 이렇게 전개됩니다. 아가멤논은 아킬레우스에게서 '볼이 예쁜 브리세이스'를 빼앗아 가버립니다. 비록 전쟁터에서 얻은 여인이었지만 그녀는 아킬레우스가 아끼던 여자였어요. 아킬레우스가 '내 아내'라고 부르면서 함께 먹고 마시고 잠자리를 같이하던 사이였지요. 아가멤논의 처사에 화가 난 아킬레우스가 전투 파업을 선언하고, 제우스가 살짝 개입해 그리스군을 혼내 주자 전황은 그리스 연합군에 절대적으로 불리하게 돌아갑니다.

아가멤논은 꼬리를 내리고 아킬레우스에게 사과합니다. "당신의 여자 브리세이스에게 손 하나 대지 않았다."며 사절단을 보내 화해를 청하지요. 그러나 아킬레우스는 꿈쩍도 하지 않습니다. 이때 아킬레우스는 자신의 심정을 이렇게 표현합니다.

"나는 아가멤논 그자를 지옥의 문만큼이나 증오하오.
 가슴속에 품고 있는 생각과 하는 말이 서로 다르기 때문이오. (…)
 아가멤논은 결코 나를 설득하지 못할 것이오. 그는 어느 누구도,
 특히 다른 아르카디아* 백성들도 설득하지 못할 것이오.
 끝도 없이 싸우고 또 싸우고

적군과 싸워 봤자 그가 우리를 고맙게 여기기나 할까요?

전투 대열의 뒤쪽에 처져 있는 자나

열심히 싸우는 자나 똑같은 몫을 받고,

비겁한 자나 용감한 자나 똑같은 명예를 누리고 있소.

싸우지 않고 빈둥대는 자나 죽도록 열심히

일하는 자나 죽기는 마찬가지요.

자, 내게 남은 보상이 무엇인지 보시오. 아무것도 없소.

수많은 세월 동안 전쟁의 위험 속에

내 목숨을 맡기고 고통을 겪어 온 뒤에 말입니다."

Fagles, 262p

이놈의 인간 불평등은 3,000년 전이나 지금이나 마찬가지군요. 이렇게 아킬레우스가 무기를 놓고 있을 때, 아킬레우스의 절친한 친구 파트로클로스가 아킬레우스를 대신해 나가 싸우다 헥토르에게 죽임을 당하는 사건이 벌어집니다. 이 소식을 접한 아킬레우스는 분노하여 헥토르에게 결투를 신청하고, 트로이 성 앞에서 벌어진 대결에서 승리를 거둡니다. 아킬레우스는 헥토르의 시신을 마차에 매달고 트로이 성 앞에서 질질 끌고 다니며 모욕을 주지요.

＊ 그리스의 다른 이름, 아르카디아 외에도 다나오스, 아르고스는 그리스의 여러 지역 이름으로 통칭 '그리스'라고 간주해도 무방하다.

며칠 뒤 트로이의 왕 프리아모스는 변장을 하고 몰래 아킬레우스를 찾아가 아들의 시신을 돌려받습니다. 여기까지가 《일리아스》의 줄거리입니다. 이후 그리스군은 트로이 목마를 이용해 전쟁에 승리를 거둡니다만, 이 이야기는 《일리아스》에는 나오지 않고 다른 서사시에서 전해집니다.

아킬레우스는 전장으로 출발하기 전에 어머니 테티스 여신에게 이런 말을 듣습니다.

"전쟁에 나가면 단명하나 영원한 명성을 얻게 되고 전쟁에 나가지 않으면 무명으로 오래 살 것이다."

어머니는 아들을 말립니다. 어떤 어머니가 아들의 목숨보다 명성을 더 중히 여기겠습니까? 그러나 아들은 영웅이 되는 길을 택합니다. 아킬레우스는 발이 빨라서 《일리아스》에는 '준족 아킬레우스'라는 명칭으로 자주 등장합니다. 빠른 발과 영리한 머리, 거기에다 타고난 힘과 기교를 바탕으로 전쟁터에 나가 트로이의 장수들을 보는 족족 물리칩니다. 가히 천하무적이지요. 아킬레우스가 어렸을 때, 그가 불멸하길 바랐던 테티스는 그를 거꾸로 들어 스틱스 강에 집어넣었습니다. 스틱스의 물에 닿은 부위는 상처를 입지 않기 때문이었어요. 그러나 어머니가 잡고 있던 아기의 발뒤꿈치에는 물이 닿지 않았지요. 반신반인에 천하무적인 아킬레우스에게도 약점이 있었으니 바로 이 발뒤꿈치였습니다. 《일리아스》에는 나오지 않지만, 트로이 성이 함락되어 그리스가 전쟁의 승리를 눈앞에 둔 순간 아킬레우스는 파리스가 쏜 화살에 뒤꿈치를 맞고 죽습니다. 그렇게 해서 생겨난 말이 바로 '아킬레우스의 건腱'이지요.

미시적으로 작품 읽기

신들과 인간들의 세계가 담긴 유럽인의 정신과 사상의 원류가 되는 이 대서사시를 제대로 읽기 위해서는 흥미진진한 줄거리뿐만 아니라 관전 포인트로 삼아야 할 부분이 몇 개 더 있습니다. 첫 번째는 화려하고도 시적인 레토릭rhetoric(수사법)입니다. 《일리아스》의 절묘한 표현 하나를 살펴보겠습니다. 11권에 나오는 트로이 측의 전사 이피다마스(안테노르의 아들로 코온의 동생)가 아가멤논의 칼에 맞고 쓰러진 직후의 이야기입니다.

이때 전사들 중에서도 이름 높은 코온이

그를 보았다. 코온은 안테노르의 맏아들로 아우가

쓰러지는 것을 보자 크나큰 슬픔이 그의 두 눈을 덮었다.

그래서 그는 창을 들고 고귀한 아가멤논의 눈에 띄지 않게

옆으로 다가서서 그의 팔꿈치 밑 팔뚝 한가운데를 찔렀다.

그리하여 번쩍이는 창의 끝이 똑바로 뚫고 들어가자

인간들의 왕 아가멤논은 몸을 부르르 떨었다.

그래도 그는 전투와 전쟁을 그만두려 하지 않고

밑줄이 길러 준 창을 들고 코온에게 덤벼들었다.

《일리아스》, 천병희 옮김, 숲, 2007, 297p

여기서 '바람이 길러 준 창'이란 표현이 나옵니다. 그리스·로마 고전의 번역으로 유명한 로버트 페이걸즈는 이것을 'spearshaft tough from the gusting wind that whipped its tree'라고 번역했습니다. '나무를 채찍질한 세찬 바람이 만든 강력한 창' 정도라고 할까요? 어쨌든 대단한 레토릭입니다.

왜 바람이 길러 준 창일까요? 창은 크게 나무 손잡이 부분인 창간槍杆과 금속 재질의 창두槍頭로 나뉩니다. 트로이 전쟁은 청동기 시대에 일어난 일이라《일리아스》의 무기는 청동기입니다. 따라서 창두는 청동기였습니다만 문제는 창간입니다. 튼튼한 나무로 제대로 만들어야 부러지지 않지요. 《일리아스》주석에 따르면 영웅들의 창은 물푸레나무로 만들었습니다. 물푸레나무는 단단하고 나뭇결이 선명해서 가구나 무기를 만드는 데 썼지요. 양질의 토양에서는 십수 미터 높이로 자라는 거목입니다.

생각해 보십시오. 골짜기에 심겨진 물푸레나무를. 그 나무는 햇빛이 충분해야 잘 자라날 것입니다. 태양만 있어서도 안 되고 물도 있어야 합니다. 물이 있으려면 비가 내려야 하고 비가 내리려면 구름이 있어야 하지요. 구름이 생기려면? 바람이 불어야 합니다. 바람이 분다는 것은 기류의 이동을 뜻하고 고기압과 저기압의 교류가 이루어진다는 말입니다. 바람 한 점 없는 곳에서는 나무가 잘 자랄 수 없습니다. 나무는 채찍질 당하듯 바람을 맞고 그 바람을 견디고 이겨 가면서 자라는 것입니다. 그러니 물푸레나무는 바람이 길러 준 것이 맞지요. 이런 나무로 창을 만들어야 강력한 무기가 되는 것이고요.

바로 이런 게 시인의 마음이고 작가의 혜안이 아닐까요? 호메로스는 전쟁터의 장수가 휘두르는 창 하나에서도 '바람이 길러 준 내력'을 읽어 낼 줄 알았습니다. 이런 수사를 만날 때 독자는 기쁩니다. 이런 장면을 대할 때 저는 부르르 떱니다. 드라마 같은 고전, 드라마보다 위대한 문학, 드라마 그 너머에 우뚝 솟아 있는 클래식의 벼락을 맞는 순간이기 때문입니다.

두 번째는 작품을 더 재미있고 정확하게 이해하기 위한 디테일한 장면의 발견입니다. 전체 줄거리를 파악하는 데 중요한 사항은 아니지만 읽다 보면 이게 무슨 의미지? 왜 이런 행동을 하는 것이지? 싶은 생각이 드는 장면들이 종종 나와요. 이런 내용에는 하물며 주석도 안 달려 있습니다. 독자가 '알아서' 유추하고 이해해야 하는 수밖에 없어요. 그런 장면들을 몇 개 소개합니다.

《일리아스》에서 보이는 아킬레우스의 행동은 좀 아기 같은 면이 있습니다. 아가멤논이 기분 나쁘게 했다고 어머니에게 일러바치고, 어머니 테티스는 제우스에게 부탁해 그리스군을 혼내 주라고 합니다. 파트로클로스가 죽었을 때도 마찬가지예요. 아킬레우스는 마치 세상에 하나밖에 없는 애인이 죽기라도 한 것처럼 슬퍼합니다. "파트로클로스는 내 생명만큼 사랑하는 전우다. 나 오직 파트로클로스를 위해 싸우리라!" 그러고는 또 엄마에게 쪼르르 달려갑니다. "엄마! 파트로클로스를 대신해서 복수할래요. 잉잉." 테티스 여신은 무구(갑옷과 투구 등 병장기 일체) 없이는 싸울 수 없다며 헤파이스토스에게 부탁해 방패와 투구, 가슴받이와 정강이받이를 하루 만에 뚝딱하고 만들어 줍니다.

천하의 명장이 마마보이라니, 이 부분에서 좀 맥이 빠지는군요. 그런데 이때 아킬레우스가 테티스에게 중요한 말을 합니다. 파트로클로스를 위해 출전하려면 우선 아가멤논에 대한 화를 풀어야 하지 않습니까.《일리아스》는 아킬레우스의 분노에서부터 시작한다고 말씀드렸습니다. 분노는 때로 역사의 동인(動因)이기도 합니다만, 그 실체가 없는 것이기도 합니다. 아킬레우스가 고백합니다.

> 싸움이라는 것은 신의 세계에서건 인간 세계에서건
>
> 깨끗이 없어져 버리면 좋겠습니다. 그리고 현명한 자도 화나게 하는
>
> 노여움도 사라지기를! 노여움이란 녹아서 흘러내리는 벌꿀보다 훨
>
> 씬 달콤해서
>
> 인간의 가슴속에 연기처럼 퍼져 나가는 법입니다.
>
> 마치 지난번에 무사들의 군주 아가멤논이 저를 화나게 한 것처럼.
>
> 그러나 이제 과거에 일어난 일들은 그것이 아무리 쓰라린 것이라도
>
> 내버려 두기로 하겠습니다. 안타까운 마음도 가슴속에 부득이한 일
>
> 이거니 하며
>
> 억지로 눌러 놓고 말입니다.
>
> 《일리아스/오디세이아》, 이상훈 옮김, 동서문화사, 2007, 378p

분노가 벌꿀보다 달콤하다니! 그리하여 우리 가슴속에서 연기처럼 퍼

져 나가다니! 이런 표현을 접하면 호메로스 앞에 무릎 꿇고 싶어집니다. 표현뿐 아니라 내용도 설득력 있지 않습니까? 부처는 "치욕을 참는 것이 가장 큰 지혜"라고 했습니다. 심리학에서는 우리가 근심하고 걱정하는 것의 96퍼센트가 쓸데없거나 전혀 일어날 가능성이 없고, 오직 4퍼센트만 주의를 기울일 필요가 있다고 말합니다. 아마도 우리의 분노도 마찬가지일 겁니다. 분노의 96퍼센트쯤은 쓸데없는 것이거나 전혀 화낼 가치가 없는 것일지도 모릅니다. 다만 분노가 꿀처럼 달콤하니 그 유혹을 어떻게 내쳐야 할지 알 수 없을 따름입니다.

호메로스의 절묘한 표현에 감동해서 잠시 또 옆으로 샜군요. 하여간 아킬레우스는 대장장이의 신 헤파이스토스가 만들어 준 번쩍거리는 무구를 착용하고 헥토르와 대결을 펼칩니다. 헥토르는 트로이 제일의 명장이지만 아킬레우스에게 죽임을 당해요.

> 아킬레우스는 어디가 제일 찌르기 좋을까 하고
> 헥토르의 훌륭한 몸뚱이를 살피며 다가가는데,
> 다른 곳은 전부 용맹스러운 파트로클로스를 쓰러뜨렸을 때
> 벗겨서 빼앗은 청동의 화려한 갑옷에 가려져 있었으나
> 빗장뼈가 어깨와 목을 가르는 부분만이 드러나 보였다.
> 생명을 잃는 데 가장 빠른 급소로 알려진 숨통은 바로
> 그 언저리에 있었다. 그 자리를 겨누어 상대편이
> 기를 쓰고 덤벼드는 것을 그대로 받아 창을 힘껏 내지르니

창끝이 부드러운 목을 푹 꿰뚫고 저쪽으로 쑥 빠져나가 버렸다.

무거운 청동 끝을 단 물푸레나무의 창이지만

목숨을 끊어 놓지는 않았으므로, 아직 말을 주고받는 데는

지장이 없었다. 그래서 모래 먼지 속에 쓰러진 헥토르를 내려다보며

용감한 아킬레우스가 승리에 우쭐해져 말했다.

"헥토르, 아마도 그대는 파트로클로스의 갑옷을 벗길 때,

그 자리에 없었다고 나를 두려워할 줄은 모르고

그것으로 무사히 끝난 줄 알았겠지. 바보 같은 사나이다.

비록 떨어져 있었다고는 하나 그의 응원자로서

그대보다 훨씬 뛰어난 바로 내가

널찍한 배 곁에서 대기하고 있었단 말이다!"

이상훈, 454p

저는 '파트로클로스를 쓰러뜨렸을 때 벗겨서 빼앗은 청동의 화려한 갑옷'이라는 부분에서 갑자기 궁금증이 들었어요. 《일리아스》에는 이와 같은 표현이 한 번도 아니고 여러 번 나옵니다. 아가멤논이나 오디세우스 같은 이들은 천하의 명장이요, 한 나라의 왕입니다. 그런데도 싸우다 상대가 죽으면 득달같이 달려들어 갑옷을 벗겨 간다, 투구를 탈취한다며 난리를 부려요. 아니, 사이즈도 맞지 않을 텐데 왜 그렇게 무구에 집착하는지 참 이해가 안 되기도 합니다. 저는 고전을 읽으면서 이런 디테일한 부분에 의문이 생겨요. 그 의문을 화두로 안고 있다가 어느 날 갑

자기 의문이 풀리면! 그때의 기쁨이란 이루 다 말할 수 없습니다. 저 행동에 대한 제 생각은 이렇습니다. 무구 탈취는 승리의 증거이자 표식이 아닐까요? 스마트폰이나 인증샷이 있던 시대도 아니니 어떻게든 증거를 남기고 싶은 마음에 투구를 가져왔던 게 아닌가 싶습니다. 아직 이 의문에 대해 정확한 해답은 얻지 못한 상태예요.

아킬레우스는 "네 시체는 그리스의 배 옆에서 개떼와 새들이 뜯어 먹게 놔두겠다."고 말합니다. 헥토르는 죽어 가면서 "몸값을 후히 받고 내 시신을 트로이로 돌려보내 내 부모님이 장사 지낼 수 있게 해달라."고 간청하지요. 여기에 대한 아킬레우스의 대답은 이겁니다. "이 개자식아! 부모 들먹거리면서 애원하지 마! 파트로클로스만 생각하면 내 손수 네 살을 저며 회를 쳐 먹고 싶은 심정이라고!"

정말 그랬느냐고요? 네. 정말 그렇게 말했습니다. 아킬레우스는 헥토르를 죽이고 나서 파트로클로스를 성대히 장사 지낸 후, 그리스 전군을 대상으로 '파트로클로스를 추모하는 체육대회'까지 엽니다. 도대체 아킬레우스는 왜 그렇게 파트로클로스에게 집착하는 걸까요? 여기서 한 가지, 파트로클로스 추모 체육대회에서 뛰어난 성적을 거둔 사람들을 위해 아킬레우스가 직접 선물을 내놓는데 이 내용이 참 재미있어요. 예를 들면 전차 경주 입상자들을 위한 선물은 다음과 같습니다.

1등: 수공예에 능한 여인, 스물두 되들이 세발솥

2등: 여섯 살배기 암말 한 마리

3등: 넉 되들이 가마솥

4등: 황금 두 근

5등: 손잡이 둘 달린 항아리

한 가지 더, 헥토르의 죽음에 앞서 파리스와 메넬라오스가 일대일 전투를 벌입니다. "둘 중 누가 이기든 헬레네를 차지하고 이 전쟁을 끝내자."는 조건을 걸고 말입니다. 양쪽 진영의 군사가 다 모인 가운데 세기의 대결이 펼쳐지는데 잠깐 싸우는 척하다가 파리스가 홀연 사라져 버립니다.

여기서 드는 《일리아스》에 대한 두 가지 의문은 다음과 같습니다.

1. 파리스가 메넬라오스와 대결하다 갑자기 사라진 이유
2. 아킬레우스가 파트로클로스에게 집착한 이유

이에 대한 저만의 해석은 이렇습니다. 말씀드렸듯이 호메로스는 《일리아스》와 《오디세이아》를 책으로 출간한 게 아니라 매일 번화가에 나가서 사람들 앞에서그 내용에 대해 1인극을 펼치며 낭송했습니다. 한마디로 원맨쇼를 한 것이죠. 이 원맨쇼의 관객은 그리스의 시민, 주로 남성이었을 겁니다. 그런데 문제는 이 남자들 중에 동성애자들이 많았다는 겁니다.

고대 그리스인의 동성애는 금기에 가로막힌 반사회적이고 비주류적인 행위가 아니라 신화는 물론 문학과 예술에서 널리 다루어지고 공공연하게 향유된, 사회적이고 문화적인 현상으로 자리 잡고 있다. (…) '덜 떨어진 존재'로 인식되는 여성과의 사랑은 생각할 수 없는 일이었다. 여성과 결혼하여 살을 맞대고 사는 이유는 단지 아이를 낳기 위함일 뿐이며, 진정한 사랑은 모든 면에서 서로 격에 맞는 남자들, 즉 노예가 아닌 자유인 남성들 사이에서만 기대할 수 있었다. 고대 그리스는 '연애는 동성끼리, 결혼은 이성 간에'라는 공식이 지배하는 사회였다. (…) 남성 동성애는 아테네, 스파르타, 테베, 크레타 등 거의 전 지역에 걸쳐 성행한 것으로 드러난다.

윤일권·김원익, 《그리스·로마 신화와 서양 문화》, 알렙, 2015. 250~253p

이런 이유 때문에 호메로스는 남녀의 사랑보다는 남남의 사랑을 내세운 게 아닌가 싶습니다. 《일리아스》를 읽어 보면 파트로클로스를 향한 아킬레우스의 사랑이 절절하거든요.

또한 호메로스는 매일 하는 낭송을 통해 극의 긴장감을 조절했으리라고 봅니다. 파리스와 메넬라오스의 전투에서 어느 한쪽이 이기면 어떻게 될까요? 한마디로 '게임 끝'입니다. 그걸로 트로이 전쟁은 종료되는 거지요. 공연도 낭송도 더 할 수가 없습니다. 그러다 보니 억지로라도 상황을 전개해야 했을 겁니다. 파리스는 메넬라오스와 전투를 하다 말고 아테나 여신의 도움으로 휙 사라져서는 헬레네에게 "아, 달콤한 욕망이 나를 사로잡는구려. 우리 사랑이나 나눕시다." 운운하더니 갑자기 그녀를 침대로 끌고 가요.

아마도 호메로스가 파리스와 메넬라오스의 전투 장면을 이야기할 때 관중들이 졸고 있었나 봐요. 그래서 전체 관람가인 《일리아스》를 19금으로 급반전시킨 게 아닐까요? 배우이자 저자인 저의 엉뚱한 상상이었습니다.

분노에서 용서로, 전쟁에서 평화로

이 외에도 《일리아스》에는 수많은 전투 장면이 등장합니다. 등장인물도 수십 명에 이르지요. 밀고 밀리는 전투 끝에 헥토르가 아킬레우스에게 패해 죽임을 당하고, 트로이의 왕 프리아모스가 아킬레우스에게 가서 헥토르의 시신을 받아 오면서 대서사시 《일리아스》는 끝을 맺습니다.

프리아모스가 아킬레우스를 설득하는 장면 역시 압권입니다. "그대에게도 부친이 있지 않소? 전쟁터에 아들을 내보내고 한시도 편히 잠 못 드는 부친이. 그분을 생각해서라도 내 아들의 시신을 내어 주시오." 이 말을 듣고 프리아모스는 아들 생각에, 아킬레우스는 아빠 생각에 꺼이꺼이 웁니다. 그리고 이 남자들의 울음이 독자를 눈물짓게 하지요. 영화에서도 피터 오툴의 명연기가 빛났지만 책에서도 가슴이 아릴 정도로 슬프게 묘사됩니다. 호메로스는 이 대목에서 판소리 《심청가》의 '심청이 심황후가 되어 심봉사를 다시 만나는 장면' 이상으로 관객들의 눈물샘을 터뜨리는 명연기를 펼쳤을 겁니다. 아킬레우스와 프리아모스의 협상 장면, 꼭 일독하시길 권합니다.

결국 《일리아스》는 아킬레우스의 분노로 시작해서 용서로 끝납니다. 프리아모스가 이야기할 때, 아킬레우스의 눈에 비친 프리아모스는 한 나라의 왕이 아니라 그저 자식을 걱정하는 늙고 지친 아버지일 뿐이었습니다. 아킬레우스는 친구 파트로클로스를 형제 이상으로 사랑했지만 결국 헥토르의 시신을 프리아모스에게 내줍니다. 용서의 행위지요. 그리고 헥토르의 장례를 치를 동안 휴전을 하자고 제안합니다. 평화가 도래한 것입니다. 한 아버지의 눈물이 살기 가득한 세상에 만연했던 분노를 용서로, 전쟁을 평화로 바꾸는 순간입니다.

아킬레우스는 헥토르를 용서해야만 합니다. 아킬레우스가 헥토르를 끝내 용서할 수 없다면 자기 자신도 용서할 수 없기 때문입니다. 아킬레우스가 전장에서 죽인 수많은 트로이 병사들도 결국은 누군가의 남편이요, 누군가의 아들이며 누군가의 친구이기 때문입니다. 《일리아스》는 헥토르의 장례식 장면으로 끝납니다.

이른 아침에 태어난 장밋빛 손가락을 가진 새벽이 나타나자
이름난 헥토르의 장작더미 주위로 백성들이 모여들었다.
그리하여 그들이 모두 다 모였을 때
먼저 그들은 반짝이는 포도주로 불기가 닿은
장작들을 빠짐없이 모두 껐다. 이어서 그의 형제들과
전우들이 비탄에 잠겨 그의 흰 뼈를 주워 모았고

그들의 볼에는 눈물이 뚝뚝 흘러내렸다. (…)

이렇게 그들은 말을 길들이는 헥토르의 장례를 치렀다.

천병희, 682~683p

이렇게 《일리아스》는 대단원의 막을 내립니다. 아마도 호메로스가 여기까지 낭송했을 때 관객들은 잠시 말을 잊었을 것 같습니다. 감동적인 영화가 끝나면 한동안 자리에서 일어날 수 없듯이 3,000년 전 그리스인들도 여운을 느끼며 앉아 있었을 겁니다. 호메로스도, 그들도 트로이 전쟁의 영웅을 생각하면서 함께 눈물을 흘리지 않았을까요?

제 12 장

오디세이아 Odysseia _ **호메로스**

모험은 오직
사랑을 위한 것

트로이 전쟁이 끝나고 오디세우스가 고향으로 돌아가기까지 10년에 걸친 모험과 여정을 담고 있는 장편 서사시. 《일리아스》와 함께 호메로스의 역작으로 손꼽히며 내용상 《일리아스》의 후편에 해당한다. '오디세우스의 노래'라는 뜻을 담은 《오디세이아》는 주인공 오디세우스가 귀향길에 세이렌, 외눈박이 거인 등 갖가지 기이한 인물을 만나고 수많은 사건에 휘말리면서 벌어지는 이야기로, 서양 문학사에서 모험담의 원형으로 여겨지고 있다.

"호메로스의 《일리아스》와 《오디세이아》는 세트인가요?"라는 질문을 종종 받습니다. 그런 질문을 받을 때마다 제 대답은 이렇습니다. "완벽하게 세트는 아니지만 세트로 본다면 그럴 수도 있다." 두 작품 모두 트로이 전쟁을 배경으로 올림포스 신들과 영웅들이 벌이는 장엄한 서사시이며 《일리아스》에 조연으로 등장했던 오디세우스가 주인공이기 때문입니다.

《일리아스》는 트로이 전쟁 이야기, 《오디세이아》는 트로이 전쟁이 끝난 뒤 오디세우가 집으로 돌아가기까지의 이야기입니다. 전쟁이 끝난 뒤에 고향으로 돌아가며 겪게 되는 '오디세우스의 모험담', 이것이 바로 《오디세이아》의 내용입니다.

전쟁하면서 그렇게 고생했는데 곱게 집에 보내주지도 않고 또 괴롭히는 걸 보면 호메로스가 좀 짓궂게도 보이죠? 그것도 10년씩이나 말입니다. 오디세우스가 10년 가까이 떠돌게 된 이유는 여러 가지입니다. 부하들의 어리석음 때문에, 파도 때문에, 괴물들 때문에, 또 여신들의 유혹 때문입니다.

오디세우스가 유랑 중에 포세이돈의 아들인 거인 폴리페모스를 눈멀게 하자 바다의 신 포세이돈은 분노하여 오디세우스를 계속 방해합니다. 그리고 오디세우스는 지혜롭기가 신과 같고(그리스를 승리로 이끈 '트로이 목마' 전략을 고안한 사람이 바로 오디세우스입니다) 말도 청산유수였는데 생긴 것도 준수했나 봅니다. 가는 곳마다 여인들이 오디세우스를 붙잡고는 "여기 눌러 사세요. 먹고 마시는 건 차고 넘쳐요."라고 애원했지요. 그래서 요정 키르케와 1년을, 칼립소와는 무려 7년이나 같이 삽니다. 오디세우스가 고향인 이타케로 돌아가기 전 마지막으로 머문 파이아케스의 공주 나우시카도 오디세우스에게 반해 그를 붙잡았지요.

죽은 예언자 티레시아스에게 자신의 운명을 묻기 위해 저승에까지 다녀오고 스킬라와 카립디스 같은 괴물과 싸우며, 세이렌의 치명적 유혹까지 견뎌 내는 등 오디세우스는 산전수전을 겪습니다. 그리고 결국 고향에 돌아왔지만 정절을 지키며 기다린 아내 페넬로페 곁에는 깡패와 다를 바 없는 귀족들이 오디세우스의 재산을 축내며 구혼 중이었지요. 아들 텔레마코스는 이제 막 소년티를 벗은 상태였습니다. 오디세우스는 텔레마코스와 충직한 하인 에우마이오스와 함께 구혼자들을 물리치고 페넬로페와 재회합니다.

《일리아스》에 비해 《오디세이아》는 훨씬 인간적이고 현실적입니다. 무엇보다도 드라마틱합니다. '주인공이 뭔가를 이루기 위해 혼신의 힘을 다해 애쓰는 것'이 드라마의 본질이라면 《오디세이아》는 인류 최초의 드라마가 틀림없습니다. 고향으로 돌아가 아내와 아들을 만나고 싶은 것이 오디세우스의 유일한 목적인데 고통과 유혹, 목숨을 건 모험을 다

겪고 나서야 그 목적을 이루게 되니 말입니다. 아마도 이런 드라마적 요소 때문에 《오디세이아》가 《일리아스》와 더불어 3,000년 넘게 읽혀 온 게 아닐까요?

《일리아스》에서도 말씀드렸듯이 저는 고전 읽기의 즐거움이 줄거리를 아는 것보다는 미시적 발견 속에 있다고 생각합니다. 예를 들어 보겠습니다. 《일리아스》와 《오디세이아》에는 회의를 하거나 이야기를 나누기 전에 꼭 등장하는 문구가 있습니다. "공평한 식사로 아무도 불만이 없었으며 먹고 마시는 욕망이 충족되었을 때"는 거의 상용구처럼 등장합니다.

> (…) 넓적다리 뼈들이 다 타자 그들은 내장을 맛보고 나서
> 나머지는 잘게 썰어 꼬챙이에 꿰어서는
> 정성 들여 구운 뒤 모두 불에서 내렸다.
> 마침내 일이 끝나자 그들은 음식을 차려 먹었는데,
> 공평한 식사로 마음에 부족한 것이 아무것도 없었다.
> 그리하여 먹고 마시는 욕망이 충족되었을 때 그들 사이에서
> 전차를 타고 싸우는 게레니아의 네스토르가 먼저 말문을 열었다.
>
> 《일리아스》, 천병희 옮김, 숲, 2006, 68p

금강산도 식후경입니다. 그것도 그 자리에 모인 사람 모두 골고루 나눠 먹어야 합니다. 누구는 더 먹고 누구는 덜 먹어서는 안 돼요. 평등하

게 먹고 마시고 나서야 비즈니스를 시작합니다.

《일리아스》와 《오디세이아》를 보면서 기원전 13세기의 그리스 문화에 놀라곤 하는데, 예를 들면 《오디세이아》에는 이런 장면이 있습니다. 오디세우스의 아들 텔레마코스가 도움을 청하기 위해 메넬라오스를 방문했을 때, 메넬라오스는 처음부터 그에게 누구냐고 묻지 않습니다. 텔레마코스는 메넬라오스의 궁전에 일단 나그네인 척하고 방문하는데 다음과 같은 절차를 거칩니다.

메넬라오스의 시종들은 땀 흘리는 말들을 멍에에서 풀어
말구유에 매고는 호밀과 흰 보리를 섞어 던져 주었다. (…)
텔레마코스와 페이시스트라토스는 으리으리한 궁전 안으로 안내되
었다.
그들은 제우스가 사랑하는 왕, 영광스런
메넬라오스의 궁을 올려다보며 감탄했다.
높이 솟은 건물은 해와 달에서 쏟아져 나온
빛으로 가득 차 있는 것 같았다.
궁을 구경하며 눈을 즐겁게 한 그들은
윤기 나는 욕조에 들어가 목욕을 했다.
하녀들은 그들을 목욕시키고 올리브유를 발라 주었다.
웃옷을 입혀 주고는 따뜻한 망토까지 어깨에 둘러 주었다.
연회장으로 온 둘은 메넬라오스 옆 의자에 앉았다.

시녀 한 명이 아름다운 황금 항아리에 물을 담아

은 대야에 쏟아 부었다.

주객이 손을 씻고 나서

반들반들하게 닦은 식탁 앞에 앉았을 때,

가정부가 들어와 빵과 온갖 전채 요리를 내려놓았다.

다른 하인은 온갖 종류의 고기를 썬 접시를

그들 앞에 갖다 놓고 황금 잔에 포도주를 따랐다.

식사가 준비되었을 때 붉은 머리의 메넬라오스는

두 사람에게 따뜻하게 말했다.

"환영합니다. 자, 어서 맛있게 드시오. 그대들이 저녁을 들고 나면

우리는 그대들이 어떤 사람인지 물어볼 것이오."

Fagles, Robert, The Odyssey, Penguin Books, 1996, 125~126p

영화《트로이》의 메넬라오스는 미스 캐스팅인 거 맞죠? 메넬라오스의 인품이 이리 훌륭하니 말입니다. 아마도 이런 절차는 당시의 풍속이었나 봅니다. 오디세우스가 거지처럼 변장하고 자기 하인인 에우마이오스를 찾아갔을 때도 에우마이오스는 오디세우스에게 "빵과 포도주로 맘껏 배를 채운 다음 그대가 어디서 왔으며 얼마나 많은 고난을 참고 견뎠는지 얘기해 주시오."라고 말하고 오디세우스를 대접합니다.

이것이 당시의 문화였습니다. 일단 손님이 찾아오면 먼저 씻게 하고, 물을 마시게 하고, 배불리 먹게 한 다음에 물어봅니다. "어디서 온 누구

시오?" 이런 게 휴머니즘 아닙니까? '당신이 누군지 알아야 먹을 것을 주겠소.'가 아니라 '일단 먼 길에 지쳤을 테니 먹고 목을 축이시오. 그다음 당신이 누군지 말해도 좋소.'

설사 상대가 내 편이 아니어도 상관없습니다. 앙리 뒤낭[Henry Dunant]의 적십자정신은 "당신은 적이오? 우리 편이오? 알고 나서 당신을 고치겠소."가 아니라 "일단 당신의 상처를 치유하고 나서 적인지 우리 편인지 따지겠소."라고 말합니다. 아니, 설사 적이라 해도 무관합니다. 상처를 돌보는 것 자체가 목적입니다. 이 명제는 '나는 당신의 상처를 낫게 하는 것 이상도 이하도 바라지 않소.'로 바꿀 수 있습니다. 인간의 생명, 곧 인간 자체가 그 무엇보다 중요하다는 인본주의는 우리 인류의 정신사 속에서 오래전부터 공유되어 온 것입니다.

에우마이오스는 거지꼴을 하고 찾아온 오디세우스를 대접하면서 이렇게 말합니다.

"나그네여! 그대보다 못한 사람이 온다 해도 나그네를
업신여기는 것은 도리가 아니지요. 모든 나그네와 걸인은
제우스에게서 온다니까요. 우리 같은 사람들의 보시[布施]는 적지만
소중한 것이오."

천병희, 305p

훌륭합니다. 저는 이 구절을 읽으며 너무 감동했습니다. 모든 나그네

와 걸인을 마치 신이 보낸 사람처럼 대접하는 정신. 생판 모르는 남, 재산도 명예도 없는 가난한 자들을 대하는 이 자세는 아마도 인류의 가장 숭고한 유산일 겁니다. 이런 마음가짐이 바로 인仁이요, 사랑이요, 자비가 아닐까요? 19세기 한반도의 위대한 사상인 동학에서 부르짖는 인내천人乃天이며 사인여천事人如天이 아닐까요? 법정 스님은 설파하셨습니다. "가장 위대한 종교는 친절"이라고 말입니다. 친절이야말로 세상 그 어떤 종교보다 위대한 가치입니다. 단언하건대 금강경의 진리보다, 예수님의 말씀보다, 알라의 명령보다 모르는 타인에 대해 베푸는 작은 친절이 더 큰 것입니다.

고전을 읽다 보면 대단한 것보다는 작은 것에서 종종 감동을 얻곤 합니다. 그래서 고전은 완역본으로 읽어야 합니다. 안타깝게도 우리나라의 그리스 고전 번역 현황은 일천하기 짝이 없습니다. 앞서도 말씀드렸지만 《일리아스》와 《오디세이아》의 그리스어 원전을 처음부터 끝까지 단어 하나 놓치지 않고 그대로 옮긴 판본은 천병희 선생의 번역본 정도입니다.

줄거리만 알려고 읽으면 세세한 것들을 다 놓치고 맙니다. 편집해서 번역하거나 발췌해 놓은 버전에서는 디테일을 건질 수 없습니다. 독일의 건축가 미스 반 데어 로에Mies van der Rohe(1886~1969)는 말했습니다. "신은 디테일 안에 있다."Gott ist im Detail. 모든 위대한 고전은 문학성이 있기에 위대합니다. 문학성은 디테일 속에 있습니다. '에우마이오스는 오디세우스를 대접했다.'란 텍스트에는 문학성이 없습니다만 '에우마이오스는 "모든 나그네와 걸인은 제우스에게서 온다는 말이 있지요. 우리처럼 가난한 사람들의 보시는 적지만 소중한 것이오."라고 말하면서 오디세우스를 대접했다.'라는 문장 속에는 문학성이 있습니다. 또 '메넬라오스가 텔레마코스를 맞이해 오디세우스 가문을 더럽히는 구혼자들을 무찌르는 계획을 세웠다……'는 내용은 문학이 될 수 없습니다. 오로지 저 위에 예로 든 세세하고 소소한 정황들이 그려져야 비로소 문학이 될 수 있습니다.

호메로스가 위대한 이유는 인물 하나를 묘사할 때도 가문의 유래, 그의 외모, 습관, 옷의 형태와 무기의 특징 등 디테일을 정성 들여 다듬었기 때문입니다. 그에게는 그냥 아킬레우스란 없습니다. '영광스러운 아트레우스의 아들 아킬레우스'가 있을 뿐입니다. 그냥 오디세우스가 아니라 '칭찬을 많이 듣는 오디세우스', '제우스만큼이나 지략이 뛰어난 오디세우스'지요. '그는 죽었다.'가 아니라 '적이 던진 돌덩이가 그를 하데스의 집으로 데려갔다.', '청동 칼이 그의 사지를 풀어헤쳤다.', '창은 내장 깊숙이 들어와 등으로 솟구쳤으며 곧 그는 무릎이 풀렸다.'입니다. '그대는 내 창에 찔려 죽을 것이오.'가 아니라 '여기 이 사람들은 보게 될 것이오. 그대의 검은 피가 내 창끝에서 얼마나 빨리 솟아오르는지를.'입니다.

이런 대목을 읽을 때 재미가 톡톡 튑니다. 텍스트를 바탕으로 내 맘대로 캐스팅해서 내 맘대로 연출하면 머릿속에서 순식간에 트로이 바닷가 한가운데 스펙터클한 전투 신이 펼쳐집니다. 이런 상상은 스마트폰을 들여다보며 하는 게임 따위와는 비교할 수 없는, '뇌 활용 순수 유희'입니다. 종이로 된 책을 손에서 도저히 놓을 수 없는 이유지요.

모험담의 원형이 된 '집으로 가는 길'

《오디세이아》의 절묘한 장면 몇 가지를 더 살펴보겠습니다. 남편을 20년 가까이 기다린 페넬로페는 흔히 정절의 상징으로 여겨지는데, 내용을 살펴보면 아내를 향한 오디세우스의 마음도 절절합니다. 오디세우스가 요정 칼립소와 함께 지낼 때 칼립소는 그에게 최고급 포도주와 온갖 산해진미, 그리고 밤마다 불타는 사랑을 안겨 줍니다. 그런데 어느 순간에 보면 오디세우스는 칼립소의 천국 같은 거처에서 사라져 바닷가 언덕 위에 가 있습니다. 고향을, 아내를 그리며 눈물 흘리는 것이지요. 날이면 날마다 먼 곳을 바라보며 질질 짭니다. 칼립소는 그를 보내기 싫지만 제우스의 명을 받아들여 오디세우스를 놔주겠다고 마음먹습니다. 그럼에도 불구하고 마지막으로 한 번 더 붙잡지요.

> "지략이 뛰어난 오디세우스 님! 그대는 정말
> 지금 이대로 사랑하는 고향 땅, 고향 집에
> 돌아가길 원하시나요? 만약 그대가 고향에 닿기 전에
> 얼마나 많은 고난을 겪어야 할 운명인지 안다면,
> 그대의 부인을 그토록 보고 싶다 해도
> 여기 이곳에 머물며 영원히

죽음을 맛보지 않는 삶을 택할 텐데.

내가 몸매와 아름나움에서 그녀보나 못하나고 한다면

그건 거짓이겠지요. 나는 불사의 여신이고

그녀는 죽을 운명을 지닌 인간이니

비교한다는 것 자체가 어리석은 짓이지요."

Butcher, Samuel H. and Andrew Lang, *The Odyssey*.
Digireads.com Publishing, 2005. 47p

자신이 페넬로페보다 더 예쁘니 파라다이스인 이곳에서 영원한 삶을 누리자는 겁니다. 신들이 마시는 넥타를 마시면서요. 오디세우스는 대답합니다.

"존경스런 여신이여. 노여워 마시오. 당신 말이 맞아요.

나도 잘 알고 있소. 나의 현모양처 페넬로페가 그대보다

한참 모자라다는 것을. 외모에서나 체격에서나.

무엇보다 그대는 불멸의 존재이나 그녀는 언젠가는 죽어야 할 몸이지요.

그럼에도 나는 날이면 날마다 이 여행을 끝내고

고향으로 돌아가기만을 바란다오. 신께서 나를 다시

포도주 빛 검은 바다로 내팽개친다 해도, 또 다른 전쟁과 파도가

나를 괴롭게 한다 해도 나는 견뎌 낼 것이오."

Fagles, 159p

이쯤 되면 열녀비가 아니라 열부烈夫비를 세워야 할 정도지요. 그런데 오디세우스의 저 대답 다음 문구가 이렇습니다.

오디세우스가 이렇게 말했을 때 해가 지고 어둠이 땅을 덮었다.
그러자 둘은 깊은 동굴 안으로 들어가 서로 껴안고
오랫동안 정신없이 사랑을 나누었다.

뭡니까, 이건. 그런데 저는 이런 대목이 그렇게 재미있을 수 없어요. 서로 심각하게 "보낸다, 못 보낸다.", "말려도 나는 간다." 이런 이야기를 하다가 결국 밤이 되니 서로 껴안고 정신없이 사랑을 나눈다? 마음 따로, 몸 따로 아주 편하게 사랑하시네요. 부부 싸움은 칼로 물 베기라던가요? 실은 이런 장면이 진짜 고전 읽기의 즐거움이지요.

어찌 되었든 귀향하고픈 오디세우스의 집념은 신들도 감동시켜 결국 집을 향해 항해에 나섭니다. 트로이에서 오디세우스의 나라인 이타케까지는 그리 먼 길이 아닙니다. 이타케는 그리스 서쪽 해안 지역으로 에게 해만 건너면 되었지요. 그 가까운 길을 놔두고 오디세우스는 아프리카 북부(책에서는 로토파고이족의 나라)로 갔다가 현재의 이탈리아, 시칠리아, 사르데냐 등을 두루 거쳐 칼립소 섬(지브롤터 해협)까지 갑니다. 그리고 마지막으로 파이아케스를 찍고 이타케에 도착합니다. 두어 달이면 충분할 일정을 10년 만에, 트로이 전쟁까지 합치면 거의 20년 만에 끝내는 셈이지요.

《오디세이아》는 호메로스가 시와 음악의 여신에게 간청하는 것으로
시작합니다.

> 노래하소서, 무사 여신이여!
> 트로이아의 신성한 성채를 파괴한 뒤
> 숱한 고생을 하며
> 많이도 떠돌아다녔던
> 그 사람의 이야기를.

Fagles, 77p

이어서 신들이 회의를 해 '이제 오디세우스를 그만 고생시키고 집으로
돌려보내자.'고 결정합니다. 제우스는 이 결정을 헤르메스를 통해 칼립
소에게 알리고, 아테나 여신은 사람으로 분장해 실의에 빠진 텔레마코
스를 위로합니다. 아버지가 곧 돌아올 거라고요. 텔레마코스는 그 말을
듣고 이렇게 대답합니다.

> "내가 마음 아파하고 한탄하는 것은 아버지 때문만은 아닙니다.
> 신들께서는 갖가지 다른 재앙을
> 제게 내려 주시려고 하거든요.
> 말하자면 이 근처의 섬을 다스리고 있는 영주란 영주는 모두 (…)
> 섬의 영주들로부터 바위 많은 이타카 섬에서

세도깨나 부리는 사람들에 이르기까지

모두 제 어머니에게 구혼하러 몰려와서는,

저희 집 재산을 탕진하고 있답니다. 그렇지만 어머니께선

재혼하시는 것을 감히 거절하지도 차마 끝을 내지도

못하고 계십니다. 그래서 그들은 저희 가산을 서슴없이 파먹고,

이제 얼마 안 가서 저마저 신세를 망치게 되고 말 것입니다."

《일리아스/오디세이아》, 이상훈 옮김, 동서문화사, 2007, 523p

페넬로페에게 결혼을 청한 이들은 모두 108명입니다. 이들은 한두 명의 선량한 사람을 빼고 모두 오디세우스의 재산이 탐나 페넬로페에게 구혼장을 던졌지요. "오디세우스는 죽었다. 19년이나 돌아오지 않는 자를 무슨 수로 기다리는가? 재혼을 해라!"

이렇게 막무가내인 구혼자들이 날이면 날마다 오디세우스의 집에 죽치면서 돼지를 잡아라, 포도주를 내와라, 양꼬치를 구워라 하면서 살림을 축내고 있는 겁니다. 그중 가장 졸렬하고 악독했던 이가 에우리마코스와 안티노오스입니다.

저는 사실 이 대목을 읽으면서 왜 이런 일이 버젓이 일어나는지 의문이었습니다. 그리스 역사서 등을 통해 추론해 보면 당시는 대단히 남성 중심적이고 가부장적인 사회였습니다. 국가 공권력이 가정사에 관여하지 않는 사회이기도 했고, 여성의 발언권이 미약했습니다. 따라서 구혼자들의 속셈은 이랬습니다. '오디세우스의 실종을 사망으로 간주하고

페넬로페와 결혼이라는 형식을 통해 오디세우스 가문의 재산을 차지하자.' 말하자면 합법을 가장한 강탈이지요. 페넬로페의 사랑보다는 오디세우스의 재산이 더 탐났던 겁니다. 그러니 텔레마코스가 속이 끓지 않겠습니까.

《신통기》에는 "여자를 믿느니 차라리 도둑을 믿어라."라는 말이 있습니다. 당시 그리스 사회의 여성관을 엿볼 수 있는 대목입니다. 제가 그리스 신화 전문가인 김원익 선생에게 페넬로페의 구혼자들이 어떻게 그렇게 막무가내로 행동할 수 있었는지 여쭤 보니, 대체로 위에서 제가 설명한 대로라고 하시더군요. 그리고 "우리나라에서도 불과 몇십 년 전만 해도 과부에 대한 괄시가 만연했다. 논에 물꼬도 트지 못하게 할 정도였다."고요.

다행히 우리의 텔레마코스에게는 조력자가 있었습니다. 바로 오디세우스의 친구 멘토르입니다. 오디세우스가 떠나면서 뒷일을 부탁하고 재산 관리를 맡긴 사람이지요. 《오디세이아》에 많이 나오지는 않지만, 어려울 때 도움을 주고 선생 노릇을 해주는 사람이란 뜻의 멘토mentor는 바로 이 사람 이름에서 나왔습니다. 또 아테나 여신도 보이지 않게 텔레마코스를 도와줍니다. 텔레마코스는 구혼자들의 성화에 못 이겨 "1년 동안 아버지의 옛 친구들을 찾아다니며 확실한 소식을 듣고 오겠다. 만약 아버지가 아직 살아 있다는 소식이 있으면 그를 찾을 것이며, 죽었다는 확언을 들으면 돌아와 여러분 중 한 사람을 새아버지로 받아들이겠다."고 약속하고 출항합니다.

구혼자들이 기승을 부리게 된 배경에는 페넬로페의 정조 지키기 작전이 실패했다는 이유도 있습니다. 페넬로페는 구혼자들에게 "시아버지인 라에르테스가 연로하니 수의를 하나 짜놓고 재가를 하겠다."라고 말합니다. 그래서 3년간 낮에는 수의를 짜고 밤에는 다시 푸는 행위를 반복하다가, 구혼자 중 하나와 눈이 맞은 하녀의 고자질로 들통나 버리지요. 구혼자들은 더 이상 기다릴 수 없다며 누구든 한 사람을 새신랑으로 맞아들이라고 협박합니다. 세상에 여자 재산으로 한몫 보려는 남자만큼 치사한 놈도 없는데, 참 비겁하지요?

텔레마코스는 네스토르, 메넬라오스 등 부친의 옛 전우들을 만납니다. 네스토르와 메넬라오스는 텔레마코스를 반기면서 복선과도 같은 말을 전해요. 네스토르는 "언젠가 오디세우스가 돌아와 구혼자들의 행패를 응징할지 모른다."고 하고, 메넬라오스는 시적인 표현까지 써가며 친구의 아들을 위로합니다.

> "마치 갓 태어나 아직도 어미젖을 먹는 새끼를
> 암사슴이 강력한 사자의 은신처에 뉘어 놓고는
> 산기슭과 풀이 무성한 골짜기에 풀을 뜯으러
> 나가고 나면 제 잠자리로 돌아온 사자가
> 어미와 새끼 모두에게 치욕적인 운명을 안겨 줄 때와 같이
> 꼭 그처럼 오디세우스가 그자들에게 치욕적인 운명을 안겨 줄 것이네."
>
> 천병희, 94p

텔레마코스가 이렇게 부친의 생사를 확인하기 위해 애쓰는 동안, 구혼자들의 악행은 지속됩니다. 오디세우스의 재산을 축내고 페넬로페를 무시하는 것을 넘어 오디세우스의 하녀들과 정을 통하고 하인들을 정보통으로 이용합니다. 급기야 이들은 재혼에 방해가 되는 텔레마코스를 아무도 모르게 죽이기로 모의합니다. 이 대목에서 관객의 분노는 극으로 치닫겠지요. 이 '루저'들에게 더 이상 관용을 베풀 수 없는 상황이 됩니다. 이쯤 되어야 나중에 오디세우스가 돌아와 이들을 응징하는 것이 정당성을 갖지 않겠습니까?

《오디세이아》, 돌아오기 위해 떠나는 이들의 노래

오디세우스의 시련은 앞서 말씀드렸습니다만, 《오디세이아》에서는 그가 파이아케스인들의 나라에 가서야 과거를 회상하며 왕과 귀족들 앞에서 자기가 겪은 일들을 이야기하는 것으로 묘사됩니다. 9권에서 12권에 걸쳐 그는 자신이 겪은 대모험을 풀어 놓지요. 시간 순서대로 보면 다음과 같습니다. 반복 학습하는 의미로 정리해 보죠.

오디세우스의 여정

트로이 전쟁 후 귀환 중

→ 키클롭스족의 나라에서 폴리페모스를 눈멀게 함

→ 바람의 지배자 아이올로스의 선의로 바람 주머니를 얻음

→ 이타케 도착 직전 부하들의 의심으로 바람 주머니가 열리면서

귀향 무산

→ 거인 괴물인 라이스트리고네스족이 부하 대부분을 잡아먹음

→ 요정 키르케에 의해 부하들이 돼지로 변신하는 소동을 겪지만
키르케를 제압하고 함께 1년을 보냄

→ 하데스(저승)에 내려가 티레시아스에게 앞으로 자신의 운명을
물어봄

→ 세이렌의 노래를 듣고 유혹에 넘어갈 뻔함

→ 스킬라와 암초를 통과함

→ 헬리오스의 소들을 그냥 놔두라는 경고를 부하들이 무시해서
전원 사망하고 오디세우스만 살아남음

→ 칼립소의 섬에 도착, 7년을 같이 지냄

→ 파이아케스인들의 나라에 도착, 이들의 도움으로 이타케로 귀
환함

저승에 갔을 때 오디세우스는 아킬레우스도 만납니다. 오디세우스
가 "살아서는 그리스의 맹장으로 존경받았고 죽어서도 사자들의 우두머
리가 되었으니 행복하겠다."고 말하자 아킬레우스가 이런 말을 합니다.
"오디세우스여, 나를 위로하려 들지 마시오. 나는 죽어서 지하 세계를 통
치하느니 차라리 살아서 시골에서 작은 땅을 일구는 소작농의 머슴이라
도 하고 싶소."《일리아스》에서는 마마보이로 징징거리더니 아킬레우스
가 끝까지 우릴 실망시키네요. 너 왜 영웅인 거니? 응?

자, 드디어 오디세우스는 고향 땅을 밟습니다. 그는 무턱대고 집으로 찾아가지 않습니다. 전략의 천재답게 구혼자들을 일망타진하기 위해 먼저 자기편부터 만납니다. 아테나 여신의 도움으로 늙은 거지로 변신해 충실한 하인이자 돼지치기인 에우마이오스를 찾아가지요. 또 텔레마코스와도 눈물의 상봉을 합니다. 이들은 함께 구혼자들을 물리칠 계략을 짭니다.

다음 날 오디세우스는 에우마이오스의 안내로 자신의 집이자 궁전으로 들어섭니다. 구혼자들은 거지꼴의 오디세우스를 몰라보고 박대합니다 심지어 안티노오스는 발판으로 오디세우스의 어깨를 내리치기도 하지요. "도대체 어디서 이런 거지가 나타나 잔치의 흥을 깨는가? 썩 꺼져라!" 하면서 모욕을 줍니다. 오디세우스는 물러서며 말합니다.

"안됐네, 안됐어. 안티노오스여!
 허우대는 멀쩡한데 생각은 모자라는군.
 그대는 부리는 하인에게도 소금 한 줌 주길
 아까워할 사람이오. 제 것도 아닌 이웃의 식탁에 앉아서,
 앞에 가득 쌓아 놓고도
 빵 한 조각 베풀 마음이 없으니 말이오."

Fagles, 369p

마치 《춘향전》의 이몽룡이 변사또의 생일잔치에 가서 "금잔에 담긴

312

향기로운 술은 백성의 피요." 운운하는 장면이 연상되네요. 드라마는 절정을 향해 갑니다. 드라마의 주인공은 늘 마지막 문제 해결을 앞두었을 때 가장 비참한 상태가 되지요. 가장 아프거나, 가장 나약하거나, 가장 심각한 위기에 빠집니다. 오디세우스는 늙은 거지꼴로 구혼자들 앞에 나타나 온갖 치욕을 당합니다. 독자들 혹은 관객들의 마음은 오디세우스에게 감정이입이 되어 구혼자들에 대한 경멸과 분노로 부글부글 끓어오르지요. 그러나 오늘의 시련은 내일의 복수입니다. 주인공이 모욕을 당할수록 복수의 정당성은 커집니다.

그날 밤, 오디세우스는 페넬로페를 만나 "오디세우스는 돌아올 것"이라고 말합니다. 페넬로페는 거지꼴의 노인이 남편임을 알아보지 못하고 내일 활쏘기 시합을 통해 우승하는 사람을 새 남편으로 섬기겠다고 말합니다. 그러면서 그녀는 "차라리 내가 죽는다면 가증스런 지하에 내려가서라도 오디세우스를 보게 될 것이고, 그이보다 못한 사내의 마음을 기쁘게 해주지 않아도 될 텐데."라고 탄식합니다. 한마디로 다른 남자들은 다 못난 놈이란 고백이지요.

페넬로페가 활쏘기 시합을 제의한 것도 참 기막힌 설정입니다. 오디세우스의 무기 창고에는 커다란 활이 있었습니다. 오디세우스는 힘도 장사였는지 풀어진 활을 굽혀, 그 양쪽에 활시위를 감고 화살을 쏘아 12개의 도끼 구멍 사이로 통과하게 해서 목표물을 명중시켰다고 합니다. 지략과 힘에서 최고의 사나이였던 거지요. 사실 이건 오디세우스만 할 수 있는 일인데 페넬로페가 이 과업 완수를 새 신랑의 조건으로 내세운 게 얼마나 재미있습니까.

드디어 날이 밝고 활쏘기 시합이 열립니다. 아니나 다를까, 구혼자들은 활을 쏘기는커녕 활을 구부려 시위를 얹지도 못합니다. 이때 거지로 변장한 오디세우스가 "이 늙은이도 한번 하게 해주시오."라고 부탁하지요. 구혼자들은 비웃고 경멸합니다. "활을 들 힘이나 있나? 하하하!" 그 웃음이 곧 비명으로 바뀔 줄 모르고 말입니다. 그러거나 말거나 오디세우스는 가볍게 활을 구부려 시위를 얹고 화살을 쏘아 도랑에 일렬로 세운 12개의 도끼 구멍을 통과시킵니다. 순간 구혼자들은 대경실색합니다. 아, 이런 순간이 저는 너무 좋아요. 미치도록 좋아요. 장면이 막 그려지는 거죠. 악역 안티노오스와 에우리마코스의 눈이 휘둥그레 커지고 오디세우스의 충실한 하인은 홀의 문을 밖에서 걸어 잠급니다. 이미 구혼자들의 칼과 무기는 텔레마코스가 싹 치워 놓은 상태입니다. 오디세우스는 문턱 위로 뛰어 올라가 발 앞에 화살을 우르르 쏟아 놓고 이렇게 말합니다.

"자, 이 바보 같은 시합은 이것으로 끝이다.
  하지만 아직 누구도 맞힌 적 없는 다른 표적이 남아 있다.
  내가 그걸 맞힐 수 있는지 보자.
  아폴론이여, 제게 영광을 주소서!"
  말을 끝내는 동시에 오디세우스는 안티노오스에게
  칼끝 같은 화살을 겨누었다. 안티노오스는 그때

손잡이가 둘 달린 아름다운 황금 잔을 들어 올려

그의 입으로 가져가 포도주를 마시려던 참이었다.

그는 오디세우스가 자기를 쏘리라고는 꿈도 꾸지 않았다.

하긴 누구라도 그 자리에서 살인이 일어나리라고,

오디세우스가 아무리 힘이 세다 해도

그 많은 구혼자들 사이에서 그에게

죽음의 검은 운명을 드리우게 하리라고 생각이나 했겠는가?

그러나 오디세우스는 화살로 안티노오스의 식도를

정통으로 맞혔다. 화살촉은 그의 부드러운 목

이쪽에서 뚫고 들어가 반대쪽으로 나왔다.

안티노오스는 잔을 집은 채로 뒤로 고개를 젖혔다.

그 모습대로 그의 몸은 뒤로 넘어갔다.

그의 콧구멍에서 생피가, 끈끈하고 붉은 피가 솟구쳤다.

쓰러지면서 그의 발은 식탁을 걷어찼다.

음식이 바닥에 쏟아졌다.

빵과 고기가 더러운 피를 빨아들였다.

Fagles, 439~440p

아, 무슨 액션 영화의 시나리오 같지 않습니까? 상상해 보십시오. 늙고 추한 거지 노인이 웃옷을 벗자 당당한 근육이 드러납니다. 천천히 화살을 당겨 원수를 겨냥합니다. 이때만 해도 파티에 참석한 악당들은 코

웃음을 칩니다. 순간, 주인공의 손에서 화살이 떠나고 비웃던 적의 식도를 관통합니다. 그가 쓰러지면서 식탁을 걷어차는 바람에 음식물이 튀어 땅에 쏟아지고 빵에는 핏물이 스며들고……. 할리우드 최고의 액션 장면이 눈앞에서 펼쳐집니다.

이후에는 처참한 살육이 이어집니다. 호메로스는 친절하게도 구혼자한 사람 한 사람의 이름을 불러 가며 어떻게 최후를 맞이하는지 묘사합니다. 구혼자들뿐 아니라 오디세우스의 하인으로 구혼자들에게 아부한 자들과 하녀 50명 중 구혼자들과 관계한 12명을 모두 도륙합니다. 이들의 피가 시내처럼 흐를 때까지.

그럼 108명의 구혼자들은 속수무책으로 당하기만 했을까요? 수적으로는 그들이 더 많았지만 전혀 무기가 없었고 때마침 아테나 여신이 등장해서 오디세우스를 보호해 준 덕분에 악당들을 전부 저세상으로 보낼 수 있었습니다. 그러고 나서 오디세우스는 불충한 하인과 하녀들을 차례로 죽입니다. 다음은 오디세우스의 불충한 남자 하인 죽이는 '흔한' 방법입니다.

> 이제 그들은 문간과 안마당을 지나 멜란티오스를 데려오더니
> 무자비한 청동으로 그자의 코와 두 귀를 베고
> 개들이 날로 먹도록 그자의 남근을 떼어 냈으며
> 성난 마음에서 그자의 두 손과 두 발을 잘라 버렸다.

천병희, 492p

316

복수란 이렇게 무서운 것입니다. 살육전이 끝나고 오디세우스는 다시 아테나 여신의 도움을 받아 본모습으로 돌아와서 페넬로페와 재회합니다. 그런데 호메로스는 이때도 페넬로페가 바로 오디세우스를 환영하도록 놔두지 않습니다. 페넬로페는 20년 만에 만난 오디세우스를 쉽게 받아들이지 않아요. "어째 옛 모습이 아니야……. 당신이 오디세우스라고요? 참 이상하네." 하며 무뚝뚝하게 굴지요. 이 대목을 낭송할 때 관객들은 얼마나 애가 탔을까요? 그 모습을 보고 호메로스는 속으로 얼마나 즐거웠을까요? '내 말 한마디, 몸짓 하나에 그대들은 울고 웃노라. 그대들의 기쁨과 슬픔은 내 세 치 혀끝에 달렸노라. 좀 더 안달하게 만든 다음 우리의 두 주인공을 침실로 이끌리라. 낄낄낄.' 뭐 이런 생각을 하지 않았을까요?

이산가족 상봉을 앞두고 머뭇거리는 페넬로페에게 오디세우스는 둘만 아는 침대의 비밀을 털어놓습니다. 신혼 시절에 커다란 올리브나무를 잘라 그 단면 위에 침상을 만들었기 때문에 붙박이가 되었다는 것입니다. 이 말을 듣고 그제야 페넬로페는 울며 남편을 껴안습니다. 그리고 침대로 가서 지칠 때까지 사랑을 나누었다는…….

마지막 장면은 구혼자 가족들의 복수극이 펼쳐집니다. 하긴 108명이 연쇄살인을 당했으니 유가족들이 가만히 있겠습니까? 이들이 연합해서 오디세우스를 죽이기 위해 달려오는데 어쩌면 좋을까요? 앞서도 말씀 드렸습니다만, 더 이상의 참상이 일어나는 것을 원치 않는 제우스 신과 아테나 여신이 개입해서 양쪽을 화해시키고 서사시는 대단원의 막을 내립니다.

《오디세이아》는 완벽한 드라마입니다. 고향에 돌아가 사랑하는 아내와 아들을 만나는 것이 유일한 삶의 목적인 한 사나이가 온갖 고초를 겪고 죽을 고비를 넘긴 끝에 귀향해서 가족과 재회합니다. 호메로스는《오디세이아》를 통해 저 위대한 해양 민족의 모험과 이상적 인간을 노래했습니다. 파도는 늘 치는 것이고 바람은 늘 붑니다. 해류도 항상 내 편은 아닙니다. 갈 길은 멀고 고향과 가족은 먼 곳에 있습니다. 그럼에도 우리는 배를 띄워야 하고 노를 저어야 합니다. 중간 기착지가 아무리 아름답고 풍요롭다 해도 우리는 돌아가야 합니다. 사랑하는 사람이 있는 고향으로, 누추하고 보잘것없지만 따뜻한 정이 흐르는 내 집으로.

모든 방랑은 귀환을 목표로 한 것이고 모든 모험은 사랑을 위한 것. 이제 가눌 길 없는 쓸쓸함과 머물 곳 없는 발걸음을 멈추고 돌아가세, 그대와 나의 정든 고향 집으로. 호메로스가 이렇게 노래할 때, 그리스의 바다 사나이들도 고개를 끄덕였을 겁니다.

'고전 읽기의 즐거움'을
당신도 느낄 수 있기를

이 글을 쓸 때 저는 큰 어려움을 겪었습니다. 몸도 마음도 바닥을 친 상태였습니다. 오직 글쓰기만이 유일한 위로였습니다.

가끔 저는 생각합니다. 고전은 번역의 문제라고요. 아니, 고전은 어쩌면 문체에 대한 것이라고 말입니다. 비트겐슈타인이 "모든 철학은 언어의 문제"라고 갈파했지만 아마도 모든 종교나 학문도 언어의 문제일 것이라고 조심스럽게 생각해 봅니다. 동양, 서양 고전을 막론하고 하나의 텍스트에 대해 번역자들이 서로 다른 해석을 내놓고 있기 때문입니다. 저와 같은 고전 애호가들은 그저 앞서 번역해 놓은 선조와 선배들의 성과를 맛보면서 비교해 읽을 수밖에 없습니다. 역으로 생각하면 문체, 즉 스타일을 찾는 것 자체가 어려움이자 즐거움이리라 여겨 봅니다.

고전 읽기는 인류 역사상 가장 지혜로웠던 우리 선조들이 품고 있었던, 드라마틱한 신적 에너지와 조우하는 일입니다. 무대 위에서 연기를 할 때, 가끔 제 자신을 잊고 제가 맡은 캐릭터에 완전히 몰입하는 것을 느낀 적이 있습니다. 무아無我의 지경이지요. '그분'이 오시는 시간, 신이 들리는 경지입니다. 이때 무한한 행복을 느끼면서 행복에 대한 생각조차 사라져 버리는 경험을 하지요. 극이 드라마틱할수록 이런 느낌은 더 강렬해집니다.

최근에는 인문 고전을 읽으면서 이와 비슷한 순간을 겪습니다. 수천 년을 전해 내려온 인류 지혜의 보고 속에서 공자와 장자, 소크라테스와 호메로스를 만납니다. 그들을 만지고 그들을 듣고 그들을 봅니다. 놀라운 일입니다. 책을 펼치는 순간 그때까지 저를 괴롭혔던 모든 상처와 집착이 사라지고 현자와 성인과 예인들이 제게 말을 겁니다. 조용히 그에 귀 기울이노라면 저는 또 저를 잊고 맙니다.

고전은 드라마입니다. 이 드라마를 읽는 기쁨을 누리시길 바랍니다.

2015년 가을

나무가 말을 거는 일산 집필실에서

명로진

| 참고 문헌 |

《논어》

《논어》, 김석환 역주, 학영사, 1995.

《논어》, 유교문화연구소 옮김, 성균관대학교출판부, 2006.

《논어강설》, 이기동 역해, 성균관대학교출판부, 2011.

김용옥, 《논어 한글 역주》, 통나무, 2008.

류종목, 《논어의 문법적 이해》, 문학과지성사, 2000.

신정근, 《공자씨의 유쾌한 논어》, 사계절, 2009.

《맹자》

맹자, 《맹자》, 박경환 옮김, 홍익출판사, 2005.

맹자, 《맹자》, 황종원 옮김, 서책, 2013.

남회근, 《맹자와 공손추》, 설순남 옮김, 부키, 2014.

《맹자집주》, 성백효 역주, 전통문화연구회, 2013.

《맹자강설》, 이기동 역해, 성균관대학교출판부, 2010.

《사기열전》

사마천, 《사기열전》, 김영수·최인욱 옮김, 신원문화사, 2006.

사마천, 《사기열전》, 김원중 옮김, 민음사, 2007.

사마천, 《사기열전》, 연변대학 고전번역팀 편역, 서해문집, 2006.

사마천, 《사기열전》, 임동석 옮김, 동서문화사, 2009.

사마천, 《사기열전》, 최익순 옮김, 백산서당, 2014.

사마천, 《완역 사기 본기》, 김영수 옮김, 알마, 2015.

유재주, 《평설 열국지》, 김영사, 2002.

풍몽룡, 《동주 열국지》, 김구용 옮김, 솔, 2001.

《역사》

Herodotus, Grene, David, *The History*, University of Chicago, 1987(Kindle Edition).

헤로도토스, 《역사 상》, 박광순 옮김, 범우사, 2013.

헤로도토스, 《헤로도토스 역사》, 박현태 옮김, 동서문화사, 2008.
헤로도토스, 《역사》, 천병희 옮김, 숲, 2009.

《향연》

Plato, Gill, Christopher, *The Symposium*. Penguin Books, 1999.
플라톤, 《향연》, 강철웅 옮김, 이제이북스, 2014.
플라톤, 《소크라테스의 변명/국가/향연》, 왕학수 옮김, 동서문화사, 2007.

《한비자》

한비자, 《한비자 정독》, 김예호 역주, 삼양미디어, 2014.
한비자, 《한비자》, 김원중 옮김, 글항아리, 2010.
한지바, 《한비자》, 이운구 옮김, 한길사, 2002.
한비자, 《한비자》, 임동석 옮김, 동서문화사, 2013.

《시경》

Wen, Ziqing and Vincent Kelvin, *The Book of Odes*, Amazon, 2014.
《시경》, 김학주 옮김, 명문당, 2002.
《시경》, 심영환 옮김, 홍익출판사, 2012.
《시경》, 유교문화연구소 옮김, 성균관대학교출판부, 2008.
《시경》, 정상홍 옮김, 을유문화사, 2014

《소크라테스의 변명》

Plato, Jowett, Benjamin, *Six Great Dialogues*, Dover Publications, 2007.
플라톤, 《소크라테스의 변명》, 강철웅 옮김, 이제이북스, 2014.
플라톤, 《소크라테스의 변명/국가/향연》, 왕학수 옮김, 동서문화사, 2007.
플라톤, 《소크라테스의 변명》, 원창화 옮김, 홍신문화사, 2009.
플라톤, 《소크라테스의 변명》, 황문수 옮김, 문예출판사, 2014(E-book).

《장자》

Mair, Victor H., *Wandering on the Way :Early Taoist Tales and Parables of Chuang Tzu*, Bantam Books, 1994.
Watson, Burton, *Chuang Tzu: Basic Writings*, Columbia University Press, 1964.
Palmer, Martin, *The Book of Chuang Tzu*, Penguin Books, 1996.
장자, 《장자》, 김창환 옮김, 을유문화사, 2010.

장자, 《장자》, 김학주 옮김, 연암서가, 2010.

《장자》, 김석환 역주, 학영사, 1999

《장자》, 안동림 역주, 현암사 2010.

《장자》, 오강남 편, 현암사, 1999.

토머스 머튼, 《토머스 머튼의 장자의 도》, 권택영 옮김, 은행나무, 2008.

《변신이야기》

Ovid, Melville, A. D. and E. J. Kenney, *Metamorphoses*, Oxford University Press 1998.

Ovid, Martin, Charles, *Metamorphoses*, W. W. Norton & Company, 2005.

Ovid, Raeburn, David *Metamorphoses*, Penguin books, 2004.

오비디우스, 《변신이야기》, 이윤기 옮김, 민음사, 1998

오비디우스, 《변신이야기》, 천병희 옮김, 숲, 2005

《일리아스》

Homer, Butler, Samuel, *The Iliad*, Dover Publication, 1999.

Homer, Fagles, Robert, *The Iliad*, Penguin Books, 1990.

호메로스, 《일리아스/오디세이아》, 이상훈 옮김, 동서문화사, 2007.

호메로스, 《일리아스》, 천병희 옮김, 숲, 2007.

《오디세이아》

Homer, Butcher, Samuel H. and Andrew Lang, *The Odyssey*, Digireads.com Publishing, 2005.

Homer, Butler, Samuel, *The Odyssey*, Createspace, 2011.

Homer, Fagles, Robert, *The Odyssey*, Penguin Books, 1996.

호메로스, 《일리아스/오디세이아》, 이상훈 옮김, 동서문화사, 2007.

호메로스, 《오뒷세이아》, 천병희 옮김, 숲, 2006.